教育部人文社科研究项目“以‘UDS合作实践共同体’为孵化器，
促进教育学知识创生与实践转化的行动研究”（项目批准号：11YJA880134）成果

学校改进叙事丛书/ 主编/杨朝晖

回归美善的教育初心

——用爱成就一所幸福的

邢晓琰◎著

北京师范大学出版集团
BEIJING NORMAL UNIVERSITY PUBLISHING GROUP
北京师范大学出版社

编 委 会

序　言

眼前的这套丛书是首都师范大学首都基础教育发展研究院依托与北京市及北京市西城区、海淀区教委合作开展的“UDS项目”[①]，致力于促进现代学校改进与自主发展的实践成果。

在实践中，项目立足校本，倡导学校自主发展。他们从学校领导团队整体发展入手，自上而下启动变革；从学校发展计划入手，优化学校整体运行结构和发展过程；通过行动研究和“三微行动”(微改进、微研究与微创新)促进学校日常文化变革。在此过程中，大学项目团队以沉浸式校本支持的方式，融入学校，日常跟进，伴飞引领。同时，充分发挥UDS的合作优势，催生变革，实现了学校日常文化静悄悄的革命以及UDS合作实践共同体的共同发展。

纵观这一成果，我觉得有以下几个突出的特点。

第一，探索聚焦学校的日常文化变革和自主发展，具有前瞻性和深刻性。

长期以来，中国的基础教育改革总是停留在课程的加加减减、教材的修修改改以及教学技术的提升和模式的建构上。而该成果抓住日常生活转

---

① 编者注：从2010年开始，首都师范大学依托与北京市西城区、海淀区合作开展的“UDS合作学校发展共同体建设”项目、与北京市教委合作开展的“基于UDS合作的学校自主发展行动计划”项目以及“基于UDS合作的学校自主发展与效能提升”项目，对现代学校改进与自主发展的变革之路进行了持续的探索。UDS代表三方构成的合作实践共同体。其中的U是指大学(University)；D指地区(District)，特指地方行政部门；S指学校(School)。为了方便，人们习惯将这些以UDS合作实践共同体为依托的项目统称为“UDS项目”。

型——这一现代现象最直观、最具特色的形态表现，对学校日常生活进行批判与重建，鲜明地提出“改进在日常”的学校改进理念，通过以“质疑、对话、反思”为特征的反思性学研文化的建立，聚焦习以为常，关注熟视无睹，重构与优化了学校师生日常生活空间和生活方式，从而将中国现代化所期待的文化转型任务落到了实处。因此，这一探索是非常具有前瞻性和深刻性的。

第二，这是一个非常务实的探索，成果具有可推广性。

这种务实不仅体现在“尊重规律，回归本真”的指导思想上，更体现在“改进在日常”的操作性和适切性上——校校可以改进，人人可以改进，处处可以改进，时时可以改进。这不仅激发了教育工作者不断审视自我，寻求改变的向善愿望，更唤醒了每一个教育工作者自身的主体意识，激发了每一个行动主体的创新潜能和内在的行动力，实现在学校教育各个空间的微改进、微创新，从而为学生造就了新的文化成长环境。因此，这一成果具有很强的推广性，适合于所有学校的自我变革。

第三，探索符合时代发展的要求，体现了教育改革发展的方向。

新课程改革自实施以来，非常强调和重视学校的主体地位和主体能动性的发挥。在党的十八大的文件中，也明确提出了教育要进行整体综合改革，强调开展学校治理与协同创新。而该成果以整体、有机、复杂的思维方式，以 UDS 合作实践共同体为依托，从行政文化变革入手，聚焦于学校领导团队的整体建设，充分依靠组织的结构和系统，自上而下启动变革。通过“制定、执行、总结”三个环节的优化与创新，促使学校建立起自主发展的闭环机制，帮助学校形成从宏观到微观、从整体到局部的各个大小齿轮持续自主发展和运作的良好机制，从而很好地实现了发展的迭代螺旋式上升。这一发展经验符合当前学校治理中通过结构优化功能的思想，对学校进行深层的文化变革，体现了“深综改”的理念。

第四，促进了合作文化的新发展以及教育协同合作机制的新发展。

该成果在 US 合作的基础上，结合我国特有的国情，生成了新型的 UDS 合作文化与机制。S 从被动的执行者、实践者，转化拓展为主动的发展者、行动研究的探索者；U 从旁观的研究者、指导者，转化拓展为学校教育实践的介入者、支持者和行动研究者；D 从项目的委托者、监督者、保障者，转化拓展为实践共同体的参与者、研究者和传播者。实现了 US 合作文化的新发展。

我认为这种合作共赢的结果在今天的中国教育界是非常难能可贵的，尤其是它实现了地方行政角色的拓展与改变。这样的实践成果也是不多见的。

第五，探索出了大学与中小学、教育理论和实践双向建构与创新发展的新路径。

从知识论的视角，该成果提出"以'UDS合作实践共同体'为孵化器，促进教育学知识创生、转化与传播"的观点并付诸实践。这在一定程度上弥补了传统的"研究—开发—普及"的知识生产模式的局限，建构了促进知识创生与实践转化的新机制，实现了对教育理论与实践的双向建构与创新，为繁荣我国的教育学发展，构建有生命力的教育学做出了贡献。

总之，这是一项非常好的实践研究成果，有很多可圈可点之处，值得大力推广与践行。

我也祝愿UDS合作事业在新的教育改革背景下有更大的发展和更多的创新！

国家教育咨询委员会委员

联合国教科文组织协会世界联合会荣誉主席

2016年，立春

主编序

致力于改变，改变静悄悄

——探索现代学校改进与自主发展的变革之路

一、变革如此之艰

正如香港学者郑燕祥所言，“这是一个激变的世代，个人求发展社会求进步，浩浩荡荡成了世界的潮流，差不多每样事物都在变化之中，教育的转变也在所难免”①。的确，面对如此变化的世界，教育必须做出应对与改变。当前，我国的基础教育课程改革已经进入第八轮。然而，不管怎样改革，其背后都在围绕“教育应该培养什么样的人”——这一个核心问题展开。培养能够适应现代社会发展需求的一代“新人”成为时代对教育的呼唤与要求。

其实，早在“五四”时期，梁启超就提出了塑造“新民”的理想，他希望国民应具有自治、自尊、自信、自强、自立、进取、冒险、坚毅、尚武等西方现代精神。陈独秀也敬告“青年”，要成为自主而非奴隶的，进步而非保守的，进取而非退隐的“新青年”。然而，一个世纪过去了，我们国家早已进入现代化发展阶段，但是培养“现代新人”的文化使命还远远没有完成，教育改革的任务依然艰巨，国家基础教育课程改革至今还跋涉在“深水区”②中。

叶澜教授曾这样描述基础教育改革之艰难，她说，已有的教学理论传统之长，深入实践主根之深，形成的硬壳之坚，传习的可接受性之强，都使今日教学改革面临着强劲的真实“对手”。教学改革要改变的不仅是传统的教学理论，还要改变千百万教师的观念，改变他们每天都在进行着的、习以为常

---

① 郑燕祥．教育范式转变：效能保证[M]．上海：上海教育出版社，2006.

② 人民教育出版社和中国教育学会于2013年10月18、19日在上海举办“第三届基础教育课程改革与发展论坛”，其主题为“深水区：基础教育课程改革必经之地”。

的教学行为，这几乎等于要改变教师习惯了的生活方式，其艰巨性就不言而喻了。①

二、聚焦日常生活变革

的确，我们在改革中遇到的真正难题和挑战，不是课程的加加减减、教材的修修改改，而是我们习以为常的日常生活方式，是来自教育者自身文化的阻碍。早有学者对我们的日常生活进行了研究与批判。他们认为，所谓日常生活是我们须臾不可分离的活动世界。它往往是一个凭借重复性实践和重复性思维而运行，以传统习俗、经验、常识等经验主义因素为基本图式，以生存本能、血缘关系、天然情感等自然主义因素为立根基础的自在的和未分化的领域。② 也许初看起来，日常生活有着微不足道的卑微外观，这也正是人们经常轻视它的原因。然而，日常生活通过家庭、教育、社会示范、模仿类比等方式，自发地渗透到一代又一代日常生活的主体之中，成为直接左右人的活动的"生活的样法"，即自在的文化因素。于是，日常生活的自在性、自发性与传统文化的惰性、保守性达到了契合。重复性和自在性的日常生活为具有稳固性和惰性的传统文化因素提供了根基和寓所，而传统文化的稳定性和保守性反过来进一步加强了日常生活的重复性和自在性。③

因此，有的学者认为，日常生活的转型是现代现象最直观、最具特色的形态表现，也是文化的内在动力机制。中国现代化所期待的文化转型任务如要落到实处，就应当对日常生活进行批判与重建。

由此看来，如果我们不能对日常生活加以批判和突破，教育的变革只会停留于表层，而不能引发文化的真正变革。

既然日常生活变革是教育的真正变革，那么，我们能否对学校的日常文化加以改变？怎样加以改变呢？

有人说，学校日常文化是流淌在指尖却抓不到挥不去的东西；是萦绕在心头，却说不清道不明的东西；是走在校园内，从空气中都能感受到却难以恰当指代的东西。那就是文化！有人说，学校日常文化是一条活动着情感、

① 叶澜．让课堂焕发出生命活力——论中小学教学改革的深化[J]．教育研究，1997(09)．

② 李小娟．走向中国的日常生活批判[M]．北京：人民出版社，2005．

③ 衣俊卿．现代化与日常生活批判——人自身现代化的文化透视[M]．北京：人民出版社，2005．

社会习俗和群体行为的河流，永远不断地在学校内部流淌着。亚太教育研究学会会长郑燕祥教授认为："每所学校都有自己的校园文化，因此，重要的不是有没有校园文化，而是有什么样的校园文化。正确的、开放的、前进的、迈向未来的校园文化，对学校的发展自然有积极的影响，没落的、悲观的、封闭的校园文化产生的影响，必然是消极的。"

从这些理解中，我们认为学校的日常文化具有以下一些特征。

第一，群体性与弥散性。学校日常文化首先是一种群体性行为，它含涉于学校一切日常的教育教学活动中，体现在制度规范、活动礼仪、行为方式、话语内容与方式以及校园的物化风格等方面。可以说，学校日常文化无处不在。

第二，积淀性与稳定性。学校日常文化不是与生俱来的，而是经过长期的历史积淀形成的，学校日常文化一旦形成就会体现为稳定的价值观念和习以为常的思维定式、生活方式。

第三，日常性与无意识性。由于学校日常文化已经成为人们习惯了的思维方式、生活方式，因此，它就会以一种司空见惯和习以为常的无意识方式存在于日常生活的每个角落。

第四，整体性与规定性。学校日常文化是以学校群体成员所共同认定的潜规则、潜假设和以价值观念为核心的学校制度规范、活动礼仪、行为方式、话语内容与方式以及校园的物化风格等内容的集合体。因此，它以整体的方式存在着。其中，潜在的规则、假设和价值观念、思维方式对人们的日常行为起着制约作用，影响和规定着人们外显的行为和表达。

第五，复合性与建构性。学校日常文化具有复杂形态。在一所学校中，既有积极文化的存在，也有消极文化的存在。虽然学校日常文化具有稳定性，但也不是一成不变的，经常因某些事物的介入和影响，而呈现此消彼长、不断变化的现象。

通过对以上学校日常文化的理解，我们得出如下认识。

第一，学校日常文化是学校保守文化寄居的寓所和载体。要促进学校自主发展并向现代化学校迈进，就要促进学校自主、自觉地对日常生活进行批判与重建。

第二，学校日常文化以积极的和消极的多种方式存在着。我们有必要化消极为积极，对消极的、悲观的、封闭的文化进行干预，推动积极的、进步的、开放的文化向前发展，用文化的力量变革学校，用文化的力量孕育学校。

第三，学校日常文化是人的文化，是全体成员共同创造的。虽然它对生活于其间的人有制约作用，但是学校日常文化是其与人不断进行建构生成的，因而作为具有能动主体性的人可以对学校日常文化进行改造。

第四，由于学校日常文化附着在人们日常的行为、做事方式之中，以无声的方式存在。因此，学校日常文化的改变也需要从日常例行化的行为方式入手，进行润物无声式的改变。

第五，学校日常文化建设是一个极其缓慢的过程，需要持久的建设与培育。因此，学校日常文化建设不仅需要耐心与坚持，更需要有不断的、持续的措施跟进，只有这样，新的文化特质才能得以诞生、固化与沉淀。

第六，潜在规则、假设和价值观念制约着人们的日常行为。因此，我们必须要研究服务于学校中心任务和学生需要的那些潜在规则、假设和价值观念、思维方式，并通过建立反思性的学研文化来触及它们，才能使学校发生根本性的改变。

第七，学校日常文化是一个由内而外的复杂结构体系，它以整体的方式存在着。因此我们也需要内外结合，从整体入手，利用多种文化载体，通过由内而外、由外而内的持续互动，才能促进变革真正发生。

正是基于以上认识，从 2010 年开始，我们依托与西城区和海淀区合作开展的“UDS 合作学校发展共同体建设”项目、与北京市教委合作开展的“基于 UDS 合作的学校自主发展行动计划”项目以及“基于 UDS 合作的学校自主发展与效能提升”项目，对现代学校改进与自主发展的变革之路进行了持续的探索。UDS 代表三方构成的合作实践共同体。其中的 U 指大学(University)；D 指地区(District)，特指地方行政部门；S 指学校(School)。本书将这些以 UDS 合作实践共同体为依托所开展的项目统称为“UDS 项目”。

三、致力于改变

UDS 合作为我们创建了平等合作的互动关系，创建了在一起共同探索学校自主发展变革之路的平台和可能。在五年多的实践中，我们从以下几个方面进行了探索。

（一）立足校本，倡导自主

我们认为，学校是教育系统的基本组织单位，是一个自组织系统。每一所学校都是不一样的，每一所学校都有能力认识和改进自己的问题。因此，我们提出“以校为本，主体承责”，即充分尊重学校的主体地位，充分调动学校领导、教师、学生的主体积极性和责任意识，充分认识和尊重学校原有经验的价值与基础，帮助学校挖掘自身的发展潜力，依据自身的现实条件，解决自身的特有问题，实现学校的自主发展。

（二）自上而下，管理入手

不言而喻，学校领导者对于学校日常文化的形成起着重要的作用。不同的领导风格、管理方式会形成不同的学校氛围以及学校成员之间的相互关系。尤其是领导者团队秉承的教育信念、思维假定、教师观念、思维方式、工作习惯等，对学校的整体发展起着至关重要的作用。因此，我们首先从管理团队入手，自上而下启动变革，提出“成事、成人、成己”三位一体的干部领导团队发展目标。

所谓“成事”，是指提升干部作为学校组织运行环境营造者和执行者的工作效能，包括提升日常计划制订与执行的能力、活动策划与组织的能力、工作总结与反思的能力等，以优化日常的组织方式、工作流程、管理习惯等。

所谓“成人”，是指提升干部作为校本教师领导者身份角色意识的认知与能力，包括优化学校现有的提升教师日常发展的途径与做法，如校本培养的规划与落实、参与式校本培训的策划与组织、以行动研究深化校本教研等。

所谓“成己”，是指在成就他人、成功工作的过程中，也实现自我的内在成长与工作价值感的获得。

对于这些发展目标，我们不仅仅是一般性的号召，而是通过每个学期干部领导团队的工作坊研修、沉浸式的校本支持、校长沙龙、联系工作会议、学校活动开放日、校园走访活动、专题评比等一系列的措施和路径来加以落实和跟进的。进而逐渐形成“在参与培训中引领，在差异参看中改进，在伴飞互动中成长，在校本支援中浸润，在持续跟进中突破，在自我反思中前行”的发展机制和效果。

（三）聚焦结构，优化过程

管理学结构理论认为，结构决定组织功能。因为学校组织结构规定了组织内部的职权和责任的界限，确定了学校中的信息沟通渠道和沟通方式，确立了各专业教师间的活动方式，确立了学校中的有效资源的分配，因而学校的日常运行结构会影响学校的效能和学校日常文化。

那么，怎样才能改进学校日常发展的运行结构呢？在此，我们借鉴了对过程进行改进的结构性方法——“休哈特循环”，即计划(plan)—行动(do)—检查(check)—改进(act)循环(PDCA循环)，提出“学校因规划而长远，工作因计划而扎实，生活因策划而精彩”的理念，努力提升学校理性办学能力，建立发展的目标意识。通过“制定、执行、总结”三个环节的优化与创新，促使学校建立自主发展的闭环机制；通过“三划”(规划、计划、策划)能力建设，帮助学校形成从宏观到微观、从整体到局部的各个大小齿轮持续自主发展和运作的良好机制。

(四)笃行于微，改进日常

学校的日常生活存在于哪里？它存在于我们每天习以为常的日常时空和例行化的事物之中。为此，我们提出“改进在日常”。学校日常的作息、节奏、流程、节日、典礼、仪式、会议、班级、科组等都是我们进行学校日常文化变革的对象和作用空间。

在此过程中，我们依托一些小而实的载体和抓手，致力于“三微行动”(微改进、微研究与微创新)，以实现发展的迭代螺旋式上升，以重构与优化学校师生日常生活与发展的空间。

在此过程中，我们对领导者团队开展了“在相互参看中学习，在自我反思中成长”“在行动研究中发展前行”“再学行动研究”“让工作因策划而精彩”“今年我们这样做总结”等主题工作坊研修，开展了“让故事在校园流传”的教育叙事案例培训和评比，以试图通过上述手段来帮助干部“学会在熟视无睹中发现问题，学会在习以为常中反思定势，学会在彼此参看中系统思考，学会在言说表达中明晰自我，学会在交流碰撞中获取思路”。我们相信，“量的积累必然带来质的飞跃”。

(五)融入日常，伴飞引领

鸡蛋由外打破是死亡，由内打破是新生。真正的文化变革必须要建立在学校内部主体意识的觉醒与生命力的勃发之上。但是，由于我们所致力于改变的学校日常文化具有异常坚固的保守性和稳定性，学校内部成员对此常常处于熟视无睹之中，很难从内打破和改变。因此，学校就需要借助外力，撬动变革，引入“鲶鱼”，产生“鲶鱼效应”。

我们的实践证明，作为外部力量的介入者——大学人员和地方行政人员共同以合作的方式介入学校发展的变革中，不仅是必要的，而且是有效的。

在介入学校实践变革的过程中，大学项目团队始终以智力、道德和情感三位一体的能量聚集，作为立身之本和推动变革的基本力量，坚守如下的工作理念："尊重主体，顺势而为""站在身后，不替代""做推手不做枪手""帮忙而不添乱"。

在这样的理念之下，我们首先全面沉浸了解已有文化，帮助学校找到变革的突破口。在项目启动初期，我们对学校开展了全面的文化诊断。项目所采取的沉浸式校本支持方式则显示出了特有的功能魅力。通过持续的深入现场观察和感受，我们了解和诊断出了影响学校发展的学校日常文化中存在的深层主要问题，并帮助学校制定出有针对性的发展策略。校本支持专家与学校开展的持续的"日常性互动研讨"以及穷追不舍的不断"追问式"互动，成为我们发挥外来专业人员"鲶鱼"角色，帮助学校人员破解原有的思维观念和思维方式的主要方式和手段。

(六)发挥合力，催生变革

在中国现有的文化与组织架构下，要撬动学校变革，必须多主体参与形成合力才能使变革卓有成效。为此，我们提出"UDS 合作共同体"的发展理念。这种理念表达了一种"彼此平等，相互尊重，多元共生，互惠共赢"的文化追求。它表明，在 UDS 之间不是"指导—被指导"的关系，也不是"我和你"彼此相互分离的关系，而是同处于促进学校教育发展的"实践共同体"中的"我们在一起"的关系，是一种有机的伙伴关系。在这样一种关系中，大家彼此发挥着各自不同的作用。这是一种作为独立的主体进行相互理解、相互对话、相互影响的新型文化，是一种合作共生的"伙伴"文化。

在这样的文化中，我们努力实现着多元共发展：人与学校共发展、校长与中层团队共发展、项目团队与项目学校共发展、共同体学校共发展、项目辐射区域带动更多学校共发展。

四、这里的改变静悄悄

转眼五年的时间过去，我们的项目在一轮又一轮的推进和实践中不断发展、成熟，我们的共同体也在"改进在日常"的文化变革中悄然改变。

三里河第三小学原来是一所区域内发展非常良好的学校，但因多种原因，出现了发展的高原期。几年来，学校在邢晓琰校长的带领下，提出“改变是为了更好”的发展理念，努力激发每个人的潜能，坚信每个人都能做最好的自己。他们从变革干部的行政会入手，依托“月工作计划总结反馈表”的不断改进，提升干部的自主发展能力，并以此带动学校会议文化、制度文化、文本文化等诸多方面的变革，带领学校走上了一条“幸福”发展之路。

育翔小学胡晓峰校长紧紧抓住项目契机，借助项目专家团队的力量，整合了“行为更进”和“全元心育”两大优势，明确确定了将“以行为更进式策略，促进学校‘育心教育’办学特色的形成”作为“十二五”的学校发展方向。他们从“改变干部管理行为”入手，逐步建立了一种“调查研究—计划制订—方案解读—过程指导—及时评价—总结反馈”螺旋上升的行动研究机制，形成了在研究状态下工作的习惯和以“尊重、服务、高效”为核心的新的行政管理文化，培养出了具有“公心、责任心、奉献心”的“育心型”干部，进而为学校探索“育心教育”之路打下了坚实的基础。

北京教育学院附属海淀实验小学(原田村中心小学)，立足于学校各个主体作用的发挥，提出“教师站前排”“学生站前排”的发展理念，让日常工作成为师生自主发展的空间。在此过程中，他们让教师参与学校办学理念的梳理，让教师接待上海校长团来访，让教师自己来决定新教师的聘任，让教师自己制定团队的榜样标准，让教师成为学校会议的主角……使得教师个个都成为学校发展的参与者、建设者，并由此带动了教师自主发展的自觉。学校逐渐呈现出“田有界，春无限”的美好景象，在有限的教育空间内创造出了令人惊讶的无限可能。

羊坊店中心小学沿着学校的历史脉络，创建了以“和谐、超越”为核心的奥林匹克教育理念体系。将奥林匹克教育纳入学校计划、校园文化、课程资源、学生活动、体育项目，探索出了将奥林匹克教育与学校文化相结合的管理模式、与课堂教学相结合的教学模式、与构建高素质人才队伍相结合的培养模式、与学校教育活动相结合的实践模式，走出了一条适合学生健康发展的“奥林匹克特色教育”发展之路。

“十一五”末，北京市海淀区万泉小学形成了“营造绿色教育生态，传递教育幸福”的办学理念，初步构建起了绿色教育生态建设的构架体系。进入“十二五”以后，学校深刻认识到，好的教育就是要把日常工作做好、做扎实，日常高水平才是好教育。于是，学校把项目所倡导的“改进在日常”理念作为促进学校绿色教育生态建设发展的重要指导思想，从“三划”能力入手，从自我反思做起，不断推进学校日常文化改进和教育创新，引领教师从个人生活“小幸福”走向职业“大幸福”，把学校办成了一所家长满意、学生幸福的绿色教育生态学校。

在进行项目总结时，项目学校的干部们说，我们的变化是微不足道的，但又是每时每刻都在发生的。西颐小学殷卫红校长说：“‘改进在日常’，这是我们最深切的体验——改变无处不在。改变会带来不适甚至阵痛，但是我们痛并快乐着!”

干部的改变，带来的是教师、学生日常生活的变化：开学典礼、国旗下的讲话，从传统的说教模式，变成了学生自己当家做主的生动课堂；家长会、教师大会，从被动听讲、接受训导，变成了主动参与、互动研讨的开放式会议；社会大课堂，从上车傻吃、下车傻玩到有策划、有组织、有研究、有体验的研究性课程；六一儿童节，从只是少数学生的表演舞台，变成了所有学生自己的欢乐“嘉年华”；毕业典礼，从草草收场的简单仪式变成了丰富多彩、情趣盎然的系列毕业季课程……

不仅S在发生变化，D的角色作用也在发生着变化。过去，地方行政部门开展推进工作通常是行政指令性的，受UDS合作实践共同体理念的影响，他们也逐步转变了观念和习惯。在一次次的互动与合作中，他们实现了从委托者、保障者到参与者、研究者，从评价者、监督者到激励者、传播者的角色转变。①

作为U方的大学团队，我们自身的改变与发展也极其显著。在此过程中，大学项目团队逐渐形成了发展学校的“人本”“校本”理念，形成了以整体、复杂性思维开展学校建设的思想，形成了学校日常文化变革与特色发展，校长、干部团队建设与校本教师发展等诸多领域的学校改进经验。积累生成了“立足校本的校长专业发展”“中层干部团队建设”“学校自主发展的共同体建设”“行动研究”“学校发展规划、计划、策划、总结”“平稳度过一年级”“以教育叙事促进教师发展”等多项主题的实践性知识。

我们的实践成果还成为教育部人文社科项目“以‘UDS合作实践共同体’为孵化器，促进教育学知识创生与实践转化的行动研究”(项目批准号：

---

① 刘会民，韩晓峰. 教育行政部门在UDS合作共同体中的作用[J]. 北京教育：普教版，2015(07).

11YJA880134)的实践研究成果。

五、绽放花开，传播种子

面对项目几年来所取得的成果，我们为之欣喜，为之激动！我们以我们的行动证明了学校日常文化是可以改变的。这种改变虽然是缓慢萌生、潜移默化的，但却是水到渠成、自然花开的。我们实现了静悄悄的革命。

为了更好地呈现项目的探索成果，传播项目的发展理念和学校的自主发展经验，我们决定出版“学校改进叙事”丛书。在编纂本丛书的过程中，我们力图突出以下特点。

第一，力图整体呈现每一所学校日常变革与自主发展的脉络与经验。

在每一本书中，我们不仅要让读者看到发展的成果，更要看到成果背后的故事。因为正是这些故事才是产生发展成果的真正原因，也是本丛书致力于传播的最有价值的发展经验。这些经验也许是某所学校生成的，但我们认为教育是相通的，发展是相通的。我们所呈现的每一本书，都是一所所学校自主发展的大案例。案例的传播方式不是强行的行政命令，而是读者深入其中的启发与共鸣。我们期待着我们的故事能对更多有志于学校自主发展和教育变革的同仁有所启发，引起共鸣，让我们的项目理念和成果能在更广博的教育大地上传播和辐射。

第二，正确处理项目推动与学校自主发展的互动关系。

在学校发展的过程中，尽管 UDS 项目对学校的发展起到了很大的促进作用，但是我们依然认为内因决定外因。作为一种外部的介入力量，如果没有学校自主发展意识的觉醒和能动作用的发挥，再强大的外力也无济于事。因此，在日常实践中，我们强调“顺势而为，整合融通”，努力将项目的发展理念，有机融入学校的日常发展之中。在丛书的编写过程中，我们也注意处理好学校自主发展与项目推进之间的关系，将学校的自主发展作为叙述的主线，而将项目的推进作为学校发展的背景或推动的外界因素来处理，以便让读者能更好地吸收来自学校一线自主发展的经验。

第三，鼓励学校以教育叙事的方式进行自我表达。

教育叙事探究倡导教师在研究时，不是去写那些自己并不熟悉的理论性文章，而是关注发生在自己真实教育生活中的实践本身，关注从内心发出的声音，从而改进和重建自己的教育生活。因此，有学者认为，教育叙事为教师提供了一种可以让理论界听到教师自己声音的方式。它表明了叙事性的教育表达与科学性话语具有同样的地位，从而为教师在研究中的解放与赋权找到了一个现实的途径。我们很赞同这种认识，因此，非常鼓励学校以自己的叙事方式表达自己的实践与认知，以帮助他们建立起自己的专业自信和实践理性，为建立具有鲜活生命力的中国教育学做出自己的贡献。

第四，重结果，更重过程。

能够组织编写出本套丛书固然可喜，但是我们更加看重出书的过程。常常听到这样的声音，“让我们干可以，但让我们写，不会”。这正是一线教育工作者的真实写照。平时让大家写篇案例、总结、发言稿都不容易，更何况要写一本几十万字的书呢！因此，每一本书稿的新鲜出炉，都来之不易，经历了很多风风雨雨、沟沟坎坎。在成书的两年时间里，从坐在一起梳理学校发展线索，到逐步明确指导思想和撰写定位；从先堆砌出一堆堆原始素材，到逐渐条分缕析，分门别类；从分工到人、到组，生成每一章、每一节的主题和标题，再到一次次的讨论、修改，推倒重来……一次次的皱眉与流泪，一次次的颜开与欢笑，都构成了编写这部丛书的真实意义。

丛书的编写为每一所学校提供了重新认识教育、重新认识自我的机会、形式与可能。在编写的过程中，每个故事的叙述主体都实现了对自我的不断理解与审视。这不仅外化了他们的实践智慧，帮助他们实现了从观念到行为的转化与强化，更促进了他们对自身生命意义与价值的内在肯定，强化了每一位参与者的教育信念和教育自信，实现了从原文化到新文化的跨越与新生！因此，编写丛书的过程固然很艰辛，但是，我们认为这一切都是值得的！

迈克·富兰说：变革是一项旅行，而不是一张蓝图①。他旨在说明变革的不确定性和复杂性。而聚焦于日常生活变革的学校自主发展与改进更是一项复杂的变革，充满了未知、艰难和阻碍。但是，在变革面前，问题恰恰是我们的朋友。我们不仅有“问题的朋友”，更有在一起共同面对问题的UDS项目的伙伴朋友。我们相信，通过这样的风雨同舟，通过这样的艰难与共，学校教育一定会朝着我们心中的理想目标不断迈进。

同时，我们也相信种子的力量，希望这套丛书能像蒲公英的种子那样，

---

① 迈克·富兰．变革的力量——透视教育改革[M]．北京：教育科学出版社，2000.

在广阔的教育大地上不断生根发芽、开花结果……

我要特别感谢国家教育咨询委员会委员陶西平先生，北京大学陈向明教授，北京市教委基础教育处张凤华处长，西城区教委赵蓬欣主任、张燕军主任、芦乃静科长，西城区教科所林春腾所长，海淀区教委张彦祥主任、吴瑾科长，海淀区教科所吴颖慧所长，首都师范大学首都基础教育发展研究院郑开义院长、张景斌院长、王海燕院长。因为有了你们的支持与帮助，才使得我们的项目得以启动与发展；因为有了你们的关注与鼓励，才给了我们不断前行的力量。

在这里，我更要感谢 UDS 合作实践共同体的所有伙伴们。“伴飞”的形容真是再贴切不过了！五年的风风雨雨，五年的伴飞历程，不仅让我们彼此成长、成熟，更让我们的心连在一起，收获在其他的工作中难以获得的幸福和快乐。虽然一路风雨兼程，但是我们从不言弃，因为在那遥远的地方，一直有我们追逐的目标和梦想。

最后，我也要感谢出版界的朋友。正是因为有你们的赏识与推动，才有了我们今天的付梓。谢谢你们！也谢谢所有对我们的项目推进做出贡献的人们！

杨朝晖

首都师范大学

2016 年 2 月 22 日

目录 CONTENTS

写在前面的话

不忘初心，分享美好

说起写书，似乎总是比较遥远。我写这本书的时候，身边的人都在给我鼓励与支持，我也在不断地追问自己：你为什么要写这本书？对于我而言，一不为名，二不为利，我只是想把自己对教育的这份热爱、在教育中付出后的感受，写出来与大家分享。时至今日，我做校长已有十几年，但对我来说，每一天都是崭新的，每一个面孔都是生动的。我从事教育工作之前学的是非师范专业，命运眷顾，让我有幸走进教育系统，走进小学教育。一路上，领导的扶持，贵人的相助，朋友的鼓励，同事的支持，让我从起初只是一个单纯喜欢孩子的人，成了爱上成千上万个孩子的人。

说起教育，每个人都可以做一番指点与评论，因为它与我们的生活贴得太近。耳边时常萦绕着关于教育的各种新闻，也正是这样的传播将教育普及工作推得更远、更广，这无疑是我国教育发展的一大幸事。若是站在外围看教育，学校教育似乎不外乎“教师教给学生知识”，但是身在其中才发现，一切都不是那么简单。

小学教育在人的终生教育体系中的重要性是毋庸置疑的，而实际上小学教育所得到的重视与它的重要性并不匹配。作为小学校长的我，虽没有能力改变社会，但我有责任、有能力改变我的学校，有责任带领我的老师们，为我们的那些孩子们带来学习与成长的幸福。

十几年来，我一直在不断地努力，一路充满着艰辛，当收获到来时就是我最幸福的时刻。我在第一所学校任校长三年，因调动紧急，在分别时，老师们泪眼依依，人心证明了一切！我任职的第二所学校在我任职的第二年成了一所完全寄宿小学，我在学校工作的七年中，初步奠定了“孩子最重”的理念。第三所学校，在教委领导的支持下，我刚到学校就参加了由首都师范大学专家鼎力支持的“基于 UDS 合作的学校自主发展行动计划”项目。在项目组各位专家的帮助下，我的教育观念得到提升，学校的发展也取得了突飞猛进的进步。

在“尚德、聪慧”的办学理念指引下，我们树立了“学校成为教师成长的心灵家园，学生成长的幸福乐园”的共同愿景。我们以三里河第三小学(简称三里河三小、三里三、三小)的校名为出发点，演绎总结出学校办学的“三三情”：以小善汇集大善，做满怀感恩之心的人；以小爱凝聚大爱，做具有大爱情怀的人；以小事成就大事，做对社会有贡献的人。教师的培养目标是“有爱心、有责任、有办法”，学生的培养目标是“外显有规，内涵有德，热爱学习，积极进取”。我觉得无论是我们的教师培养目标，还是学生的培养目标，都简练、淳朴，直面教师、学生发展的本质与核心，同时也涵盖了教师、孩子成长的各个方面。

完成这本书，既是项目组的工作任务，也是我的一个心愿。我希望通过这样的文字记录，把我一路而来的感受与同样热爱教育的人们分享。也许我所记录的更多的是个性化的实践，但我更愿意传递给大家的是一份理念与信念：小学教育是大有可为之地，在这片土壤中需要更多热爱它的人去播种，去耕耘。

本书主要呈现的是自己多年的成长历程以及做校长的工作经验，尤其呈现的是在 UDS 合作共同体的引领和帮助之下，我在西城区三里河第三小学的实践探索。

第一章《主动踏入教育路》，主要讲述的是我年轻时是如何从一名优秀的护士转而成为一名教育工作者的心路历程和成长历程，其中主要介绍了我当教师和做校长两个不同的成长阶段。

第二章《伴飞发展一起行》，主要讲述的是在牵手首师大 UDS 项目后，我们是如何在项目组专家的引领和伴飞下一起发展的，其中主要介绍了行政管理文化的改变及干部能力的提升。

第三章《用美好成就美好》，主要讲述的是我在三里河三小是如何以美好的信念在教师中发现美好，树立美好和传播美好的做法。

第四章《改变是为了更好》，主要介绍的是，为了让学校能够变得更好，我们提出“改变是为了更好”“教师改变，世界改变”的理念，并介绍了相应的做法。

第五章《有为无为两相宜》，主要从管理的角度，介绍了我在“有为无为两相宜”管理思想的指导下，在学校管理制度、流程、文本、评价等方面所做的探索和改变。

第六章《为了孩子的幸福和美好》，主要介绍了我们是如何克服各种阻力，把不可能变成可能，为孩子创造一切发展空间的诸多故事。

第七章《家长，我们一路同行》，主要介绍的是我们如何与家长架起沟通的桥梁，使家长成为我们的教育伙伴的诸多努力和探索，以及家长对我们办学的反馈。

第八章《美丽校园，风光无限》，主要介绍的是，通过这些年的努力，在学校管理、校园文化、课程建设等方面的变化，以及我对未来的美好憧憬。

最后是我校一张简简单单的累计已汇集二十多万字的小报《好人好事》简报上我写的一期期编者的话。

总之，以上各章都是我日积月累、点点滴滴的教育、管理心得和学校发展轨迹。我试图通过这种方式与广大同仁进行交流和探讨。如有不当之处，敬请批评指正！书中使用了一些干部、教师、家长的文章，在此一并表示感谢！

邢晓琰

2016 年 10 月 15 日

第一章　主动踏入教育路

“沉醉的幸福”是我在读诺丁斯《幸福与教育》一书时，油然而生的一种人生感慨。普通人在日常从事的职业中，能不能得到“沉醉的幸福”呢？我的答案是肯定的。“沉醉的幸福”大概有这样几层含义吧：一是让人深陷其中，二是让人幸福、快乐，三是能让人感受到无所不在的点滴幸福。有了这几层意思，才能被称为是真正的“沉醉的幸福”。我的教育梦和我走上教育之路，与有些人可能不太一样，我是积极主动选择进入教育行业的。这让我以满腔的热情、持久的激情，一直行走在我的教育之路上，更使我深深地沉醉在创造教育幸福的道路上。

第一节　人生之路有选择

回想起我当初走上教育之路的过程，心里总是充满了无限的甜蜜和温暖。我进入教育行业，与其说是顺其自然的职业选择，不如说是自觉追求人生理想的结果。

教育是一项神圣的事业，走在教育的道路上，我感觉到了幸福。这种幸福源自我的内心，它可以消解工作中的一切疲劳，可以让人忘掉普通工作中的患得患失。这就是教育事业的伟大之处：永远和年轻的生命在一起，帮助他们的同时也让自己不断地成长。我觉得，这便是每一位教师最大的幸福所在。

人生总是充满了各种选择，人的一生，就是在选择之中度过的。现在你想呀：婴儿出生，要选择顺产，还是剖腹产；孩子哺育，要选择母乳，还是牛乳；小学毕业，要选择就近，还是民校；入学分班，要选择文科，还是理科；高考临近，要选择本市，还是外地；大学毕业，要选择考研，还是就业；爱情婚恋，要选择买房，还是租房；结婚以后，要选择生育，还是“丁克”；年迈养老，要选择“居家”，还是“寄居”；百年以后，要选择入土，还是海葬……细分起来，要选择的，还远不止这些。或许，选择就是人生最重要的技能之一。选择，往往会影响人的一生。

在一本杂志上，我曾经读到过这样一个故事。说的是在抗日战争时期，村里有一对青年去县城报名参军抗日。国民党军队与八路军的报名处近在咫尺，结果，两人做了不同的选择，青年甲参加了八路军，青年乙参加了国民党军队。新中国成立后，甲青年成了共产党的高级干部，乙青年成了特赦的国民党将级军官。后来，甲高干因受贿锒铛入狱，乙将官因统战进入政协。一次，政协组织调研司法制度建设，这对儿发小在监狱巧遇，两人不禁唏嘘不已。这样的人生悲喜剧，从选择而起因，也因选择而得果。

其实，不同的选择，很难预测将来的结果。悲也罢、喜也罢，顺当也罢、曲折也罢，都得由你自己来担当，来承受。不要后悔选择，也不要埋怨命运。看似偶然却蕴含着必然的因素，必然之中往往又隐藏着偶然的作用。人生的道路千万条，不论你选择哪一条，沿途都会有优美的风光，但同时也会有岔道和坎坷，关键在于你人生的态度和生命的精神。有的人安于现状，享受平平淡淡的幸福；有的人却追寻人生的梦想，愿意找到真实的自己，去追求自我价值的实现。我就是后者，在职业道路的选择上几经周折，但到最后还是坚定选择了教育之路。

在人的一生中，选择与命运是紧密联系的，但又往往是不相称的。你选择了圆满，但却付出了艰辛；你选择了高尚，但却遭遇了卑微；你选择了文明，却在野蛮中行进。你越是坚持着你的选择，为了追求它的意义，或许你承受的却是一生的磨难。不过，你选择了飞翔总能看到蓝天，你选择了远航总能感受大海！即使要经历狂风暴雨和巨浪滔天。回想自己走过的人生之路，假如当年我立志做一名优秀的护士，也许现在已经成为一名出色的护士长，陪伴许许多多的病人走上健康之路，但人生没有假如。站在今天，不管是向前看还是向后望，对于教育之路的选择，我都无怨无悔。

一、懵懂选择护士业

虽然那是发生在三十多年前的事情，但我依然记忆犹新。

初中毕业以后是上中专，还是上高中考大学？这是首先摆在我面前的人生选择。如果选择上高中考大学，当时的录取率只有3%左右，觉得自己没有太大把握。万一考不上，可能就要接替母亲的工作进工厂当一名纺织工人。还是上中专吧，不仅上学后就能享受到助学金，可以减轻家里的经济负担，而且还能早一点出来工作。最后，我没有犹豫多久就选择去师范上中专。这种选择还因为，当一名老师是我儿时的梦想。小时候和小伙伴们经常玩的游戏，就是用一块小黑板和几张小板凳，轮流当小老师来讲课。

于是，我拿着报名志愿书到教导处去找我们当时的教导主任郭主任。他是当时的教导主任兼教我们年级的历史课，而我当时是历史课上少有的爱发言的学生，因此给郭老师留下了不错的印象，平时和郭老师也比较聊得来。

我印象中，郭主任有着那个年代典型的中学男老师的形象——黑、精瘦，带着一副黑框的眼镜。

我问道："郭主任，我的报名志愿已经填好了，您帮我看看合适不合适？"

"噢，报的东城师范啊。当什么老师啊，老师工作又辛苦又清贫。你报这个吧。"郭主任边说边拿出一张招生的宣传单子。

那张单子是一个高大建筑的示意图，那里准备新建一所国际化大型医院。正在与主任谈论之际，教导处里又来了几位女生，郭主任笑呵呵地说："你们都报这所医院的卫生学校吧，以后就业有保证，家里有个病人什么的也能帮上忙啊。以后我有病也可以找你们这些学生啦。"

"好啊，好啊……"大家嘻嘻哈哈地附和着。

我一想也好，和几个同学再一起上中专也不错啊。于是，我修改了填报的志愿，然后复习、考试、等成绩、等录取。我们许多人都报考了那所中专卫生学校，结果却只有我一个人被录取了。

当时得知录取结果以后，不知为什么，我心里并没有什么太大的欢喜。

就这样，我懵懵懂懂地开始了我的卫校学习生活，而那曾经想当老师的心也慢慢被搁置隐藏起来。

在"白衣天使"的召唤下，我开始了充实而愉快的准护士学习生活。在卫生学校学习期间，我努力地学好专业课程知识，也在不断地积累实际技能操作方面的经验，做到理论与实践相结合。

卫生学校毕业以后，我在医院的工作也十分充实。这份工作所要求的条理性、预见性等品质、习惯，对我今天的工作也影响很大，曾经养成的良好习惯一直帮助我有条不紊地开展工作。我做护士时是一名病人喜爱、大夫信任的好护士，曾经获得过卫生部的“优秀护士”称号。

虽然护士的工作烦琐而辛苦，但我感到更多的是充实和快乐。

尽管如此，我内心深处总是隐隐约约觉得自己的生活中好像还是缺少了点什么。

我一直找不到答案。

直到有一天，一个婴儿的目光激起了我心中的涟漪……

二、恍然重拾教师梦

那是二十多年前的一个深夜，我在婴儿室值班。午夜时分，按工作安排要给婴儿喂奶了。按照正常的工作步骤，我安排十几个婴儿逐一喝奶。我把其中一个小婴儿的喂奶工作放到了最后。

那是一个我临时起名为“果果”的小女婴。果果从产房一来到婴儿室，我一下子就喜欢上了这个小东西——可爱，白净得没有一点瑕疵。由于喜爱这个婴孩，我就更多地留意她了。

在那个静谧的深夜，果果躺在婴儿床上，宛如小天使。我俯下身去，手托着婴儿奶瓶，凝视着她慢慢吮吸着。万籁寂静，好似只有时钟的嘀嗒声。

可爱的小天使一开始是闭着眼睛的，当吮吸到一半时突然睁开了眼睛，而那时我正好在凝视着她那张纯真的小脸。

一刹那，那一双突然睁开的黑黝黝的双眼震撼到了我！双眸是那么的清澈、透亮！直到今天，我仍清楚地记着那一双纯真到无以复加的眼睛。

那是一双对未来世界充满渴望的眼睛，那是一双对未来世界一无所知的眼睛。看着这样一双眸子，我陷入沉思：这个婴孩以后会是什么样子呢？什么会影响她的成长呢？我会跟她的未来有联系吗？

没过几天，可爱的果果出院了。出院后的一天，她的父亲还特地回医院给我送来了一张她的照片。照片上果果的双眸依旧如初见时那样的清澈。

从此以后，她的双眸似乎总在我眼前闪动，我能做些什么呢？

再后来，有一次在新闻中，我看到一则关于小学教育的报道。已是很久以前的事情了，但我依稀记得是关于小学生中出现了伤害他人的事件，报道希望引起人们反思——教育怎么了？

记得那晚，我彻夜难眠。当时似乎有一个声音在呼喊：去做老师吧，也许这样才能够一直和那些纯洁的生命在一起相亲相爱。

做老师，对啊！那是我儿时的梦啊。为什么不能重新拾起儿时的梦呢？也许我做了老师，就会有机会和与更多纯洁的生命相遇，我想要让纯洁的生命更加纯洁。

现在回想起来，冥冥中自己在初中毕业时最初选择师范专业的想法，好像已经决定了我这辈子要走的人生道路。

经过一段时间的深思熟虑，我放弃了诸如学历、职称、工龄、荣誉等积累多年的隐性财富，摘下了戴了五年的护士帽，决心拿起教鞭，走上讲台，当一名光荣的人民教师。

第二节　教育岗位初长成

经过努力和几番周折，我终于如愿以偿地成了一名光荣的小学教师。

记得初入学校，在一次填写调查问卷时，最后一个问题是："你自己的目标是什么？"我当时毫不犹豫地写下了"做一名优秀的教师！"我是这样写的，也是这样做的。

一、勤学苦练初为师

俗话说，隔行如隔山。真正进入教育行业，我才知道要想成为一名优秀的"孩子王"还真不是一件容易的事。

凭着对教育的热忱和成为一位优秀教师的梦想，我花了很多的精力学习语文知识和相关教育理论，苦练教学基本功。

记得在寒假，在满是阳光的下午，我手捧语文书，把一课《小马过河》前前后后读了有十多遍。有高声地朗读，也有轻声地低吟，为的是能够把一篇课文吃透，能真正与文章融为一体。我每天脑子里想的都是班级的学生，为了新年给学生一个惊喜，我花了整整一天的时间，亲手绘制板报。那段时间我过得十分痛苦，甚至有一段时间头痛欲裂，但也慢慢有了一些收获与体会。经历了职业的适应期之后，慢慢地开始成长了。我带的班成了年级中最好的班级，科任老师们做课都愿意用我带的班，同年级其他班级的家长竟然主动找到我，希望把孩子转入我的班级中。我的工作也得到了周围领导、老师的认可。

二、幸福遇到老校长

我最初所在的学校，是北京市西城区一所有着深厚历史底蕴的学校，拥有良好的文化氛围。老教师们关心爱护年轻教师，年轻教师们积极上进。在这所学校，更加幸运的是，我们遇到了这么一位好校长——徐谦恕校长。

回想我自己的成长之路，我认为对我影响最大的就是我的老校长，在他的身上，我看到了一位校长的人格魅力所产生的巨大影响力。

徐谦恕校长，语文特级教师，文理兼通，是现代教育技术的先行者。从转行一踏入教育行业，我就遇到了他。回想起来，我的成长可能就是源于老校长独到的识人方式吧。

我在进入教育系统时，并没有接受过师范院校的专业训练，只是凭着一股热情，只是很简单地喜欢孩子，愿意与孩子们在一起，想当老师而已。当时在学校试讲，一上来就让我讲了语文和数学两门课。记得我当时还有些埋怨：当老师也挺麻烦的，小学的老师要讲这么多学科知识啊。那时，我只是凭着满腔热情走上教师岗位，开始并不懂得教育行业的深浅。

初登教师岗位，我在教育专业方面只零星地懂得一点，但当时老校长的一句“备课有问题随时找我”，让我有了方向，不会盲目，心里才真正踏实下来。我从此开始了“非常不懂事”地找老校长备课的生涯，这也成了我工作中的一部分。但当时的我，真没有觉得是在占用校长的时间，因为每一次的备课、请教，老校长都给予了我极大地鼓励。我感受到，校长是可以和一个普通得不能再普通的老师如此近距离地接触的人。

就这样，在老校长的帮助下，我先后教了一年级数学、一年级语文、六年级语文、六年级数学、六年级历史等课程。虽然这前前后后加起来任课的时间不长，但经历的跨度之大是显而易见的。我从一个门外汉，到能胜任并出色完成教育教学工作的经历，让我感到一个人的潜力可以是无限的。我发现，做一件事只有自己想做好，才会有可能做好这一主观能动性的重要。

记得在完成一年级教学任务时，我正信心满满地准备接着教这班孩子到二年级。没想到，学校却安排了我新的任务——接任六年级某班班主任。

我当时感到十分诧异。因为那时的六年级切切实实是毕业把关年级，关系到学生的前途和学校的声誉。那时的六年级基本都是老教师的天下。而我当时是那么年轻，没有经验。我行吗？我会不会耽误孩子？会不会给学校抹黑？当我把自己的顾虑告诉老校长时，老校长坚定地告诉我：你行！有困难、有问题随时找我。

于是，带着老校长的鼓励，我第一次接手了六年级的班主任工作，而且是连续几年担任六年级的班主任。这几年当班主任的实践着实锻炼了我。我记得后来学生和我聊天说："邢老师，您知道我们为什么喜欢您吗?"我说："为什么呢?"他们说："六年级第一次见面您带领我们打扫新教室。因为教室刚刚装修完，地上有好多水泥，您就蹲在地上和我们一起去除地上的水泥，我们就觉得这样的老师是和我们在一起的，无论她有没有经验。"

现在回想起和那几届六年级孩子们在一起的时光，我都会感到开心、愉快。教师节，我带着孩子们给每一名任课老师带去祝福；新年了，全班评选班级之最让孩子们每个都有收获；春天，我带上他们去公园踏青；课间，我和他们一起跳皮筋儿；每一个孩子生病了，我都去探望。我印象最深的是有一年大年三十，为了唤醒一个父母在外地、自己沉迷在游戏厅的男孩子，我带着班干部大年三十和他一起过节。孩子极为感动，由此也慢慢地脱离了游戏厅。

回想自己走过的历程，在教师成长的道路上有太多的人给了我关爱与帮助。

现在想想，在教育这条路上走得很艰辛，但也很有收获，特别是老校长对我的鼓励，让我坚定了"我一定能成为一名优秀教师"的信念。

在取得教学实践和班主任工作的成功之后，我相信，只要是一个对教育事业充满热情，肯在工作中踏踏实实付出并且勇于摸索的人，就一定能成为一名优秀的人民教师。

三、丰富岗位促成长

每逢六月，校园里总是有一批可爱的毕业生要离开校园。老师们一方面对他们的离开表示祝福，祝福他们飞向更远的天空；另一方面又依依不舍，情意绵绵。

在六年级学生离校后，带毕业班的老师也就迎来了比较清闲的一段时光。当其他带毕业班的老师放松休息的时候，学校却临时交给了我一项任务，组织高年级的学生完成一个升旗仪式。这让我一时有些不知所措。因为当面向一个班的学生时，我可以是优秀的班主任、优秀的老师，但让我面对全校学生组织这样的活动时，我却一点经验都没有，真是挺让我犯难的。尽管如此，我还是服从领导安排，觉得既然学校派给我这项任务，又恰逢我这段时间比较空闲，那我尽力做好就是了。

果然，“皇天不负苦心人”，不懈的努力换来的是任务的出色完成。在得到全校师生的肯定后，我也获得了课堂教学之外的快乐。在这次活动结束后没多久，老校长找我谈话了，说准备今后让我接任全校的大队辅导员工作。

听了校长的话，我不禁愕然：一不会唱歌，二不会跳舞，三又不善说，我怎么能做得了这项工作呢？老校长笑眯眯地说：“你可以！从你组织学生升旗仪式的工作中，我就看出你可以胜任。”我恍然大悟，原来让我完成这项任务是老校长在有意考察我呀。但我实在想不出，我当时只是尽力完成了这项工作而已，老校长到底是从什么地方看出我可以做大队辅导员呢？既然领导已经安排了，那我就硬着头皮干吧。听党的话，服从组织安排，没得说。

在接下来的几年里，根据学校的工作需要，我又承担了许多不同岗位的工作：从大队辅导员到主管教育的主任，再到主管教学的主任，又到主管人事的主任，后来到校长助理、校党支部副书记，等等。

每从事一项工作，我都以满腔热情投入，我把每一个新的工作都当作是对自己的锻炼，并不认为这些是领导岗位。我带着收获，带着教育职业的幸福一路成长，至今还保留着很多美好的回忆。

担任大队辅导员后，想着为了学校的广播能增加学生参与度和更充分调动学生的积极性，我带领学生提前录制了10分钟的广播内容。为了给学生更多的自主娱乐机会，增加学生之间、师生之间的互动，我在广播节目时间引入了学生点歌环节。这些小小的改进得到了老师们的高度评价：“听广播时间不用再为组织学生的纪律去大费周折，这太省事了。”

成为教育主任后，为了给学生提供体验真实生活实践的空间，我提出了在新年举办全校师生共同参与的“力学城”活动。“力学城”是一个小型社会原生态体验场所。城里面有各种店铺，有交通小警察，有电影院等。活动之前，“力学城”的各种规则、宣传海报都由各班完成。学生在那一天的活动是自由的，学生可以自行选择要参加的活动，体验各种角色，那真是一片欢乐的海洋啊。

当时《北京教育报》对这一活动进行了整版的报道。时至今日，很多已经毕业的学生还对这一活动津津乐道。在六一儿童节，不善歌舞的我组织了一场精彩的文艺演出，尤其是男孩子们的歌舞表演《爱》把小虎队的音乐旋风带入校园，引起了极大的反响。有一年，我在六年级组织了一场盛大的纸质时装表演，让学生们自己动手用纸设计服装，自己剪裁，自己走秀表演。这在当时可算是在众多学校中开先河的节目。一年一度的学生春游活动，我把它设计成“我与长城”系列教育活动，让孩子们在阳光明媚的春日里，既体验到了大自然的美好，又激发出对国家的热爱之情，让孩子们爱上了春游，不再让学生春游活动流于形式。

做了教学主任后，我把评价机制作为工作的切入点，在师生中尝试进行教学工作形成性评价体系。

成为校长助理后，我面对的是学校的全盘工作，更是丝毫不敢怠慢，配合校长积极协调学校各部门的关系，处理各种学校常规或突发的问题，推动学校不断进步。

作为党支部副书记，工作中很大一部分内容成了解决老师们思想上的问题。今天我还保留着当年组织“一二·九”活动时，面向全体青年教师的动员词呢。

现在回想起来，虽然每一项工作对我来说都是崭新的，也是艰难的，但那些不同岗位的工作真正锻炼了我的个人能力。由于有了丰富的岗位实践，在我接受任命离开原来的学校，调动到另一所学校做校长时，心里还是有不少底气的。

教育要内化成个人的素养，最终还是需要在实践中不断去摸索、去总结才能有效果。不同岗位的工作使我对小学教育有了一个全面的认识，了解到不同的岗位需要有不同的专业能力。这都成了我后来做校长的财富。

正因为我知道了这些，才让我在成为一校之长面临每一次决策时，都能换位思考，尽量做到最大程度地利用好学校的各种资源，让学校的老师们在实现自我人生价值的同时，为学校建设贡献力量。另外，我也十分感谢老校长。是他有意识地对我进行培养与锻炼，才为我之后的校长之路奠定了良好的基础。

四、潜移默化感魅力

在我从大队辅导员做起的职业成长之路上，我亲眼见证了以老校长为代表的老一辈教育工作者对教育的挚爱。他们一言一行都能以身作则，他们为了学校发展，为了学生成长而奉献的敬业精神深深地影响着我，感染着我。

老校长除了在专业培养上给我大力地支持，在为人处世方面也给我诸多细心点化，有一件事让我印象颇深。那是我刚入校当老师没多久，就赶上首次教师职称评定。我亲眼看见一位老教师因没有被评上高级职称而在公共场合对校长大发厥词，可老校长却始终面带微笑，不温不火。过了很多年，我自己做了干部后还和老校长聊起过此事。老校长告诉我，不要在任何公共场合对老师发脾气，即使你再有理。我做干部后，学校经历了结构工资改革等事件，老校长曾笑言：我就在不断找平衡。当时学校的人员构成是老的老，小的小，要让双方的力量都发挥到最大，平衡很重要。做干部能看到学校中形形色色的人，有时心中难免会有想不明白之处，还是老校长的一句话让我铭记在心："老师可以负你，但你永远不能负老师。"

做校长之后，这么些年来，无论是在全区的发言中，还是参与有关干部成长的一些座谈中，我总是由衷地感谢老校长对我的帮助和带来的影响：宽容、亲近、欣赏、信任。在我的心中，老师的分量是最重的，学校里每一位老师的喜与悲与我同在；在我的心中，没有一个老师是不能进步的。我会由衷地为老师们一点儿小小的进步而欣喜。

在我的校长生涯中，人永远是第一位的。因为有了人的力量，做任何事情才有基础，也是因为有了人的力量，才能使事情发展有了无限的可能。这样的校长必然会有吸引人的魅力。老校长如是，我也在努力。

第三节　校长路上探索行

到今天为止，我担任过三所学校的校长。就我担任这三所学校校长的经历而言，每到一所学校成为一把手全面接管这个学校的工作，都大致经历了四个阶段。

第一个阶段时间较短，也就一年左右。这一阶段基本上处于观察、了解情况期，不对学校的事情做什么改变，只是处理面临的问题。我给自己充分的时间去观察，去思考。我认为任何一所学校都有它固有的脉络，如果不能先顺应其脉络做一段的话，可能想法不会是最恰当的。这一阶段是不急于求成的阶段，这样的一个阶段是每一个新到学校当领导的人所必须经历的，尤其是当这所学校的内部情况比较复杂的时候。

第二阶段，也是一年左右。到第二年，随着学校日常工作的处理，我就可以开始逐步与学校的管理团队融合，达到一个彼此适应、相互借力的状态了。但这一过程的长短要视学校的具体情况而定，比如在我任职校长的第二所学校中，这一过程有三四年的时间，就显得比较长。因为当时涉及处理一些与某艺术团的关系问题。而我到现在的三里河第三小学任校长，这个阶段用的时间就比较短，因为相对于前两所学校，这所学校没有那么复杂的情况需要做特殊处理。另外，这个阶段所费时间还与所在学校管理团队人员的性格特点有一定关系，当然也和校长本人随着阅历增长而具备的自身调控能力有关。

第三个阶段，应该是在学校有了三四年后的阶段。这时，校长应该能做到与本校的教职员工相互了解，情感上融洽，彼此不再出现猜忌防备心理。学校各项工作的推进在这个阶段是最能见成效的，也是学校向前发展取得较大进步的好时机。

第四个阶段，是校长带领学校迈向更高、更远目标的阶段。学校各种基础工作已经完善，这时候学校的发展需要更高目标的引领，校长就该做好旗手，引领全校师生努力向前了。

这就是我在几所学校当校长的一个大致路径。通过在这几所学校担任校长的经历，我给自己总结的是：笑看一路走过，收获多于困惑，自我提升迎难，学校成长丰硕。

一、初任校长在裕中

其实，几个学校的工作，并不都是一帆风顺的，都有棘手的问题要处理，有干部的，也有教师的。但是作为校长，一定要没事不要找事，但遇到影响学校发展的事情，也绝不回避，绝不手软。只要出于公心，一切为了学校的发展，一定会赢得群众的支持，最终推动学校的发展。

我就任校长的第一所小学是西城区裕中小学，地处西城区的最北端，应该是西城区最年轻的学校，是因当时西城区在三环外建立了一个新的小区而建成的配套学校。学校建成之初目标宏伟，要成为西城区的窗口学校。但由于新建校人员来自各个学校，学校的发展没有抓住“新建”这个好时期，导致干群矛盾相当突出。我到学校后静下心来了解情况，通过各种教育教学活动引导老师把注意力转移到关注学校发展上。同时我积极反映，解决了小区垃圾站面向学校窗户散发臭气的问题，还努力将学校的煤渣操场换成了西城区第一批草皮操场。学校在一点点地发生着变化，大家的心也开始往一处想，劲儿往一处使。家长、学生的满意度越来越高，基本上遏制了学生到了高年级纷纷转向周围优质学校的状况。

我在裕中小学工作到第三年，正要努力进一步深化学校的各项工作时，突然接到教委组织部的调令，要让我前往一所寄宿学校任职。当时，这所学校的校长因为经济问题被收审。没有办法，我只有服从组织安排。但是，在和裕中的老师们告别时，大家的依依不舍让我感到，一切的付出与努力都是值得的，我是幸福的。

二、幸福成长在银河

我在西城区银河小学校长任上一干就是七年。这七年中，经历了与中央电视台银河艺术团的关系重建，经历了家长群体对学校信任的重建，经历了“非典”的肆虐，经历了汶川地震，经历了 60 年大庆。这七年，我和老师们、孩子们经历了很多很多，学校的发展也从“来一个学生收一个学生”的窘境，发展到 10：1 的录取比例。这七年，也是我的教育思想不断形成的过程。

银河小学是一所寄宿制学校，在我到任的第二年，学校形成了完全寄宿制。我以此为契机，在 2003 年即提出“创建充满幸福感的校园”的办学目标。在这所学校里，我带领老师们为孩子们的幸福成长而不断探索着，努力着。银河校园是多彩的，300 多个孩子的笑脸活跃在校园中；银河的环境是清新的，每一处设计都别具匠心，令人赞叹；银河的教学是扎实的，高质量的教学令人佩服；银河的活动是丰富的，有全员全年的游泳课、每年一度的远足、“六一”的图书采购、新年的超市行；银河的体育是一流的，在全区的两个年级体质健康测试中，均获得第一，学生上操、队列都一级棒的水平。在这样一所学校里，我和老师们、学生们共同感受着教育的幸福与快乐，凡是到过我校的人都会说，银河的老师与学生的精神面貌与众不同，能够感受到他们发自内心的幸福。2009 年，我们举办了以“十年轻轻走过，未来风光无限”为主题的校庆活动。活动的成功举办得到了极高的评价：“这是西城校庆的里程碑。”以银河小学当时的规模，先后两次代表西城区迎接北京市督导检查，也足以说明银河小学的各项工作得到了广泛的认可。

在银河的岁月令我难忘。当我离开银河时候，老师们送给了我一本影集，题目就是“难忘的时光”。每当我翻看影集时，在银河的美好时光似乎就在眼前。一切为了孩子的健康成长，我们为之努力着，为之感动着，为之幸福着。

三、接受挑战三里三

2010 年 1 月，我接受任命来到西城区三里河第三小学。记得来参加宣布任命会时，我坐着出租车围着学校来来回回绕了好几圈儿。学校紧邻着一个在建的施工工地，进入学校，走过一个挂着冰柱的颤颤巍巍的外楼梯，我走进了多功能厅。几十名老师在会场就座，安安静静，展现出很高的素养。简短的宣布会后，我没来得及再细细观察学校就离开了。当晚，我就给教委的领导打电话说：“没想到西城还有这么破的学校呢。”领导安慰我说：“这不算破，因为你从银河出来，所以才有这样的感受。”我不禁哑然，慢慢干吧，我从心里安慰着自己。

在见面会上，我已初识了三里河第三小学教师的高素质。在接下来的日子里，我开始观察他们。已经临近期末，我能看到老师每天早早来到学校，早早进入教室，完成自己一天的工作。老师们的心态是平和的，大概一直在这样一个环境中，也已经习惯了这样的环境，每个人都在默默工作着。但是，老师们的热情在哪儿？学校的发展老师们关心吗？

我的办公室位于走廊的一头。每当下课时，震耳欲聋的喊叫声令我不得不走出办公室；升旗仪式上学生们的蠕动，让我无法想象这是庄严的升旗仪式；早晨我在教学楼里走上一圈儿，可以捡拾到地面上的、暖气片缝里的丢弃物；在校门口，进校的孩子们如入无人之境，毫无约束。学生们这是怎么了？这可不是孩子们成长的状态啊！

于是，我开始利用一切机会和老师们、干部们聊天。“这盆假花颜色真鲜艳。”我指着会议室里的一盆假花说道。“噢，这是上上任校长留下来的呢。”我屈指一数，大概有十多年了吧。“嗯，这项规定是什么时候制定的？”“这也是上上任校长时定的，一直沿用着。”大概又是十几年了。“天气这么热，咱们的教室里怎么没有空调啊？老师、学生多热啊。”“学校老说要拆迁，什么都不能动了。”我心里明白了，也怪难为我的前任校长，因学校要拆迁，一切的改善措施都停顿了，这可怎么好呢？老师的发展呢？学生的成长呢？……

这就是我主动踏上的这片小学的教育阵地。看到这一切，我并没有气馁。因为，无论是做教师还是做干部，抑或是成为校长，我没有彷徨只有努力，没有犹豫只有坚持，没有等待只有付出。无论在哪个岗位，我都在收获着付出后的幸福与快乐。因为，做教师，我视学生为自己的孩子，一路呵护着每一个人的成长；做干部，我视自己是桥梁，是示范，做出大量的实践性的探索，积累了丰富的各岗位工作经验；做校长，我始终牢记我的工作就是为了带领大家工作得更好。

在我的成长经历中，“无为”与“有为”始终是相伴而行的。“无为”是我从不强求学校一定要发展到一种什么样的状态，也不会强求作为校长我个人一定要有一种什么样的职业规划。但在“无为”中，我始终保持一种良好的精神面貌，相信学校终会成为一所学生、教师成长的心灵家园，成为一个创造幸福并人人能享受幸福的美好地方。我相信，三里河三小也同样能成为这样的地方。

于是，我又开始了新的旅程——与三里河三小的老师们一起追求幸福，创造幸福，享受幸福。

第二章　伴飞发展一起行

能从一名普通的教师成长为一名校长，是我不曾想到的。当年我进入教育行业的想法很简单，就是做一名优秀的教师。我的老校长和身边的同志们对我的成长帮助很多，这才使我能够比较顺畅地一路走来，能够带着责任感和幸福感成长起来。因此，我深知一名干部的成长是多么需要领导与集体的支持、帮助、包容和理解。所以，需要借助一些外力的帮助才能走得更好、更快。

第一节　牵手 UDS 项目

2010 年 1 月，我接组织部任命离开了曾经工作七年的学校来到了西城区三里河三小。三里河三小曾经是一所西城区的优质学校，但随着时代的进步，学校的各方面的发展与优质的标准有了一定的差距。如何尽快缩短与优质学校的差距，曾是摆在我面前的难题。就在我为学校的未来发展思考、踌躇之际，2010 年 5 月，三里河三小参加了 UDS 项目。

一、久旱逢甘雨

在人民网教育频道有一篇名为《UDS 项目的受益者——三里河第三小学》的报道。具体内容是：2010 年，西城区教委开展“高校支持西城区小学发展”项目，选择六所项目学校，引进北京师范大学、首都师范大学、北京教育学院专家团队，借助高校的智力支持，在实践中提升年轻校长专业能力，帮助学校开展诊断评估，促进学校的可持续发展。三里河第三小学由教委推荐参与了首都师范大学杨朝晖教授主持的 UDS 项目。其中 U 是指大学（University），D 指地区（District），特指地方教育行政部门，S 指学校（School），UDS 代表三方构成合作共同体。作为项目的合作方，首都师范大学大组建高校专家支持团队，定期到学校开展学校发展问题诊断评估，指导项目学校深化办学理念，促进学校文化更新，固化学校特色与优势，不断提升学校影响力，提高学校整体办学水平。这一项目的推进让三里河第三小学深深受益。

UDS项目的主旨是集大学、政府及学校之力促进学校发展，尤其是要探索校长和干部团队立足岗位的专业发展，并且力图通过建立UDS合作研究共同体文化来实现校长与学校、校长与中层团队、项目校与项目大学、项目大学团队和地方行政人员的共同发展。因此，这个项目我们也喜欢称其为“伴飞计划”。

我校这次参加UDS项目应该可以用“久旱逢甘雨”来形容。

三里河三小作为一所有着五十年历史的学校，在五十年校庆之际，提出“聪慧教育”的理念，但这一理念的支撑体系并没有形成，其内涵与外延尚需研究。学校的整体工作还处于大家辛辛苦苦地付出着，但是如何使工作科学化、系统化，讲究效率，使每一项工作落实，能扎实生根，形成真正的“聪慧教育”，还有很长的路要走。

在我来到三里河三小之前，学校就参加了北京市“学习型组织”的创建活动。而且在2010年还通过了“北京市创建学习型组织先进单位”的验收，验收的过程也是一个学习的过程。由于学习型组织的创建发端于1990年的《第五项修炼》一书，但具体的构建等方面还处在一个探索期，有很多未知的东西需要学校面对。如何将这一理论真正与学校的发展实际相结合，也是一件很纠结的事情。虽然学校通过了验收，但我深知其中的艰难。学习到底是什么？学习的目的到底是什么？第一届国际学习型组织研讨会的文件中指出，学习只能产生于我们对自己行为的反思，社会学习只能产生于对群体行为的反思。学习型组织是能够熟练地创造、获取、解释和保留知识，并根据新知识、新观点，自觉地调整、改善自身行为。学习被定义为“在行动方面发生变化”，因此学校应把学习和行动联系起来。学习型组织不是简单的重复“灌输”知识，学习型组织鼓励学习者应用所学的知识，提升学习者的能力，改善行为，学习本身就是一个知行合一的过程。

我本人是从普通教师、大队辅导员、中层干部、校级干部一路走过来的，我深知中层干部在学校工作中的重要作用，以及对于其相应能力有哪些要求。但三里河三小当时的干部队伍状况是，干部队伍年轻，执行力不高，原有的工作状态是忙碌而成效不明显的，尤其是计划的制订与执行方面很薄弱。

而UDS项目的发展理念和发展思路正和我们的发展需求相契合。UDS项目有明确的发展价值取向：关注效率，更关注价值；关注眼前，更关注未来；关注结果，更关注过程。这样的价值取向是符合《国家中长期教育改革和发展规划纲要(2010—2020)》及全国教育工作会议精神的，是符合教育发展规律的，是真正为师生的发展服务的。

UDS项目也是一个非常务实的项目，它并没有提出什么宏伟的改革目标，而是提出“改进在日常”的发展理念与思路，从学期计划、活动策划、工作总结，以及会议、文本、表达方式等日常工作改进入手，倡导通过反思性的学习文化的建立，来提升和改变干部管理团队的思维方式和工作能力。这一发展目标对于三里河三小来说，显得尤其契合，正好有效弥补了我校干部在这方面的不足。这也是将建设学习型组织深化落实到学校实际工作的最有效、最有价值的方法。

尤其让我感到受益无穷的是项目组沉浸式的校本支持方式。每周，项目组派到我校的校本支持专家苏尚峰博士都会来学校一次，参加我们的行政会，与我们一起进行日常的交流和对我们进行引领，这对我的帮助极大。

苏博士有着丰富的教育经历与教育教学理论。从我们结识到之后两年多的时间，苏博士基本上每周到学校半天并参与学校的重大活动。现在算算，在这期间，我们面对面的交流有300多小时。这300多小时与教育教学管理专家近距离的接触，是我的校长经历中从来没有的。我们的交流有时是有主题的、有时是零散的，但又都是紧紧围绕学校的教师与学生的，既有对具体事件的关注，又有对教育现象的讨论。每次与苏博士交流之后，我都会对教育有新的理解、新的视角，以及对教育进行再思考后带来的新动力。我把每次与苏博士的谈话当作我每周期盼的营养加餐。

在工作中，我们明显感受到三小文化传统的强大力量，学校整体缺乏动力。在一次和苏博士的交流中，我随口说道，我向老师们不断传递“改变是为了更好”的思想，当时苏博士敏锐地抓住这个表达，说这是一个很好的推动学校向前发展的视角。也可以通过这个视角使老师们真真切切感受到改变带来的一切。有了专家的肯定，我信心倍增。于是，我从此视角出发向全校征集“我们改变了什么”，并通过研讨的方式追问“我们还能改变什么”。这样的一个切入方式，为学校的各个方面注入了活力，也使得改变成为我们每一名教职员工的任务。

我们的工作中不乏灵性的闪现，但缺乏高度的提升，与苏博士的交流使我们在工作中灵光闪现的瞬间，化作了凝固的画面，固化成学校工作的生长点和创新点，使我们在灵性与理性的交织中互动前行。

在与苏博士的交流沟通中，我更加坚定了自己的教育理想，对教育有了更加理性的思考。

二、聚焦计划制订

计划对于学校工作而言，具有指导和规定的功能。从某种程度上规定着学校日常的工作轨迹和工作内容，决定着生活在学校里的人们的发展空间和行为方式，构成了教师发展的组织环境。计划制订得是否科学，运行得是否顺畅，与教师的专业生活状态和生活质量息息相关。因此，科学有效地制订学期工作计划可以有效提升管理工作效能，改善教师工作环境，帮助教师从很多无效的劳动中解放出来，为教师的自主发展赢得更为宽松的空间。

计划的制订是一个学校的常规工作，正是因为它的常规性，往往使得大家对计划的意义不那么重视，以至于很多计划不知为谁而订，制订好了的计划可能也就束之高阁。为此，UDS项目首先进行了“学校发展从计划开始，从我做起”的主题培训。

在这次研修中，项目组杨教授引导我们对计划在学校发展中的重要地位和文化变革功能、效能提升功能进行了深刻反思和操作化引领。同时也通过角色理论，引导中层团队对自己的角色作用进行反思，并提出对全体干部的期待：从管理者向领导者转变，成为自身生命价值和理想教育的“追求者”，成为自主自觉终身学习的“发展者”，成为不断探索的“研究者”和“创造者”。

这次研修不仅真正拉开了UDS项目的序幕，而且表明UDS项目将“学校学期工作计划的制订与实施”和“学校管理团队建设”作为促进学校自主发展和文化变革的切入点和突破口。这一切入点和突破口的选择对我校来说，真是恰逢其时。

培训进一步引发了我们对计划的思考：第一，计划是提高工作效率的有效手段。第二，落实计划能力是各级干部管理水平的体现。第三，通过工作计划可以把被动等事做，转变为自发主动做事，而这也就是个人驱动向系统

驱动的转变 。

通过一系列相关理论学习和多次与专家同行的讨论，我和同事们都认为，计划，尤其是我们所探讨的“学期计划”有着特殊的地位。从学校长期发展而言，它是学校发展的几十分之一；就学年而言，它是二分之一；就一个学期而言，它就是百分之百。

学期计划的这种地位，决定了它在制订时必须考虑到三个重要因素：一是在学校整体规划体系下这一学期的任务是什么？二是在学年的发展阶段中这个学期的任务是什么？三是这个学期的任务与前后学期的关联是什么？

在项目组的引领下，我们明确了制订计划的诸多注意事项。

在计划制订过程中，我们注意从三个最基本的角度考虑它的实用性：一是教育行政部门，二是学校的管理干部阶层，三是教师角度。不同的角度所需要看到的计划内容不尽相同：教育行政部门更希望看到哪个学校有创新的提法、创新的举措；管理干部更希望计划成为自己的一个工作手册，明确各项工作，做到忙而不乱；教师则希望看到计划中哪些是和我密切相关的。因此，在制订计划的过程中，要从管理工作本身出发，对教师层面给予更多的关注，做到计划有针对性和对象性。

此外，还要强调坚持常规工作的落实和计划的实用性、可操作性。例如，我们学校的任何计划除了文字叙述部分以外，都会有一个非常详尽的月工作安排及更加详细的周工作安排。

以下是我们 2013—2014 学年第二学期第六周的安排，同时这周又是“校园开放日”时间，详尽的安排使我们各项工作的效率非常高。

第六周周安排(3 月 24 日—3 月 28 日)

从明天起，做一个幸福的人/喂马、劈柴，周游世界/从明天起，关心粮食和蔬菜/我有一所房子，面朝大海，春暖花开/从明天起，和每一个亲人通信/告诉他们我的幸福/ 那幸福的闪电告诉我的/我将告诉每一个人/给每一条河/每一座山取一个温暖的名字/陌生人，我也为你祝福/ 愿你有一个灿烂的前程/愿你有情人终成眷属/愿你在尘世获得幸福

——摘自《面朝大海，春暖花开》

	上　午	下　午
周一 24 日	1. 下发校园开放日活动家长通知。 2. 升旗仪式时田径运动会启动(蔡群、马清华)。 3. 下发"群众路线教育活动"测评表(李彬)。(请全体教职工认真填写好，周二全体会前投入投票箱。)	1. 收取学生证书(班主任)。 2. 班主任亲自领取运动员号码布，需要签字，不要让学生领取。 3. 4：00—5：30 全体党员会(多功能厅)。
周二 25 日	1. 回收校园开放日活动回执。 2. 家长到校指示牌、投票箱等落实到位。 3. 年级展板、教室展板等，做好相应的更新工作。	1. 后勤根据开放年级人数摆放椅子(一年级，二年级 1—4 班，三年级 1、2、7、8 班。)。 2. 收取证书(班主任)，年级汇总后交主管主任，交任莹主任。 3. 全体集中，开群众路线教育动员大会(郝洁、李彬，多功能厅)，入场时交"群众路线教育活动"测评表。
周三 26 日	1. 校园开放(一年级)，一年级各班家长委员会座谈、查看学生就餐情况(二年级 1—4 班，三年级 1、2、7、8 班)。 2. 8：30 行政会(会议室)。 3. 11：20 一年级家长委员会座谈会(多功能厅)后参观学生就餐情况。	1：00—3：30 三年级 3—6 班参观消防博物馆(郝洁)。
周四 27 日	6：40—10：30 校合唱团参加艺术节比赛(郝洁)。	1. 1：00—3：30 三年级 1、2、7、8 班参观消防博物馆(郝洁)。 2. 后勤根据开放年级人数摆放椅子。
周五 28 日	1. 校园开放(四、五年级)。 (二年级 5—8 班) (三年级 3—6 班) 2. 六年级 11：20 家长讲堂——《清洁能源》(郝洁、蒋艳杰、顾彦欣)。	1. 3：00 以前交运动会纸质版、电子版报名表(蔡群、马清华)。 2. 1：00 群众路线教育，行政干部集体学习(会议室)。

续表

备注	温馨提示： 1. 请每单周时调换学生座位，对学生的视力有好处！ 2. 坚持开窗通风，是预防呼吸道传染病有效的措施。 3. 广播时间安排(凡是视频时间，请提前打开电视)： 周一静定练习　周二英语视频、卫生　周三科技、心理　周四、周五自主时间 4. 请各班第四节课按时下课，保证学生及时就餐。
	“人走桌净”是一种良好的就餐习惯，也是一种良好的修养。感谢各位老师在您就餐后保持桌面的整洁，这既是个人良好修养的体现，也为他人继续使用餐桌提供方便。 小贴士： 学生参加实践活动是学生成长的过程，学生在活动中体验到遵守规则，克服困难，对自己的行为负责，和同伴交往对于自己完成活动的重要性。请大家共同把握好实践活动这一契机，为学生的成长助力加油！ 1. 请各组协调好开放年级、班级的课表，保证课堂有落实，如不开放年级出现人员没到位的情况，请大家相互补台。 2. 3 月 30 日周日学校乐团参加艺术节比赛。 3. 下周继续进行组内研究课，研究课是年级教研、学科教研的阵地，这一活动是大家共同成长的过程。

三里河第三小学 2013—2014 学年校园开放日作息时间

1. 无论当天各年级开放与否，开放日当天各项工作全校一盘棋，请大家共同努力，谢谢大家！

2. 开放年级按学校统一铃声作息，非开放年级自行掌握时间，非开放年级会受到影响，请提前做好学生工作。

3. 开放与不开放年级上操时间均为 9：40，学校会邀请开放年级家长提前到操场。学生自主下楼，请各班做好组织。

4. 由于家长离校时间与餐车入校时间相重合，待家长离校后餐车再进入学校，有可能学生开饭时间会后移，请各年级、各班做好组织工作。

时间	内容
7：50	预备铃
7：50—8：00	晨检　家长陆续进校。
8：00—8：10	清晨练字　提前做好安排，保证练字时间。为保证第一节课的时间，可提前一两分钟结束，教师做好第一节课的准备。
8：10—8：30	第一节课
8：40—9：00	第二节课
9：10—9：30	第三节课　楼内下课班级教师提醒家长可以下楼，稍后学生按常态自主下楼，到操场活动，准备上操。
9：40—10：10	课间操（护眼操、广播操）　下操时学生回楼，家长再到相应教室
10：20—10：40	第四节课
10：50—11：10	第五节课
11：20—11：50	非开放日年级的第四节课，开放班级班主任自行安排。
11：10	家长投放调查问卷后离校。

从上表中我们可以看到，学校的每一项工作都在周密的计划之中，这样的计划把效率放在首位。

第二节　执行更重要

记得马克思说过，一步实际行动比一打纲领更重要。我们衡量一个组织机构和一个单位的工作，不能光看他们的计划制订得如何，还要看他们的计划实行得怎样。工作成果的质和量是做出来的，不是计划写出来的，也不是凭空检查和总结得来的。从上述意义看，实行阶段是管理活动全过程中占时最长的阶段，是管理人员需要花费极大精力去抓落实的阶段。

随着计划制订程序的逐步完善，计划有了可操作性的要素，但这并不意味着在实际工作中就能真正执行。原因有三：一是学校工作的复杂性，二是学校工作的突发性，三是计划执行的人的因素。由于学校是一个复杂的基层组织系统，很多事情往往无法自我控制，外来临时性任务很多，计划之初有时无法做得很周到，计划与执行的分离使得计划成为一种形式与任务。学校工作中的突发事件是很难避免的，在执行时如何将突发事件的处理纳入学校整体工作计划中，是每个学期都要面临的问题。再者，计划执行人的状态和水平也会直接影响到计划的执行成效。正是出于对计划及计划执行的认识，我认为计划的执行比制订更重要。

一、探索“月工作计划总结反馈表”

三里河三小的干部队伍整体比较年轻，管理经验相对不足，在借助培训的同时，如何寻找到一个行动载体使辛辛苦苦制订的工作计划能够有效执行呢？同时，还能唤起每一位干部的角色意识、责任意识，以促进他们更快地成长。在思考中，我有了一个初步的想法，通过设计一个“月工作计划总结反馈表”来实现学校计划的落实和年轻干部们的成长。

表 2-1 西城区三里河三小月工作计划总结反馈表

时间： 年 月 姓名： 主管工作：

已完成工作情况	（请用简要语言记录月主要工作）	（对应月主要工作评定效果：超好！很好！较好！一般！不满意）
未完成的工作及原因		
反思计划的制订与执行		
你的感悟		

(一)牛刀小试

“月工作计划总结反馈表”开始的设计意图其实是比较简单的。当时的想法就是确保我们的计划能够得以执行，因此几个设计项目都紧紧围绕着计划：计划的完成与未完成，计划的反思与感悟。第一个月的表下发后，我的心里充满了忐忑，我不知道干部们会如何对待这张表，他们会不会觉得这是一个负担？他们会不会仅仅把这张表当作是给校长看的？

当干部们把“月工作计划总结反馈表”上交后，我迫不及待地进行了阅读，对于每一个可圈可点之处，我都进行认真的批注，对于大家工作的辛苦与付出我不吝赞美之词。然后我又把表传回给各位干部，我要让各位干部看到这是一张承载工作与情感的表。

看着干部们一张张或简单或复杂的计划总结表，我看到随着开学后各项工作的开展，学校的计划在按部就班地进行着。同时，我也在一定程度上了解到计划在推进的过程中所反映出来的计划前期制订的得与失，工作执行的得与失，以及干部们的一些新的想法。

通过第一个月的使用，我觉得这张表格达到了这样的目的。一是可以回头看到我们的工作完成情况：从数量而言，看我们的工作完成了多少；从质量而言，看我们的工作是否达到预期效果。二是可以向前看我们的工作需要做哪些调整和完善。工作带给我们哪些思考和启迪。

不过，我也发现，第一个月大家交回的表格填写得十分简单，我的担忧多少得到了印证。这促使我开始反思，在推进这项工作时，我只是对于如何使用这个表在行政会上做了说明，但是没有讲更多的目的与具体要求，我原本希望各位干部能够先感知一下这项工作的实际操作。但现在看来，加强引导和做出具体要求还是非常必要的。

为此，我专门召开了月计划总结的工作会。在会上，我向大家进一步重申了使用此表的目的、意义及更为具体的操作要领。为了使大家相互借鉴，我还将大家在上月计划中的感悟摘录下来，目的之一是让大家共享，之二是促进向他人的学习。

九月份计划感悟摘录

刘利：

进行阶段反思，有利于后面工作的开展和计划的实施。能够审视已完成的工作，根据实际情况进一步修正前面的失误，达成既定目标。

蒋艳杰：

细致计划，有条不紊执行，灵活改进，严格监管，都是有效工作的必要条件！

任莹：

工作中我感到人与人的沟通很重要，支持、理解、信任在不知不觉中形成。计划具体，任务明确，特别是结合周安排，更明确了每周重点工作，便于各部门协调。

张利军：

怎样才能提高工作效率？怎样才能加强组长之间的沟通、交流？加强沟通才能共同提高是要思考的问题。另外感觉，在工作布置上要再细致、清楚些，这需要在布置工作之前要将事物梳理清楚，能整合的要整合。

杨娜：

工作反应还应提高速度，让每件事做得都有实效性。

李彬：

计划是做事情执行的前提、保障，具有指导的性质。在制订计划的时候一定要有前瞻性、全面性，并留有一定的余地。同时，计划不宜过于粗糙，要有可操作性。

虽然第一次使用这个表，呈现出不同的情况，但我还是看到了它的作用。它势必能在计划、执行、检查、反馈、调整的管理环节，促进工作的高效展开和干部执行能力的提升。

有了第一个月初步尝试的基础，我开始更有信心了。我又进一步邀请首师大 UDS 项目的专家帮我会诊。他们对于我尝试这样一项工作给予了充分的肯定，同时也提出了改进的建议，提出了发挥综合效益的观念。他们希望通过反馈表这样一个小小的载体，进一步培养干部发现的眼睛，培养对问题的敏感性及干部的赏识意识。

(二)初步改进

根据专家建议和我之前的工作经验。我对“月工作计划总结反馈表”又进行了修改，增加了“发现问题及解决问题”一栏，同时整合学校原有工作，增加了“好人好事”一栏，以促进干部在实际工作中既要用欣赏的眼光看待事物，同时又能够用敏锐的眼光看到工作中的问题。

“发现问题及解决问题”栏目的设立好像一石激起千层浪，干部们真的开始学习用敏锐的眼光看待周围习以为常的事物了。在第二个月的反馈表中，大家提到了方方面面的问题有十几条之多，有些干部发现问题的同时就找到了解决问题的办法，有些问题暂时还没有解决的办法，但提出来能引发我们的进一步思考。例如，有的干部在“发现问题”中这样写道：

课间减噪停留在表面，跟进的检查没有反馈，没有执行力度。现在依然是六年级楼道内相对安静。

学生的礼仪常规有待培养。实际上这个问题深挖下去，是班主任的工作是否到位的问题和学校德育工作的反映。现在总有种感觉，班主任老师将过多的精力投入到教学中，忽视了班集体的培养，忽略了学生的德育工作。发现问题，往往是简单处理，解决流于表面。

工作流程出现问题，为什么会越过中层呢？是不放心，还是中层办事不力？不明白。

用欣赏的眼光看待周围的人和事，尊重每一个人做出的努力。很多点滴的小事被干部们看在了眼里。一位干部在“好人好事”一栏中写道：

胡怡宁老师利用中午的午休时间主动联系六(3)、六(4)班的老师，为学生加练广播操。杨娜主任是我校十月份最辛苦的人，每日往返分校、本校数次，电话联系不断，一切都是为了我校分校、本校设备的正常使用。岳师傅不惧降温，坚持按时接送各种报表、各类文件。体育组全组教师为广播操评比付出了大量的心血和汗水。

每一位干部提供的好人好事，我又另外形成了一份在教职工中共同传阅的《好人好事》简报。在简报中，我特地注明了好人好事的提供者，使全体教职员工感受到每一名干部都在欣赏着大家的努力与付出，使每一个人的努力都得到尊重。

（三）关注反思

感悟与反思对于我们管理人员来说是非常重要的。对于学校相对周而复始的工作而言，反思是不断注入的新鲜血液，是发展的根本。因此我们应将反思纳入自己的工作中，变成自己思维链条的一部分。为了促进干部们反思，我又进一步提出，在完成工作的基础上如何去反思与感悟。

为了促进干部们的反思，我还在反馈表中加强了与干部们的对话与交流。如一位干部在反思自己处理组织研究课过程中，有时自己优柔寡断，有时又过于强硬，不近人情。我对他的反馈是：

你的认识很好，其实和老师的沟通很重要，一定要注意态度，这是沟通的基础。你发现的这些问题很有意义，能不能在有计划的基础上，在开始实施时，开组长会明确地重申要求，再去执行？有问题大家会上就沟通好，可否避免一些问题呢？我们再探讨。

在我的不断引导下，干部们开始有了变化。下面这段话是我校教学干部结合当月听课情况的反思：

虽然新教材已经使用六年了，但是老师们对于教材的理解还是有不到位的地方。分析原因，我觉得一是我们对教材缺少系统的了解与分析；二是我们的数学学科的知识太少了，这就局限了我们，使我们对于教材的理解不够深入，甚至会有偏差；三是我们平时的教学反思还没有形成习惯，教学交流还不够广泛，因而会发生以前犯的错误现在还会犯，我犯过的错误别人还会再犯的情况。

这样一段反思带来了在新的学期中我们教学研究方式的变化。以数学组为例，打破了教学比赛大家各自选课的惯例，而变成大家共同探讨一个主题，这就是发现问题后的反思成果。

（四）不断改进

后来在整理收集上来的“月工作计划总结反馈表”中，我发现绝大多数计划项目内容都能如期完成，但完成的质量却参差不齐。我进而认识到，月工作计划总结目的是为了提高每个人的工作质量，真实地记录每个人的工作情况，现在有问题出现了，是好事。只有敢于承认不足，才能不断进步。我在认真看完了大家的反馈表之后，归纳出了几点问题。

第一，对于“满意度”判断的标准。反馈表反映出的是自己预期要达到的目标是否完成，而在现实中，计划执行过程中各方面的反应如何，则不得而知。我想，对于自我评价的满意度可以分为教师、学生、家长三个层面，互为参考与补充。同时，也要关注计划执行过程中遇到的新动向。在执行过程中产生的任何思考与想法，都应有记录，使之成为今后工作的新起点。我们可以通过满意度的反馈不断地完善与修正学校的工作。

第二，关于“反思与感悟”的项目设计。设计这个项目的初衷，指向的是我们长久的工作，而不单单是指本月的工作计划。反思与感悟对于我们行政管理人员来说是非常重要的，我们要求老师课后要有教学反思；同样，我们作为行政人员也要将反思纳入自己的工作中，变成自己思维链条的一部分。这对于工作效率的提高是十分重要，也是十分必要的。如果一项工作的完成通过反思能引发我们新的思考，对于我们相对周而复始的工作而言，这将是不断注入的新鲜血液，是不断发展的根本。所以我们每个月的思考都不能只停留在纸面上，而要落实到具体的工作实践中。每个月的反思和感悟对于下个月的工作，乃至对于下学期的工作都是重要的素材。善用它，才能真正走向聪慧。

随着工作的推进，我对反馈表的使用又提出了更高的要求。对工作的总结在完成状况简单评价的基础上，还要对相关工作进行分析，使月计划总结更具有价值。我特别提示大家要关注以下几个方面：一是对自己预期要达到的目标是否完成加以分析；二是在执行的过程中，教师、学生、家长各方面反应如何；三是关注计划执行过程中产生了哪些新的想法与思路。这样就使每一项工作的执行成为一个新的起点。

连续的几个学期，我们都是在边使用边修改的过程中不断完善我们的“月工作计划总结反馈表”，改进的目的只有一个，就是为了能使这一表格帮助我们落实计划，改进工作。

下表是修改后的第四版：

表 2-2 西城区三里河三小月工作计划总结反馈表(2012—2013 学年度第二学期)

时间： 姓名： 主管工作：

已完成工作情况	请用简要语言记录当月主要工作(含临时性工作)	效果评价：很好！较好！一般！不满意
未完成工作及原因		
发现问题及解决问题		
好人好事		
反思与感悟		
创新性工作思路、办法		

续表

改进并形成长效的工作	
本月宣传情况	图文稿件（　　　）篇已上传至网站。 图文稿件（　　　）篇已传至校长办公室（任莹），传至教委。 图文稿件（　　　）篇已刊登于其他媒体。
本月材料整理情况	

以上表格的变化，反映的是我在使用"月工作计划总结反馈表"时不断完善的过程，也是我校青年干部队伍不断成长的过程。这一过程也体现了我校"完成工作—欣赏他人—发现问题—创新工作"这一青年干部培养体系的建立。

（五）多重效应

"月工作计划总结反馈表"的使用，给我校的干部队伍的建设带来了显著的变化，对干部队伍建设和教师工作的促进作用也是明显的。

大致说来，这一表格发挥的作用有以下几点。

一是使校长与干部、教师之间的关系更加密切。从我对干部月工作计划总结的点评中，干部能够感受到校长对他们每一个人工作的高度关注与理解。干部得到尊重与理解是开发自我潜能的基础。教师从《好人好事》的简报中，也能感受到干部赏识的目光，因而激发出更大的工作热情。

二是提升了干部的管理能力，促进了中层干部的专业发展。中层干部大多是在教师岗位上业务能力较强的工作者，但却缺少管理方面的专业训练。

而反馈表的使用，不仅让他们关注到自己工作任务的完成，更促使他们学会了正确认识自己，提高了发现问题和解决问题的能力，学会了对他人的关注，提高了自我反思的意识。这些素质的提升，极大地促进了学校的发展。

三是通过对月工作和月计划的总结，促进了干部队伍形成落实计划的意识。现在我校干部队伍的各项工作都能够做到计划与落实、总结与反馈的环环相扣，极大地提高了工作的效率，形成了一个良性循环的过程。这使得对工作的思考伴随着每一位干部工作的始终，提高了干部的工作意识。

四是以月计划工作总结为依托，帮助我们形成对学校问题的系统思考，为学校制度的改进提供了有力的依据。学校后来出台的教职工月评价等工作制度，都是干部们于月工作计划总结中发现问题，形成很多新的共识，然后在工作中加以改进的成果。

五是促进了干部在日常工作中不断地积累新的想法，为开展创新工作提供了思维记录，积累了足够丰厚的发展空间。干部在工作总结中能够发现闪光点，进行积累、思考、探究，为我们找寻学校发展方向提供一些储备资源。

总之，“月工作计划总结反馈表”是我校工作中的一个小小举措，但它对于学校各项工作所产生的效益却是巨大的，它带来干部思考方式的转变、做事方式的转变、工作成效的转变。这一举措的实施得益于 UDS 项目最初“学校发展从计划开始，从我做起”的培训，得益于其所倡导的“改进在日常”的理念，得益于项目专家团队在计划执行过程中的跟踪、指导。同时，这个举措也来源于我对学校作为学习型组织的系统思考，以及对如何培养年轻干部队伍的探索。为什么做，怎样做，做的怎样，怎样更好，都以这样一个小举措串联起来。这么一个小小的表格，给我们的学校带来了意想不到的良好效果，真可谓“小举措大效应”。

二、变革我们的行政会

计划需要人来执行，需要在工作中进行落实。而每周一次的干部行政例会是进行计划落实检查和动态调整的重要空间。同时，召开行政会也是校长作用于中层领导团队的重要手段。

三里河三小的校领导班子现在为十人，除我和一名安保主任年龄稍长以外，其余八名均在 40 岁以下。在当干部之前，个个都是各自岗位上的业务骨干，他们在当干部后面临着很多困惑，有些无措。

通过自己的成长经历，我认为青年干部的成长需要一种贴身式的学习，贴身的言传身教是非常有帮助的。所以，当年轻干部群体的成长需要同步时，就需要充分利用好学校干部工作的载体——行政会。

学校行政工作会议，是在校长的主持下召开的处理学校日常工作和行政事务的会议。但凡学校的行政会议，基本都是这样的模式：每个部门各自汇报自己的工作，说说下周的工作计划安排，散会后去执行会议上的精神。从我成为中层干部伊始，参加的行政会就是如此。三里河三小最初的行政会也是这样，各自汇报自己的工作，说说下周准备做什么。这样的行政会本身固然没有对错之分，但是我总感觉少了些什么。

UDS项目倡导"改变在日常"的发展理念，我认为，改变会议文化是贯穿"改变在日常"理念的重要落脚点。学校的各级各类会议是必须要召开的，但又极容易开成不痛不痒、与会者不感兴趣的会议。

因此，对于会议文化的变革，我着重定位在每一个类型会议的召开一定要能够使与会者有所收获，这种收获可以是观念上的，可以是方法上的，也可以是情感上的。不管哪一个方面，一定要让参会的人有所感受、有所收获。

现在三里河三小的会议文化有着鲜明的特点：全体会议简洁、明了、高效；中层干部的行政会丰富、热烈、有实效；年级组长、教研组长会主题明确，解决实际问题；班主任例会则形式多种多样，促进教学与教务实际工作的改变。

我首先改变的就是我们的中层干部行政会。我们原有的行政会少了对工作的统筹性思考，少了情感的交流与碰撞，少了解决问题的意识，更重要的是没有起到"促进"的作用。于是，经过我与学校干部管理层的不断讨论和实际地调整、完善，学校的行政会议形成了我们特有的会议模式与会议文化。我们的行政会可以说是学习会、培训会、反思会。通过一次次不同寻常的行政会，每位中层干部的"落实"能力、执行能力都在潜移默化地提升。

(一)我们把行政会变成了培训会

以下是我校行政会的一个典型场景：

某个周五上午不到九点，我校的行政会在同样的地点、同样的时间即将开始。照例，大家纷纷提前到达，会议的主持人已做好了会议的准备。正式开始前，各位行政领导都在随意交流着，这为行政会的开始做好了充分的情绪准备。

九点一到，此次会议的主持人——我校的办公室主任宣布开会。

我把每次行政例会都看作是培训干部的机会。我校的行政会原由我亲自主持，行政干部各自汇报相关工作。参加 UDS 项目培训后，通过自我反思，我剖析学校管理问题认为，学校的中层干部队伍最欠缺从宏观角度思考学校管理问题的意识，全局意识不够。但是，如果没有一个锻炼的平台，主管某一项的干部们又怎么能形成全局意识呢？

于是，针对学校缺少培养年轻干部方式的问题，我力求通过学校行政会来对年轻干部进行管理观念、管理方法的培训，力求把身边的干部都培养成具有全局意识、能独当一面的能手。

我开始推行校行政会由每位行政干部轮流主持的做法，每周的值周干部就是主持人。我要求主持人提前做好相关会议室布置及议程方面的准备。轮流值周主持的校行政会，为干部们提供了一个思考学校全局的平台。通过每次会议，我们就把一个每周必不可少的行政会变成了中层干部的培训会，于是我们的行政会多了一种职能。

（二）我们把行政会变成了分享会

继续回到我校的行政会的现场来：

我校某次行政会的内容是干部团队中心组的学习。此次行政会的学习内容由主持人负责。主持人首先组织与会人员共同学习了胡锦涛总书记在党的十七届六中全会上的讲话，并着重理解了关于培养文化人才的文件。其次根据主持人的主管工作——学籍工作，主持人组织大家学习了北京市学籍管理条例。在学习的过程中，结合我校实际工作讲解了一些学籍管理中的实际问题，如目前学生家庭情况的特殊性给学籍管理带来的一些难题。

我校一直致力于建设学习型学校。建立学校学习组织系统是构建学习型学校的核心制度保障，分享学习文化是构建学习型学校的重要条件。而作为行政干部而言，进行系统学习、分享学习更是非常必要的。中层干部的工作是各管一摊，相互交叉的内容不是很多，我认为促进干部对相邻工作的了解，也是培养行政干部树立对全校工作的大局意识的一项有效措施。

为此，我把行政会的第一项内容设置为学习。对于学习内容的设置，我是有要求的：一是轮值干部介绍一篇有政治性、时事性的文章，旨在引导干部对国内外事件的关注；二是每位干部需要介绍并学习一篇本人主管工作方面的文章，主管教育的干部介绍有关教育的内容，主管教学的介绍课程改革方面的内容，后勤介绍后勤方面的内容等。这种交叉性的学习，对干部能力的提升起到了很大的作用。

学习结束之后，行政会进行下一个环节的内容——由干部们交流上一周参加市、区会议的相关情况。例如，副校长介绍了参加区德育干部会有关班主任工作交流的情况，尤其介绍了兄弟学校在班主任工作方面的表现，使大家看到了我们与优秀校之间的差距，明白了有哪些地方是需要学习的，还有人事主任介绍了人事工作上的一些新动向。

中层干部是学校工作的中坚力量，他们不但需要去落实学校的具体工作，也要对市、区教育工作会议有所了解，对市、区教育教学动态有所了解。因此，对全区工作会议的交流也是我校行政会中一个议题。通过这样的交流，我认为能够很好地使青年干部对全区教育工作有整体的把握，从而使其对本校工作在全局方面的掌控能力有很大提升；这样的交流也提高了工作的透明度，使每一名干部认识到自己在学校工作中的重要性。

(三)我们让行政会成为会诊会

当学校出现一些危急事件，或者有个别教师、学生存在一些棘手的问题时，该怎么办。不管是校长还是职能部门负责人，一个人或少数几个人面对复杂问题时，难免会出现决策偏差。通过集体会诊的形式来挖掘行政集体的智慧，从而做到用集体的决策来规避个别决策的风险，实现学校管理效能的最优化，让所有的行政干部共同来思考破解难题的良方。

如我校某次行政会上，我们的反思主题是半个学期的养成教育情况。学生的养成教育是在我校德育工作中始终坚持施行的。德育副主任就全校养成教育的情况，首先进行了成绩总结与问题分析，之后各部门领导就半个学期以来在养成教育方面的情况纷纷提出自己的观点。例如，教学主任提出低年级的每周之星评选形式新颖，很吸引人，但是考虑到学生年龄的实际情况，能否以加注拼音等方式出现，以便更加清晰地展示学生的风采；就学生在楼道内要轻声慢步的问题，如何形成全校教职员工共同引导的大氛围，逐步使我校的学生能够做到在楼道内轻声慢步，使得整个校园达到一种和谐安静的氛围；对于个别学生的教育问题，从学校管理层到班主任再到所有任课教师，怎样制定相关的办法来促使全校形成一个共同干预的策略机制，达到良好的效果。对于养成教育我们坚持正面引导，注重加强时效性，为了学生能养成更加优良的习惯作风，我们同时注意不断更新学生参与评比表彰的兴趣点。

在学校管理过程中难免会有冲突，根据冲突的互动作用观点，我们强调管理者要鼓励有益的冲突。融洽、和平、安宁、合作的组织，容易对变革和革新的需要表现为静止、冷漠和迟钝，一定水平的有益冲突能使组织保持旺盛的生命力，能够使组织善于自我批评和不断革新。在反思交流的过程中，我一直注意搭建利于交流的恰当冲突平台。在行政会上，我让每个人都发言，形成在交流中的冲突。“我不同意你的看法”“这件事可不可以这样理解”等都是形成冲突交流的切入点。在冲突交流的过程中，破解难题的思路逐渐清晰了，方法的呈现也更加丰富了，促进了智慧的汇集与凝结。

(四)我们让行政会成为反思会

任何一项工作的完成既会有成绩，也会留下些许不足。UDS项目倡导我们写叙事案例，我们大力践行。管理案例都是发生在我们推动计划执行的过程中的事例，很多是对计划执行的再探讨。我们将它们作为行政会学习的重要载体，将及时的案例反思纳入行政会的议程。我校的行政会有一个固定板块即“反思”，我要求每次由一位干部结合学校近期的工作做题主发言并进行反思，其他干部补充，从不同层面进行评说，最终形成改进的方案。这样的反思会体现了集体智慧的力量。

以下是主管体育的一位校长做的关于冬季锻炼的反思，在这个反思的基础上干部通过讨论形成决议，推动了我校冬季锻炼工作的进行，保证了冬季锻炼的质量，也让学生爱上了冬季锻炼。

冬锻一小时

郝洁

冬季锻炼年年有，为了更好地推动冬季锻炼，我们再次明确冬锻目的。

一是扎实落实每日锻炼一小时，切实通过冬锻提高学生身体素质；二是加强学生对体育运动的重视，体验运动的快乐；三是提升体育教师群体素质。我们同时制定出响亮的冬锻口号：冬练三九，练出好身体；三九冬练，练出好心情。

二

在推进过程中，我们结合实际制定目标，同时及时分析出现的问题。

（一）冬锻开始期：调整项目，聚焦质量

我们初定的项目是：低年级部（1—2 年级）：一日做操加跳短绳，一日跑步。高年级部（3—6 年级）：跳长绳加跑步。结果，开始两天就发现了问题——运动量不够。尤其是低年级，随着天气渐冷，开始有家长打电话询问上操能不能穿大衣。我实际做了调查，情况是锻炼结束后，学生只有极少数有微微出汗的情况，大部分学生还感觉寒冷。

我当下召集两部体育教师分别开会，分析问题。低部的问题分析如下。

第一，冬锻做操是否合适。体育老师的顾虑是，低年级做操是难点，尤其是一年级学生刚学会做操，如果整个冬锻都不做，下学期就忘了，前面算白教了。再有老师认为，做操如果用力到位也能出汗。分析这个问题，我们认为在现有学生做操水平下，达到冬锻运动量是不可能的，天气越来越冷，站在原地做这套不太熟练的操，并随时停下来纠正动作，是不合适的。

第二，跳短绳不能达到运动量的原因是什么。我们的分析是：由于场地限制，低部跳短绳采取的方式是，一组跳相邻的一组看着数数，如果都跳互相干扰容易出危险，问题是刚跳暖和了又站半天站凉了。

第三，跑步跑大圈的问题。低部跑步采取了近 500 名学生跑一个大圈的方法，造成的结果是严重压队，速度起不来，跑跑停停，达不到运动量。

低部老师想到的解决对策如下。

第一，果断停操。感谢校长给予指导。邢校长要求把这套操放在校园网站上，供学生下载学习，寒假布置体育寒假作业时，作为重点项留给学生，尤其是对一年级学生提出明确要求。这就解决了长期不做就会忘掉的问题。后续工作又指示，在明年的新生入学准备期，即发录取通知后到开学期间，增加提供做操录像的内容，让学生在入学前的准备期，就开始提前熟悉小学广播操。

第二，开展跳短绳交替素质训练。变一组跳一组数为一组跳一组做素质练习，交替进行，保证跳绳日的运动量。

第三，变跑大圈为一年级本班折返跑，二年级跑大圈。感谢郗主任的专业建议和帮助。跑步速度上去了，由于各跑各的，一、二年级根据年龄差别还分出了运动量。我们做了具体测量，一年级在内圈沿本班首尾折返跑往返一圈 56 米，每次能跑 600 米左右，二年级绕大圈一圈 120 米，每次跑 700 米左右。

高部对跳长绳运动量不够的原因分析是：各班变队形至组织学生跳长绳的队形很花时间，而由于各班水平参差不齐，大部分班跳绳的水平低，经常跳坏，每班又只够同时跳两根长绳的面积。经测算，一次上操时间里，平均每个学生跳长绳不够十下，而由于变队又占去了跑步的时间，跑步又不足 200 米。等于一次操下来，一名中高年级学生实际运动量是十下跳绳加二百米跑步，有时还达不到。更有的班，因为同学间跳绳水平差异大，部分跳绳高手快频率跳绳，其他学生站在旁边看着。

高部的解决对策也是果断停止跳大绳。鉴于我校跳长绳的实际状况，为首先确保学生的运动量，我们停掉了跳长绳，只组织部分爱好者利用其他课余时间练习，并抽选各班精英组校队参加区赛。

这一调整是有取舍的，全部跑步肯定没有加上跳绳有趣，而且这一调整，自然也调去了高部跳绳比赛的安排，因为没有充分的练习，比赛意义不大。果断取舍，体现的主导思想是，在我们还没有能力做到既保证质量又兼顾生动活泼的前提下，先保证质量，即保证学生运动量的落实。

(二)冬锻深入期：持续调整，保证质量

1. 深化主题，用运动量的指标来落实质量要求

要求高低部仔细调研调整项目后的运动量，给出准确数据，用数据说话。并根据数据，提出明确目标。

低部提出的口号是：冬练三九天天出手，每日一千目标我有，健康快乐从今拥有。提出的目标是：每日跑步 1000 米。

高部提出的目标是：每日跑 1500 米，心率每分钟 140～160 次。

截至 12 月 14 日，本周高部每天跑到了 1500 米，心率达到目标。低部二年级跑到了 1100 米，一年级跑到了 1000 米。

2. 用坚持锻炼不缺次来落实质量要求

遇雨雪天气，凡能坚持到操场锻炼的，协调后勤做好操场清扫，坚持出

来活动。天气实在不好时，在班内锻炼，做室内操，有要求和检查。因天气寒冷、地面略有湿滑，应请示是否继续冬锻。体育课时体育老师都自带墩布，随时墩地。想办法克服困难坚持室外冬锻。

3. 激励教师参与

低部改成分年级跑步后，学生因不好掌握间隔距离，出现跑跑走走的现象，有些班主任老师看到后，不再站在一旁指导，而是到队伍最前面领跑，以控制本班合理速度。看到这一情况，我们给予了及时的肯定和鼓励，号召班主任们都跑起来。参与跑步的老师越多，学生跑步的劲头越足。虽然没有强行要求，但不久后，低部除一名班主任身体不适外，其余班主任都跑到了本班跑步队伍的最前面。学校了解这一情况后，请电教刘主任来低部摄像，说要把低部冬锻的场景放到网站上，我借此又向低部科任教师发出了邀请，建议大家加入冬锻，让低部集体中每个人的身影都出现在画面中。录像当日，果然多数科任教师都参与了跑步，下操后，我又鼓励大家，希望大家坚持下来，为了自己的身体健康，也一定坚持。

高部三年级教师参与冬锻情况最好，六年级班主任到岗负责情况最糟。我们及时肯定了三年级的成绩，与三年级组长详细研究了冬锻方案。同时做出了六年级与三年级互换位置的决定，六年级从一个年级单独在小操场练，调换到大操场和两个年级一起练，让六年级师生感受集体锻炼氛围，使六年级班主任也学习其他年级老师积极参与。三年级做得最好，调到小操场，相信他们能保持，由于小操场有相对独立的特点，其实也很利于做得优秀的年级对自身提出更高要求，更上一层楼。

4. 加强行政调研，发挥行政会作用，形成管理合力

冬锻开始后，每周行政会我都会向大家汇报冬锻的进展和问题，得到了行政会的指导和帮助。先后讨论推出了以下举措：行政会值周检查冬锻质量。三、六年级上操位置互换。行政会成员集体观摩，参与冬锻。加强冬锻宣传。学生自行下楼上操制度的推行。

在 12 月 2 日的行政会“中心组学习”中，教学年主任带领行政人员共同学习了《一小时与一辈子》，强调体育锻炼促进学习的重要作用。她说，“美国加州大学洛杉矶分校的麦卡锡博士通过对近 2000 名中小学生调查发现，学生多运动能提高学业成绩。美国伊利诺伊大学科研人员通过监测脑电图发现，每当参加完体育活动后，学生学习时的注意力会更加集中，且成绩会更

佳”。还列举了多个实例，说明体育锻炼的重要。听了她的学习分享，我备受鼓舞，心情激动，我们得到教学部门的肯定和支持，更增加了我们做好冬锻工作的动力。

行政调研，发挥行政会作用，能形成管理合力。行政团队的管理合力，在冬锻中起到至关重要的作用，领导们集体重视，率先示范，相互协作，才有了冬锻的持续改进。

(三)冬锻关键期：创新发展，提高质量

量有了，运动氛围有了，大家开始在提高学生冬锻兴趣上纷纷自觉下起了功夫。低部率先由体育部门赵老师推出了“脑筋急转弯式口号”，边跑边喊有趣的口号，在师生应和中，疲劳消散了，乐趣增加了。之后，老师们纷纷加入创意队伍，鄂老师提出了配乐跑步建议，并推荐了节奏适宜的英文歌《兔子舞》。高部也行动起来，配的是《加油歌》。

最有趣的是，当我把《兔子舞》这首英文歌歌词发给英语高老师想麻烦她翻译时(怕歌词中有不恰当的内容)，她竟然连声说谢谢！感谢我连冬锻都想着练学生英语听力。她也积极参与进来，要设计英文口号。可我这纯属无心插柳啊！

看来，我们必须相信，只要用心做，一定会越来越好，而且以点带面，常有意外收获！

低部 12 月 14 日如期进行了跳绳比赛初赛，高部下学期进行(高部一度停掉的跳长绳会在下学期开学的一个月冬锻中补回来)。我们将把跳绳和广播操都作为体育作业留给孩子进行寒假加强，开学后的冬锻，必将更加丰富多彩。

二

冬锻进行过半，结合冬锻我的反思如下。

(一)扎实落实每日锻炼一小时，切实通过冬锻提高学生身体素质

每日锻炼一小时早已纳入课表，但课表里有这一小时是否就落实了学生的锻炼质量？我的体会是，我们落实锻炼质量决心的大小，用心的多少，才是与效果直接挂钩的。

在冬锻开始前，区体卫科让各校再上交一份“保障学生每天一小时校园体育活动”的措施和制度的文件。这份文件是我执笔起草的。在学校工作评价部分我写道：自觉接受社会和家长的监督，对问题及时核查，并进行反

馈，及时整改。未履行规定出现问题时，具体负责领导负主要责任，在评先评优中“一票否决”。最后一句是我定给自己的，因为我就是领导小组中的具体负责人。交上这份文件的一刻，我就暗下决心，要认认真真落实好这件事。

看到冬锻的问题，我也曾经不冷静，记得在行政会上我说过：冬锻失败，等于把操场变成展示教育失败的显眼现场。感谢各位行政人员对我个人的包容和对体育工作的全力支持，现在，我们的冬锻现场正逐步成为实践育成功的新阵地。

（二）加强学生对体育运动的重视，体验运动的快乐

前面说了很多调整，整个冬锻过程不是常规的订了计划就开始实施并有所微调，而是一直处在反复不断的大小调整中，那么“调”说明了什么？往积极处说，说明我们工作用心，发现问题及时，有措施跟进。直白地说，说明我们前期准备是不充分的。这主要责任在我，主管体育工作经验不足，前期对各种问题的预设不够，我和体育团队的老师能力确实是不足的。

区体育工作会和文件中多次明确要求我们，“通过开发适宜小场地活动的体育项目，增加场地利用率和承载量”。使小场地产生大效益，小场地有大作为。但真落实起来，发现这个要求其实很高，是需要智慧和能力的。很多学校做到了，而我们还差得很远。

当下，我们采取的是笨人笨办法，先保底线质量达标。我跟校长开玩笑说，这叫“土方法＋死较真”。随着氛围逐渐形成，工作不断理顺，下学期开学这一个月的冬锻时间，我们要在使学生体验到运动快乐上认真下功夫。做好一个能不大调的有质量的计划。在三月，整个冬锻结束后，我想要开冬锻专项总结会，并以此促进开春的两操一课质量提高。

我目前的困惑和着眼点是：如何提高高部老师、班主任的运动参与度？如何使我们的冬锻在现有基础上更加生动活泼？冬锻结束后，如何持续保证上操学生体质锻炼质量？

（三）冬锻目的的第三项：提升体育教师群体素质

关于冬锻目标中的提高体育教师素质这条，我想和大家分享两个片段，作为反思的结束。

1. 片段一

11 月干部月工作总结，我这样写道：冬季锻炼开始，推动费劲，但在

咬牙坚持。常有“还上操吗”等询问，但每问都基本碰壁。希望我这样的坚持能让大家变“想个理由不上操”为想尽办法“在不同情况下都能上好操”。例如，今天操场有些水、无冰，在“有水地滑不能跑、跳绳也溅水”这些理由都没有被采纳，没有停操后，上操内容定为“原地素质练习＋跳空绳”，效果很好。

2. 片段二

12 月 14 日周三，凌晨开始刮北风，降温至最高 2 度，四级风。这天是低部跳绳比赛日，我截取了一早和低部体育赵老师在某局域网上的对话：

郝洁(2011-12-14 7：59：22)：

跳绳比赛是否照常？

赵老师(2011-12-14 8：00：07)：

照常吧。

赵老师(2011-12-14 8：00：16)：

让孩子们和裁判都穿多点。

赵老师(2011-12-14 8：00：23)：

孩子都盼着呢。

赵老师(2011-12-14 8：00：29)：

刚在楼道里，孩子还跟我说呢。

郝洁(2011-12-14 8：00：41)：

赞成及欣赏再加钦佩。

赵老师(2011-12-14 8：00：50)：

她们准备好了，O(∩_∩)O 哈哈～

赵老师(2011-12-14 8：01：26)：

昨天晚上一个二年级的家长还给我打电话，说孩子回去跟她说，为什么他比他们班另外一个孩子跳得多，没让他上。

赵老师(2011-12-14 8：01：40)：

我还安抚了半天，家长能理解。

赵老师(2011-12-14 8：01：47)：

看来孩子都挺重视的。

赵老师(2011-12-14 8：01：50)：

虽然是个小比赛。

郝洁(2011-12-14 8：01：53)：

下学期接着比。

赵老师(2011-12-14 8：01：57)：

以后咱们就多组织点这样的小比赛。

赵老师(2011-12-14 8：01：59)：

我想了。

赵老师(2011-12-14 8：02：05)：

孩子有兴趣。

赵老师(2011-12-14 8：02：10)：

以赛代练。

郝洁(2011-12-14 8：02：19)：

太对了！双手赞成！

赵老师(2011-12-14 8：02：23)：

O(∩_∩)O哈哈～

对工作的及时反思、集体会诊是我校行政会上一项很有价值的工作。一个学期下来，我们就新学期开学典礼、全校的学生家长会、暑期学校施工的协调工作、全校学科带头人的示范课等学校工作都一一进行了反思总结。每一次的反思总结对我们的工作都有很大的推动作用。我们先后归纳出，“教育工作需要激情，常规的工作不能常规做”“管理者自己有多重视，教职员工们才能多重视”“协调工作要提前做”等我校有特色的管理工作观点，这对于提高我们的工作质量有着现实的指导意义。

在交流中，我们又对计划的制订、落实等情况进行反思，并对下学期的工作计划展开讨论，形成新学期的工作思路和目标。例如：我在干部队伍建设的反思中提出，加强干部的首遇负责制；有的主任提出了优化学习意识；有的主任提出了每一件常规工作都要当新任务来完成，提出了完成工作的高质量要求；有的主任提出加强沟通，促进工作；有的主任提出对科任教研组建设的思考。这些对计划执行过程中的反思又成为我们新计划的一个起点。在新的计划中，这些点都有相关的落实。

我们的行政会在UDS项目组的范围内已经尝试性地开放过多次，大家均给予了很高的评价。以下就是我们的行政会向项目组开放的一次纪实报道：

感知、交融、提升

——记走进西城区三里河三小行政会开放活动

2011年12月16日上午9点到12点，在北京市西城区三里河三小举行了“UDS项目学校开放活动——走进西城区三里河三小行政会”。出席本次活动的人员有UDS项目组专家、西城区三里河三小全体行政干部、北京市多所小学校长。

9点，UDS项目组专家杨朝晖教授对本次活动的流程及内容进行了简单介绍，活动正式开始。

这次活动主要由两个环节组成。第一个环节从9点到11点，三里河三小行政干部们按照计划召开每周一次的行政会议。第二个环节是与会成员就三里河三小的行政会议进行交流。

9点10分，三里河三小的行政会议在三小的德育主任简明扼要地主持下开始了。

会议的第一项议程是德育主任介绍基本业务的学习情况，涉及的内容有两项。第一项是介绍教育部对初等教育阶段教师专业标准的规定，并指出该规定的特点：一是突出师德的要求，二是强调学生的主体地位，三是强调实践的能力，四是体现时代的特点。第二项是介绍与德育相关的内容，即教育部关于德育的讲话，传递了袁贵仁部长及刘利民副部长的讲话精神。袁贵仁部长讲话主要内容有：德育是学校教育最基本的教育，德育工作对把社会主义教育融入中小学生教育中具有重要意义，德育工作要抓住主要环节，即把社会主义核心价值体系融入学校教育中，德育工作也要重视组织管理。刘利民副部长讲话主要是提出德育的“四个注重”“三个坚持”和“两个和谐融入”。德育主任关于基本业务学习情况的介绍既具有较强的专业性即与其德育工作职责密切相关，又有前瞻性，这两项内容都是教育界的最新成果，还没有正式地公之于众，这样就让学校接收到了教育部最新的消息。

针对德育主任的发言，邢校长进一步强调了德育工作的重要性，她认为，在学校教育中“德育”怎么讲都不为过。

会议的第二项议程是各干部介绍自己上周工作情况。

干部A介绍北京市某个比赛情况；干部B介绍“市督导室会议”，主要内容即要求学校数据的填写要准确一致，如实按实际情况填写；干部C介绍“全区清产核资核查会议”内容。会议指出，学校固定资产比较多，但存在一些问题，如资产闲置，这要进一步调配，并要求将资产这一部分做得更加清晰，工作要做得更细。在这个过程中，邢校长适时地对干部的介绍进行了必要的提升和简单补充。

会议的第三项议程是本周值周基本情况汇报。值周干部的汇报很详细，足见她本周值周工作的认真和负责。汇报内容不仅涉及学生的基本情况，如“问好”和“用餐”；还涉及学校管理细节的变化，如作息时间调整。这让与会者感受到了本周整个三里河三小的基本情况，有种置身其中的感觉。对本周的基本情况，其他干部也进行了必要的补充。大家对学校出现的一些新的小问题进行了充分的讨论，也得出了较为合适的解决方案。在这个环节中，三里河三小的行政干部们身上那种主人翁意识，那种把学生放在第一位的理念展露无遗。

会议的第四项议程是郝校长对冬锻进行反思。郝校长介绍了冬锻的目的和口号，接着重点介绍了冬锻的推进过程及过程反思。冬锻分成“开始阶段”“推进阶段”“创新发展，提高质量阶段”这三个层层递进的阶段。针对每一个阶段，郝校长都进行了详细介绍，内容涉及冬锻的各个环节以及学校针对冬锻出现问题的改进措施。其他干部也补充做了自己的反思。有的认为，冬锻部分措施调整前充分的行政调研是必要的，也有人强调教师在冬锻过程中的引导示范作用。虽然冬锻的具体实施过程非常烦琐，但是从郝校长的反思以及其他行政干部的补充中我们看到了三里河三小对这项工作倾注了大量的热情和耐心，他们希望学生们能真正达到每天锻炼一小时的基本目的，学生对体育锻炼的意识可以得到提高，从而不断增强体育锻炼的效果。虽然反思是围绕“冬锻”这个主题展开的，但是这种注重从反思中发现问题进而解决问题的方法，可以迁移到学校工作的其他方面去。

会议的第五项议程是汇报本周期末评估工作。临近岁末，期末评估工作逐渐提上学校工作的日程，在这里大家谈到了老师制作贺卡的情况，也讨论了“评价手册”的填写以及上交情况，还有期末复习计划的安排情况。总体来说，学校的期末评估工作做得井然有序。期末评估是学校工作的一个重要的组成部分，而三里河三小也为其他学校提供了一些可以借鉴的宝贵经验。例如，要尽量让教育价值最大化，要突出学生的主体地位，要不断地改进和完善复习计划，等等。

会议的最后一项议程是下周工作安排。有序的计划在工作中能起到指引性的作用，三里河三小的行政干部们也清楚地认识到了这一点。他们在会上对已有的工作安排进行了一些调整优化，既有时间的调整又有事件的增改，涉及的内容很丰富，如党员大会、录新年节目、科技节闭幕、英语口语测试等等。

11点，三里河三小这次内容充实、信息量丰富、气氛融洽的行政会议顺利结束了。这是他们行政会议的常态，会议进行得那么自然，丝毫没有因为有很多聆听者而多加修饰。在这短短的两小时的时间里，三里河三小为大家展示了自己和谐的学校行政文化和充满智慧的学校管理团队。

11点08分，杨朝晖教授主持与会成员开始交流。

北京小学走读部桑海燕校长首先跟大家分享了她的想法。她认为本次活动安排很丰富，并且还生动、精辟地用"敏感、及时、对口"三个词概括主持人发言，用"沟通、了解、全面"三个词概括外出会议交流，用"细致、实在、主人翁意识"这三个词来概括发言之后大家的交流活动。

此外，她也对这次行政会议提出了自己的疑问：本次行政会安排内容跟学校前期安排计划有什么关系？会上的反思是怎么形成的？

针对提问，三里河三小的郝校长给出了明确的回应：学校每个月都有行政计划表，每个月都会对计划执行情况进行分析，并会将分析情况融入下个月的工作计划中。行政会上的反思每周的例会上都有，提前一周告知要做反思的干部，而本每周值周的老师负责主持会议。

项目组文华老师也用四个词高度概括了这次会议。她认为，这是一次"用心、思进、和谐、高效"的会议。从这次会议中能够深切地感受到三里河三小在认认真真做教育。此外，她也给学校提出了自己诚恳的建议。她建议学校将冬锻和德育结合，譬如"关灯、开窗"这类工作可以让学生自己做，从而给学生提供服务别人、服务集体的机会，让他们产生为别人服务的成就感。

万泉小学景小霞校长觉得这是一次基于日常的会议。她觉得三里河三小的学校行政文化有了改善，学校的管理团队也有了提升，学校行政管理的专业化给人留下“扎实、真实和实效”的深刻印象。这次会议信息量颇大，且人人平等参与的机制给了她很大的启示。

首师大张晓龙博士从他心理学的专业角度为大家分析了这次行政会议。他认为所有的会议都是沟通的方式，这次会议的形式是环路的，这种位置上的平等使得大家更容易充分表达自己的观点，从而达到传递信息的效果。关于行政会上提到的关灯问题，他认为关灯这件小事也是可以变成教育问题的，教育者要善于利用一切机会来教育学生。他同时建议学校使用“头脑风暴法”来帮助一些问题的解决。

西城区芦乃静科长用“起承转合”四个字来概括这次会议。她说会议起于学习，承于交流，转入常态，合于共同信念。这次会议也让大家明白了一个道理，那就是：没有完美的个人，但是有完美的团队。

西城区教科所林春腾所长以邢校长为切入点来分析这次会议。她觉得邢校长在会议中起着举足轻重的作用。她既是会议的普通一员，又具有全局观念，能够进行高一层的点拨。林所长还强调为了使教育价值达到最大化，行政会要进行长远设计。

西城区教委副主任张燕军主任赞扬了三里河三小的发言是“真实”的。他们是真实展示，真实表达，真实反映互动。赞扬 UDS 项目一方面是“真为”的，整个项目工作扎实，思路清晰，能主动找到学校发展的需求，并带领大家突破问题的难点。另一方面是“真好”的，高校教授与中小学是伙伴关系，双方在合作中思考问题。她也提出了一个值得深思的问题，那就是如何看待校长、主持人在行政会中的作用？

最后杨朝晖老师对本次活动进行总结，她指出 UDS 项目追求的是基于 UDS 三方合作促进学校内涵发展。但是，怎么去发展？怎样去办学？三里河三小的经验告诉我们，要遵循学校日常发展的规律，抓住学校发展的关键节点。其中学校干部团队的整体成长是关键，是前提。而干部的发展一定是自主的，与日常工作实践紧密结合的。杨教授希望每个学校要结合自己学校的特点，进行内化。

这是一个相互展示的过程，更是一个相互学习的过程，大家在和谐融洽的氛围内感知了三里河三小的行政文化，交融了各自的观点，提升了各自的教育理念。美好的时光总是转瞬即逝，而这次三里河三小的开放活动给大家留下了深刻印象。相信这次学习带来的收获是不会随着活动的结束而消失的。

——摘自《UDS 项目组第 41 期简报》

虽然我们的行政会得到了 UDS 项目组专家和教委领导的高度认可，但我们没有仅仅停留在此，我努力让改变不断出现。我们的行政会在原有环节的基础上，又不断增加新的、有效的环节。

例如，每次行政会我们都会形成相关决议，明确具体事情由谁去执行，去完成，保证了每项工作都能切实落到实处。我们行政会的改变使干部们体会到了会议文化改变带来的益处，那就是能高效地促进工作的深入推进。因此，在各部门的会议中，干部也尝试着为部门会议带来改变，注入新的活力。

例如，德育工作的每次组长例会，德育干部都会提前下发相关会议安排及主要内容，使参会者做到心中有数，使会上对问题的讨论更加充分。

还有，科任组的例会每一个环节的安排都很具体，保证了会议的有效性。我们在行政会上的反思环节为工作的进一步改变提供了重要的依据，反思的意识已经逐步深入我们干部自觉的行为中。

我们的全校运动会之后，主管领导就利用学校信息技术，组织全校各组对运动会的全程进行反思，留下了非常宝贵的第一手反思材料，也为今后不断改进做出了保证。

总之，我校行政会的变化有一个从潜意识到显意识的过程。当初的潜意识基本上是追求学校工作的高效、有序。在实施的过程中，尤其在 UDS 项目组的指导下，最大化地发挥行政会在学校管理文化变革中的作用，使之成为真正的学校文化发源地的意识越来越强烈，也就越来越主动地把行政会的职能从单一转向丰富，从平面转向立体，从单边转向多边。从单纯完成工作等简单的目标，变为工作完成后的及时反思，进行集体会诊并形成长效机制的结构。变校长单一安排为每一位中层干部都发言参与其中的过程。行政会会议文化的变化成为引发我校一系列日常文化改变的发动机。

第三节　我们这样做总结

回顾我们自身的成长经历，从小到大也写了无数篇总结，但仔细回想，哪一次的总结是令我们印象深刻的？哪一次总结是令我们难忘的？总觉得真正能触动我们自身的总结好像没有出现过。

但是，总结其实很重要。总结是对过去一定时期的工作、学习或思想情况进行回顾、分析，并做出客观评价的过程。总结是形成“计划—执行—检查—总结—计划”闭环发展螺旋上升的关键环节。总结是为了更好地再出发，总结需要我们站在全校工作的高度，站在推动主管工作进步的高度去思考。总结应该与固化、改变、推进、发展相结合。

为了提升我们对总结工作的认识。UDS项目组又进行了“在总结反思中提升”的主题培训，对为什么要进行总结，应该怎样进行总结，进行了专业引领和经验交流。

我们也遵循着这样一条规律来开展工作：计划—实践—总结—再计划—再实践—再总结。我们对总结的认识是，一定为改进而服务，为改进而奠定基础。

现就以我校教导处的教学工作总结和德育工作总结为例，谈谈我们是怎样进行总结的。

一、将总结作为一个过程

无论是“月工作评价总结反馈表”的使用，还是行政会的召开，我都是努力在为青年干部搭建一个工作、思考的平台，帮助干部既能够脚踏实地，又能不断地思考与发展。

往年的教学工作总结都是教导处的三位干部结合学期初的教学工作计划和自己的月工作总结分别完成的。因而更多的是他们对自己工作的回顾与反思。而今年的教学总结我对他们提出了新的要求：一是本学期的教学工作总结要以工作案例反思的形式进行；二是要求所有行政领导聆听教学反思，并结合自己的主管工作对教学工作提出相应的意见和建议，即要有在反思后的再反思；三是教学主管人员要有再次反思后的整理，形成系统思考，将改进的方案融入新学期的工作计划中。2012年的教学工作总结过程，我们依次经历了这样几个环节：教学干部对教学工作的反思，学校领导层对学校教学工作的面对面反思，针对专家和领导的意见建议的再反思，改进方案融入今后教学工作计划。

(一)以案例反思的形式进行交流

沿用以往的教学总结案例格式，教学干部们从成绩与问题两个方面对近一年学校的教学管理工作进行了总结。他们从强化常规管理，提高课堂教学质量，强化质量意识，转变监控角色，加强教研科研，促进教学提升等几方面肯定了本学期教学管理工作中的成绩。同时也从学科带头人研究展示课，教研组组长的发展以及教师队伍建设三个方面反思了教学管理中存在的问题。他们反思的问题如下：

第一，如何发挥学科带头人引领作用？从2011学年度我们结合区里对学科带头人的履职要求及校本教研的需求，在教学管理中引进了学科带头人公开课展示。在此基础上，本学期我们又在不断完善其制度，希望不断发展、延伸其作用。由上学期的展示改变为研究，就是希望充分发挥校内各学科带头人的作用，起到以点带面的辐射作用，加大学校教学整体研究的力度，提高教师的参与度，提高活动的辐射度。之前我们也进行了一系列的设计和规划，包括研究的专题、研究小组的分配、研究的时间安排等。但实际的推行效果与我们的预期还是存在很大的差距。活动从策划到执行有许多需要反思的地方。

第二，教研组组长工作怎样进一步推进？当前随着新课程实施的不断推进，教师专业化发展需求的凸显，教研组无可回避地成为探讨教学问题，展开有效实践的重要阵地。教研组组长作为这个团体的核心人物，如何让教研组组长成为学科教学的引领者和研究活动的有效策划者，是我们应该认真思考和实践的，也是我们学校进一步发展中值得重点关注的。

教研组活动要关注“生成”。虽然教研组的活动结合学校的工作是有一定的计划和安排的，但作为教研组组长应有敏锐的洞察力和科研引领能力，要随时注意教研组活动中新的“生成”，要善于捕捉教师在活动中的有感而发，要让教研组会议为教师搭建教学信息交流的平台，引导教师学会从简单的“有感而发”到深入的“有思而研”。在平时的教研组活动中，应随时把大家零碎的感想和感言记录下来，从中发现和挖掘有共性的问题或有价值的、可以深入探讨的东西，这样的议题才能真正贴近组内教师，真正对教师本体性知识的提高和教学实践有指导性。对于教师在教学中遇到的疑难和困惑，可以建立教研组的“问题库”通过教研组或备课组的进一步研讨，共同解决，形成共识。通过对“生成性问题”的归类和研讨，使教研组活动为教师提供反思的环境，学会反思的方法和手段，帮助组内教师形成反思的意识和研究的习惯。

第三，学校教师梯队建设如何形成？我校现在不论是主科还是科任队伍，都存在断层的现象。金字塔顶端的人数不足，有经验的教师年龄偏大，不能承担赛课任务，中间留有发展空间的教师群为数不多。下面却是有许多甘愿成为塔基的教师群，具体表现为：专业发展处于瓶颈，发展目标不清晰，发展动力不足，职业懈怠或感觉工作压力大而顾此失彼。如何改变金字塔的现状，提高塔尖的质量和数量是我们目前工作面临的巨大问题。

从他们的总结中，我能明显地感觉到他们的问题意识和对工作有了更加深入的思考。同时，他们也面临很多困惑，不知如何解决。

(二)依靠集体智慧共同反思

为了找到教学的真实问题，为了更好地促进学校的教学水平提升。我特意利用一次行政会的机会，请全体行政干部帮助教学干部一起进行教学管理反思，为学校的教学工作把脉。会议开得十分热烈、自然，各位行政干部边听边记，共同思考，纷纷就自己看到的一点或几点发表了自己的见解或意见。下表是这次干部们从自己的视角提出的教学管理问题的梳理：

表 2-3 教学管理问题梳理表

领域	问题
管理系统	教学管理系统中缺少大组组长的定位和工作程序。
	教学干部与大组组长的角色划分不够明确。
管理理念	教育和教学的有效整合不够，片面强调教师的教学能力和教育管理能力。
	教学工作是整体氛围的营造，需要大家的共同努力，需要教师间的互相影响。要有整体设计、整体推进的意识，要注意学校工作的整体安排和整体要求。
	了解教师需求还不够，要创设教师群体展示的平台，要争得学校各方面的支持与配合。
	要淡化“底线”，提倡更好。
	好老师或管理者角色的选择和定位。
	教学管理工作存在条块分割的问题。

续表

领域	问题
管理理念	从学习型团队建设思考，大家的共同愿景是什么？系统思考管理的体系流程存在的具体问题。
	思考学习型学校的发展走向，深入了解教师间教师个体的交流内容，发现挖掘点，串联在一起。
	厘清教学处的内部分工，把事情的具体执行力下放。
管理制度	《教师工作手册》中有关教学常规和课堂常规制度制定的进一步完善要在开学初引导教师进行学习和讨论。
	分清管理的各个要素，明确要素的特点，理顺要素间的关系。
教学研究	如何将零散的时间集中起来，组织教师研讨活动。
	跨学科论坛的建设。
	学校层面的大主题教学活动设计。
	教师教学活动的互动性。
	教学活动的仪式感，学校教学活动的文化建设。
	教师综合素质梯队的建设。
	设计学科教师都能参与的主题学习，设计有针对性的学科活动。
	要让教师明确跨学科学习，听什么。
	学科带头人的示范课应该是双方面受益的教学活动。
	坚持课堂教学为本，坚持不以增加学生负担为代价，要关注家长参与学生学习指导的情况，并对此提出明确的要求。
对工作的要求	要开拓丰富多彩的学科教学活动，开展学科竞赛。
	坚持学校的三级质量分析，并在此基础上提出明确的教学建议。开展非考试学科的教学质量分析。
	互动反馈技术课题研究要进一步深入，要推动更多的教师参与使用。
	工作中发现问题应该及时反馈。
	既要发挥教师的自觉性，又要适时进行相应的教学检查。
	教学管理工作贵在坚持，要坚定的执行各项规章，坚持执行有效的教学活动。
	在检查中发现教师好的做法，要及时反馈，及时向所有教师展示。
	关注教师理念的转变。

续表

领域	问题
对工作的要求	认真思考教学、教学管理工作中的具体问题及解决的办法。重视工作思路的具体落实。
	关注听课后的评课，尝试个别教师的研究。
	教学干部自身的焦虑与困惑应如何突破。
	如何面对问题与解决问题。
	反思具体的、日常性的、惯例性的工作，反思自己原有的工作状态与工作习惯。

通过初步整理我们发现，大家一共提出了涉及五个方面的38个问题。

面对这么多问题，我们的教学干部真有些不知所措，原先自己发现的问题一个都没有解决，又来了这么多新的问题，应如何面对呢？

在我的组织下，我们对这些问题又进行了重新梳理，弄清目前教学管理中的问题到底是什么。通过进一步的梳理我们发现，在行政会上谈到的问题相比教学干部自身的总结，前者处于一个相对较高的位置上，教学干部自身观察到的问题更多的是拘泥于教学本身，但行政会上大家讨论提出的问题已经超出了教学工作的本身，是站在全校工作的高度去思考的。这也为我校教学工作点燃了一盏灯，教学绝不仅仅是教学，它是学校工作的精髓所在。正如我们在历次行政会上反思环节中提到的：你自己有多重视，教师们才能有多重视(比如学科带头人的示范课，只有我们认清了其价值所在，才能使其整个活动体现意义)，常规的工作不能常规做(比如“三课两反思”，做了这么多年，一直是一个思路、一个力度，只能慢慢流于形式)。

面对行政会上大家提出的问题与思考，教学干部感受到大家对于教学工作的期望，经过梳理又将问题做了如下的划分：

表 2-4　教学管理问题重新梳理表

领域	内容
管理系统	教学处三个主任职责如何划分？
	大组组长的设定有何意义，具体职责是什么？
管理制度	学校的教学要求和任务如何落实，落实中出现问题究竟是什么原因？
	《教师工作手册》的问题有哪些，需要做出哪些改变？
	学校的教学常规是否完善，还要做出哪些改变？现有的评价导向是否合理？

续表

领域	内容
校本教研	我们所搞的活动是不是教师真正的需求，教师的需求有哪些，我们如何了解教师的需求？
	我们如何体现校本教研的优势，提高其目的性和针对性，使其与区教研培训形成优势互补？
	校本教研如何增加活动的参与性，现有的形式哪些可行，哪些需要改进？
	增强教研活动的仪式感，可以从哪些开始做起？

(三)找主要问题及时改进

行政会后，我又和教学处的三位干部对梳理后的问题逐一进行了分析。帮助教学干部明确了哪些是自己管理理念的问题，哪些是操作层面的问题，哪些是需要自己动脑筋解决的问题，哪些是需要寻求校长和其他行政领导一起想办法解决的问题。并将需要解决的问题按照难易程度和缓急情况进行排序，还在期末和放假初期完成了以下几项工作：

第一，职能重新调配。从学校整体工作层面打破原有的教学干部条块分割，对教学处现有三位干部的工作职责进行了重新分配。教学主管职能由条状分割到块状分割，重新划分了各自主管的工作。

第二，明确工作职责。与校长和大组组长一起反复研究，明确了大组组长职责，在新学期进一步落实教研大组组长的职责。

第三，完善制度要求。重新修改和完善了各项教学常规，使教学常规更符合学校工作实际，并坚持教学干部对制度的宣讲。同时增加了对新入职教师的制度讲解和培训。

第四，修改工作手册。改进和完善了《教师工作手册》版面内容设计与内容的补充修改，我们努力做到使教学手册成为教师教学的工作依据、工作引导。我们新修订的教学手册除各校都有的常规内容之外，还增设有教学常规、学期教学工作流程、作业本及登分要求等，同时又有教师备课自查、作业自查的要点。

第五，修订听课本。重新修订了教师听课本，既有通过听课听什么的基本内容，又有我校课堂教学中倡导而且强调的内容。使听课真正成为教师之间相互学习提高的过程。

第六，改变工作方式。在新学期的计划中我们对教学展示、教学比赛的设计也有了新的改变。关注科任学科的特点，变三课两反思为同一天的学科教学展示。调整校内赛课节奏，将星光杯赛课调整为两年一次。关注教学活动的设计，制定详细的活动方案，注重活动的形式，利用校园网络优势促进教师参与教学研究。

总结是为了重新出发，而教学工作是学校的中心，是基础性的工作，又是必须不断持续深入的工作，是学校工作的重要部分、关键部分。因此我们以反思的形式进行总结，是为了让总结不流于只讨论做了什么，更要思考还能做什么。

在此之后，我校的工作总结则以此为模式，在结合计划做好对照之外，有重点地逐步将各主管部门的工作总结深入推进。

二、将总结作为新的起点

总结是为了新的出发，我校各部门工作的总结依托“计划—总结—计划”的对照表，由各主管部门进行相应的总结，我们的总结总是以工作计划为依据，计划总是在总结经验的基础上进行。

以德育郝洁校长的工作总结为例，她进行总结的流程一般是这样的：首先拿出最初的计划工作目标与过程性资料，进行一一对应检查，这些资料包括学期计划、各月的“月工作计划总结反馈表”、工作档案。在对应中将各项工作进行分类、定性，分为落实的、部分落实的、没落实的。然后进行情况汇总，回应计划中的主题词。之后，分析总结，可分为如出色完成中最宝贵的、落实中所体现的、部分落实中欠缺的、没落实说明的……在思考计划的制订时，主要考虑以下一些因素：明确要解决的问题、要改进的工作，明确要延续深入做好的工作，需创新发展的工作，想好评价方式，关键是找准下学期主管工作的突破口。

郝洁校长在学校主管的工作有德育、体育、卫生，以及低年级部（一、二年级）日常管理。以下是她的期末总结和计划对照表：

表 2-5　2011—2012 学年度第一学期期末总结及新学期计划要点(德育、体卫工作)

	学期总结				学期计划			
	落实	部分落实	未落实	主题词回应	重点(要解决的问题)	连贯工作	创新发展工作	评价
教育综合	班主任月例会	班主任培训	年级组长月例会	全员参与较好 责任意识部分德育工作者不够 养成教育礼仪 抓有成效、实效 在纪律方面体现不够	养成教育：明确要求、遵守规则	礼仪教育	纪律： (1)三小学生行为规范 (2)三小学生奖惩制度 (3)评价手册与教育活动的整合	家长参与活动并评价
	班会	自行到专业教室上课，自行下楼上操	班会观摩、评价		特色教育活动（形成传统特色，靠拢德育校本课程）	博物馆日活动	艺术节	评价手册使用效果
	活动：开学典礼、博物馆日活动、秋游、新年活动	常规评比栏：内容、评价形式都要改	学生奖惩制度		班主任队伍建设（德育校本培训）	班主任评语		班主任规程修订版实施
	评价手册填写	评价手册查与盯	评价手册使用研究与培训		评价手册的运用			
	班主任评语							
	班主任教育故事上交与分享	互学、归纳						
体育	趣味运动会	冬锻	体质测试形式效果的改变	体育教师整体素质有提升，更有差距 落实一小时成效不好 提高课堂教学质量措施不力，未见显著提高	用好《国家学生体质健康标准》，用好我校学生数据，切实提高学生体质：体育课、操、活动，向三项工作要成效	冬锻	学生自主下楼上操及广播操展示评比	体育卫生工作会(3月)：做学生体质数据分析研讨
	体质测试					田径运动会	加强体卫协同，加强分析研讨	体质检测反馈会(6月)
	教师运动会							

续表

	学期总结				学期计划			
	落实	部分落实	未落实	主题词回应	重点（要解决的问题）	连贯工作	创新发展工作	评价
卫生	常规卫生宣传：广播、活动等	传染病防控及常见病防治： 传染病防控中的问题是晨午检不够统一规范，早发现早报告要再提高，班主任要再培训	常见病防治：尤其是肥胖、近视 有效措施、积极行动都不够（眼操实际推动不够，纠正学生坐姿不够，协同体育等抓肥胖预防及干预不够）	不够规范见效果才叫落实	卫生工作在控制肥胖、近视中的作用	规范晨午检	就肥胖、近视问题与班主任及体育老师沟通，制订可行方案 (1)全校眼操比赛(5月) (2)教师培训 (3)体卫工作联席会	近视、肥胖数据
	常规卫生检查	穴位眼操：老眼操高部错误率高	红十字会会员健康卫生培训		规范晨午检	规范宣传，加强力度，创新形式		眼操准确率达百分之八十
	调桌椅	教师卫生健康培训			推两套眼操	红十字会学生会员工作		

表 2-6　2011—2012 学年度第一学期期末总结及新学期计划要点(低年级工作)

	学期总结				学期计划			
	落实	部分落实	未落实	主题词回应	重点（要解决的问题）	连贯工作	创新发展工作	评价
教育综合	低部宣传	低部工作会商会		一盘棋做得较好 “学校规则低部统一”还在梳理中，未形成系统	符合低段学生特色的养成教育及配套评比	低部之星评选改进	整理低部守则	低部学生评价 家长评价
	每月一次疏散演习					抓常规、抓养成	评价手册使用与低部学生活动结合	
	周、月低部之星评选及服务						“爱心奉献”跳蚤市场（5月）	

在以上表格的对照梳理下，郝洁校长对下学期主管工作的突破口有了自己的思路和目标：

第一，德育工作。

一是开展围绕评价手册使用的行动研究，抓班主任日常管理工作。

二是落实年级组长月例会，提高管理质量。

第二，体育卫生工作。

一是分析、使用好“体质测试数据”，促进体卫工作的研究（重在整合体卫，促进学生体质提升实效）。

二是卫生突破口：抓眼操准确率，达到百分之八十。

三是体育突破口：体育活动质量（学生运动量与技能掌握）、操后脉搏测试。

第三，低年级部工作。

一是《低年级学生常规管理手册》的研究。

二是梳理常规，调整评价，积累经验，逐步形成校本。

德育和教学工作是学校的中心工作，是基础性的工作，又是必须要不断持续深入的工作。因此我以对照总结反思的形式，帮助干部梳理自己到底做了什么，做成了什么，思考还能做什么。这样，总结就成了学校可持续发展的关键连接点。

由此，通过一学期的探索，学校初步形成了“学期初制订计划—每周工作安排落实计划—月工作总结表调控计划—期末总结反思计划—假期研讨制订计划”的工作链条。依据这个链条，学校工作呈现出不断发展，螺旋式上升的工作局面，进而也形成了以计划管理为依托，促进学校不断发展的工作新机制、新模式。

从工作计划制订到计划工作执行，再到工作总结，我们一起探索着、努力着，青年干部们也在成长着。他们讲奉献，能担当，开始发挥出榜样、示范和桥梁的作用，对此，我感到非常欣慰。

第三章　用美好成就美好

我认为，一所学校应该是教师成长的心灵家园，教师在其中应能安心顺意地工作，应能投入自己的热情。因为道理很简单，只有安心顺意的老师，才能教出幸福快乐的学生。

我对于教育的认识与理解是，教育是润物无声的美好传递。我不希望教育是疾风暴雨似的灌输，而是希望将美好慢慢渗入每名教职员工的心田，然后再通过教师慢慢渗入孩子们的心中。在我看来，每个人都是向善、向上的。我所要做的就是给每一个人以尊重、理解和信任，挖掘出每个人自身向善、向美的力量和潜能，帮助每一个人不断走向美好。

第一节　发现美好

世界处在永不停歇的变化中，生命里存在着太多的不确定。但即便如此，昂扬向上的生命总能寻觅到那些美好的情感：亲情、爱情、友情，信任、幸福、感激……无论是在人与人之间，还是人与动物之间，一个拥抱、一个亲吻、一个依偎，所有美好的情感就在这些亲密的举动中传递，心与心的距离也由此拉近。

一、把赞美送给每一位教师

对于人的情感的关注，我是始终放在心中的。我到每一所学校第一件必做的事，就是下发一张教师情况调查表，含有贴照片一栏。这样做的目的是尽快认识每一个老师，通过老师填写的表格、书写的字迹等方面，从不同的角度认识老师。同时我也做到了尽快进入课堂，在课堂上与老师的对话又是从一个新的角度认识老师的过程。

来到三里三之前，我对这所学校基本一无所知，跟老师们也是毫不相识，但我认为能与老师们成为同事是一种缘分。我希望自己能成为老师们的重要伙伴，也希望老师们在工作中、生活中，大事小情都能和我聊一聊，谈一谈。我一直愿意用自己的能力、真心去帮助大家。

我努力做到关注每一个人，搭建起便利于人人相互沟通、交流的平台。为此，我努力做了这样两件事：一是把笑容送给每一位老师，二是把赞赏送给每一位老师。只要我在学校，我就会到校门口、楼道里转一转，看一看，这是追求管理的可见性。我希望通过我的走动式办公，发现教师中精彩的故事，发现教室中有趣的故事，发现校园中动人的故事。同时我也希望通过我的走动式办公，带动起干部们的走动式办公。

我努力做到我所了解到的关于教师、教室、校园中的一切，不仅仅是听汇报得来的，更多的是我自己看到的。不得不说，我对自己的眼睛之“独”(或者是“毒”)是很有自信的。

走过操场，看到体育老师们上课时饱满的精神状态，带领着孩子们在操场上充满了活力，一句“孩子们真不错”，是对老师的最好褒奖。

走进教室，上室外课的教室里空无一人，看到桌面无任何杂物，干净整齐，找来班主任说一说自己的好方法，让班主任们一起学一学。

走进教室，看到教室的文化布置非常有特色，文化布置不是静止的，是有孩子们参与其中的，很有意思，向大家介绍，号召都来学习。

走进课堂，老师们课讲得精彩，课下即传递给老师本人：“课上那个问题提的真好，孩子们一下子就打开了思路，发言真好！”

……

二、来自节日的问候

教师们最重要的一个节日就是教师节了。教师节既是感受尊师重教的节日，同时也是教师师德建设的重要时机。每年的教师节我都会以不同的方式庆祝，会送给老师每人一张贺卡。

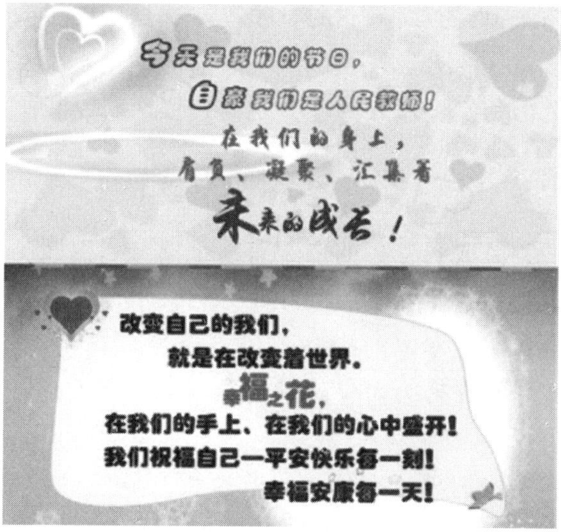

虽然只是一张小小的贺卡，但我赋予它深远的意义，同时也让老师们感受温暖。每一版的贺卡，都有我亲自编写的贺词。

这样的教师节贺卡中，既有学校共同愿景的宣传，更有教师责任的重温，同时又与每一个人密切相关联。使每一名教师既能感受做教师的温馨幸福，又能铭记教师的责任。

一年的各种节日中，我也会通过学校的“大眼睛”(校园“即时通”通信系统)传递一种极具个性化的问候。各个年级组间也会充分利用信息技术进行这样的情感交流。例如，2014 年，我传递了如下文字：

致我可爱的校园伙伴(此文来源于陈力老师的学生画展，源于郝校长、古丽老师的主题班会，源于五年级的“借题发挥”，源于郝校长微信圈里的再次演绎……在此一并致谢)：

2013 年就这样匆忙地走了，崭新的 2014 年就这样迅猛地来了。岁月的流转无法阻挡，但聪慧的我们呀，可以永远保持一颗年轻、快乐的心。以小善、小爱、小事成就自己的成长，永不停步，使自己的心灵舒朗、明亮，去感念生活、工作带给我们的一切，去感念伙伴们、孩子们带给我们的一切，做一个幸福、快乐的教师。我们的校园因我们而美丽，我们的学生因我们而幸福。

邢晓琰

2014 年 1 月 1 日

也许在现在“心灵鸡汤”满天飞的日子里，这样的文字会令有些人嗤之以鼻，但我深信传递美好的力量，相信水滴石穿的作用，也一直相信只有感受美好的人才能创造出美好。做教师也一定是这样。

三、好人好事简报

我认为教师的心灵成长更多的在于有一个温馨、温暖的情感环境，有感受幸福的能力。把工作、生活中的美好充分地展示出来，记录下来，能提高教师个体及教师群体感受幸福的能力。

这些年来，我一直在努力做一件最简单的事情，就是汇集教师中的好人好事形成简报。

在学校中，我始终倡导欣赏他人，营造相互欣赏的人际文化，《好人好事》简报就是很好的载体，每一个人的付出都会被肯定，被称道，每一个人都能感到工作在一个暖暖的氛围中。

我的“月工作总结计划反馈表”中，有一栏就是“好人好事”。通过它可以帮助干部们寻找工作中的美好，并通过它搭建起干部与教师之间情感交流的平台。每个干部汇总上月反馈表时，都可以看到他们那双发现美的眼睛。

每月一期的校园简报，收集、展现所有的好人好事，所有好人好事都注明提供者。全体干部努力去尊重每一位老师的付出，广大教师也感受到自己的付出被尊重。坚持校长、干部走动在校园中，真诚地对待每一位干部、教师，及时发现问题，解决问题，提高解决问题的效率，让教职员工感受到自己的意见、建议被重视，让每一个人都说话。这样使得校园工作中的各方面得到快速地反馈。

金无足赤，人无完人；海纳百川，容人之短。对于教职工中出现的问题，我们本着尊重他的认知，传递正面信息的原则，慢慢促进其转变，从而达到解决问题的目的。

到现在为止，我还是在坚持自己做汇总，把教师反馈中的亮点一一明示出来。因为我觉得自己亲手汇总出来的效果会给老师们带来更亲切的感受，更直接的情感影响。

有时候我对《好人好事》简报中特别需要倡导的地方又会加上批注。我不敢说每一位老师都会认真阅读它，但是我坚信每一个人都会去关注它，就像人心总是向上、向善的。虽然这只是简单的事，但是我想，坚持做下去，一定会产生水滴石穿的功效。

以下是我们的第一期《好人好事》简报，在这里，干群之间，人与人彼此欣赏着、温暖着。

三里河三小校园简报

第一期　2010 年 3 月 31 日

编者的话：

这是一个交流的平台，它属于三里河三小的每一个人！

这样一张朴素的小报和大家见面了。编辑的过程，对于我来说是一个欣赏的过程、感动的过程。看到各位干部、各位组长提供的好人好事，似乎看到了一张张熟悉的面孔。由于篇幅的关系，我只能精简内容，有些担心会影响各位所提供信息的情感部分的质量，请大家谅解，但所有的原稿学校都将保留，留下珍贵的记忆。

这张小报所呈现的就是我们日常工作中的点点滴滴，“勿以善小而不为”，正是这样的“小善”铸就了大家的和谐共进，正是这样的小善铸就了我们心中的美好。学校是每一名教职工的心灵家园，愿大家在其中愉快工作，聪慧工作，幸福工作，使我们的人生更精彩。

以下内容，挂一漏万，敬请谅解！（排列不分先后，括号内为信息提供者）

在创建学习型组织的过程中，任莹和曹立军二位老师认真、细致地整理和补充材料，为整个学习型组织的材料检查工作起到了保障作用。3 月 21 日下午耿琳老师周日到校后，看到教导处任主任、曹老师整理档案忙不过来，就主动帮忙规整档案材料。李彬协助补充汇报材料的内容并为汇报材料制作幻灯片。（赵秀娟）

赵秀娟主任周六、周日连续加班监督校园的维修及卫生的清扫，并亲自和保洁人员一起打扫校园。校园环境卫生面貌变化大。（邢晓琰、李彬）

刘利主任加班对学校机房进行设备维修，保证学校网络正常运转，购买话筒，并与胡一宁一起多次运行多功能厅的设备，为评估工作会做好保障。（邢晓琰、李彬）

3 月 17 日，郑艳参加片级评优课展示活动，杨维娟帮助制作课件，占用大量业余时间。当天一、二年级全体数学老师（杨维娟、丁飞、张婧、陈

力、汪丹)集体参加，一起带学生圆满完成了任务。(郑艳)

本月数学、语文均有片级展示课，年级老师克服困难进行调课，大力支持语数教师外出听课学习。(郑艳)

本月陈丽智在二(1)班做片级研究课，年级老师互相配合，做好接待任务。(郑艳)

为了参加区会唱、歌舞比赛，孙丽在刘艳婷生病期间肩负双重任务，加班加点努力工作。章洁积极为小合唱出谋划策。周六，音乐教师赵雪、孙俪，德育主任蒋艳杰，后勤主任赵秀娟，科研主任李彬带领学生参加区合唱比赛。李彬老师本应陪同父母一起到郊区给爷爷、奶奶扫墓，当得知参加比赛的同学需要老师带队时，李彬老师以学校的利益和集体的利益为重，放弃个人的事情带领学生去参加比赛。赵秀娟主任周六日连续加班。蒋艳杰主任家人也有生病的情况。(邢晓琰、赵秀娟、蒋艳杰)

后勤白凤老师在打印学校汇报材料后，主动装订材料。教学处牟主任、张主任、陈主任下班后帮助装订汇报材料。(李彬)

全体行政人员为迎接检查献计献策，共同参与，各尽其责。座谈会上踊跃发言，效果好。参与座谈会的十位教师积极准备发言，交流中积极主动发言，灿烂的微笑感动了与会专家，赢得了专家的称赞。(邢晓琰、李彬)

程方、肖冬梅两位教师积极配合学校工作，因年级工作的安排就没有参加座谈会，服从大局。(李彬)

蒋艳杰、汪丹、赵秀娟、白凤等同志为评估当天的会议物资准备，多次往返于商店。

在3月24日前，全体二年级老师一起出了一期“少先队”主题壁报，教育效果良好，受到学生欢迎。(二年级)

王新为分校的卫生老师，同时担任语文老师工作，本月帮陈丽智备课。搞好研究工作的同时，还顺利完成了分校全体学生视力检查和牙齿治疗的工作。(二年级)

四年级组长李娜积极、热情协助主任调课。李彬热情帮助同志。(张力军)

三年级开学以来在卫生方面起到表率作用，三(5)、三(6)班两位班主任亲自扫地、拖地，班里被打扫的一尘不染。(韩淑芬、任莹)

3月25日、26日两天，区信息技术片级评优课在我校比赛，比赛前一天，传达室李震龙协助信息办摆放机房所用桌椅，并且在比赛当天，由于赛

场需要手摇铃，他特意去分校将铃取回。（刘利）

后勤宋晓霞老师在25日、26日两天，协助信息办帮助接待外校参赛师生。（刘利）

由于外校老师用我校六(3)、六(5)班学生做课，班主任李莹、尹富强老师给予大力支持。（刘利）

片级评优在进行，我校有9位老师参加。9位老师进行了积极准备。应该感谢同组的老师，积极主动和选手备课，提供试讲的班级。在比赛当天老师们主动帮忙带学生，组织学生，让参赛教师全身心地上课。显示了团队合作精神。六年级组组长付艳玲和尹富强老师帮助张殿民老师带学生参加片评优赛课。一、二年级的数学教师集体参加了二年级郑艳老师的赛课活动。（韩淑芬、陈效勤）

后勤组白凤、宋晓霞、邸继东老师放弃周日休息的时间到学校加班。特别是在准备学习型迎检的过程中，为了使学校的卫生情况更好，白凤老师不怕脏、不怕累地和物业人员一起打扫卫生。（赵秀娟）

在迎检当天，胡怡宁老师主动承担任务，将身体不舒服的专家送回家。（蒋艳杰）

为了更好迎检，各年级组组长按要求及时补充材料，带领老师们加强学生管理，协调好迎检当天的班级教师配备。（蒋艳杰）

汪丹老师主动把自己的校服服装借给蒋艳杰。（蒋艳杰）

聂莉娟老师带领学生主动将心语屋打扫干净，并为参加访谈的赵亚丽老师带班活动。（六年级、付艳玲）

邱英惠老师前天脚扭伤，走路一瘸一拐，因迎接检查，人员紧张，仍坚持上班，并帮助赵亚丽、姜艳杰代课。（付艳玲）

孙洁岩老师虽然是二班的副班主任，但由于人员调配不开，邱英惠脚扭伤，上下楼困难，上操时为四班看班。自己填写完调查问卷后，又到四楼替换邱英惠。（付艳玲）

付艳玲老师参加教师访谈，李莹老师代课。张殿民、尹富强老师，第四节没课，自己填写完问卷后，替换刘燕婷、高歌等老师。（六年级）

副班主任主动协助班主任做好班级的各项工作，如早读的管理、广播的管理、班级文化的布置等。（李娜）

孙丽、全宇杰两位老师结合本年级的学生情况，制定评选年级聪慧之星

的评选标准。(李娜)

刘璐老师工作不分分内分外，尽心尽力地管理年级的每一个班。与每班的学生家长互加飞信，及时与家长沟通孩子的情况。(李娜)

杨维娟老师热心帮助郑艳老师制作多媒体课件，并反复修改，毫无怨言。(牟屹芳)

刘毅华、李娜老师利用休息时间与赛课老师一起备课评课，共同钻研教材。(牟屹芳)

参加片评优课的教研组中，英语组表现突出。组内帮助陈淑艳准备了一节课，快准备试讲了，才知道后两单元的课不许讲，又改课。从帮助选课到备课，做课件，试讲，全组教师克服困难积极参与，毫无保留地提出建议。组内教师牺牲了大量自己的休息时间，甚至加班加点，特别是高歌老师，由于熟悉教材更是尽心尽力。(张委萍)

三年级全体教师通力合作做好开学前的各项准备工作。2 月 24 日、25 日两天，数学、语文方面分别要进行全区教师培训，老师走了学生不能荒着没人管，全组老师互相协调，最终老师们都顺利地参加了教学培训。尤其感谢科任老师对班主任们工作的支持与配合。(段艳红)

三年级组的老师有三位教师参加座谈，每位老师还要参加答卷，学生的管理和课堂教学的安排在老师们的互相协作中进行得井然有序。(段艳红)

白钰和段艳红两位老师在准备进行片评优的比赛中，得到了学校领导和组内老师的关心和帮助。(段艳红)

刘毅华老师生病了，程芳老师马上进班带课，康丽媛老师在谷老师身体不适时，赶紧进班进行班级管理。我常常因为一些临时性的事务不能在班里进行班级管理，经常突然找唐伯华老师来帮我带班，唐老师总是笑着说："没事，我来。"唐老师行走不便，有时肖冬梅老师有时间，就对我说："我来帮你看班，别麻烦唐老师了。"老师们之间的互相合作，互相体谅，互相关心让人为之动容。(段艳红)

办公室的值日原本是应该安排大家轮流做的，但是在我们的办公室里大家总是主动地来进行办公室卫生的打扫。每天下班时老师们就积极地把暖瓶拿到了传达室，第二天上班时再把暖瓶拿回办公室。在大家繁忙的工作中会听到老师们互相提醒一句"喝点水再忙"。(段艳红)

年级组内有两位老师要参加片里的评优课赛课。赛前的备课，试讲，再备课，再试讲是个非常辛苦而又漫长的过程。但是，整个参赛的过程不是一个老师的事情，而是牵动着整个组内的老师的心。于是，个人的备课变成了数次集体的备课，参赛老师班级的事情成了大家伙的事情。组内的每一位成员都尽心尽力地帮助着参赛老师，解决了参赛老师的后顾之忧，真正体现了我们一年级组团结进取共进退的组风。（郑琪）

开学后几场大雪，郗主任几次带领保洁人员进行扫雪。（邢晓琰）

白珊为区评优课做好准备，制作横幅，打扫教室，安装软件。（邢晓琰）

赵亚丽积极组建学校羽毛球队，组织大家强身健体。（邢晓琰）

外语组的老师为陈淑艳老师参加片内评优课，集体备课到晚上九点，并精心为评委的到来做好准备。陈淑艳老师在准备评优课的同时还兼任着五年级的代班主任工作。（张委萍、李娜）

韩校长夜里胆结石病复发，但第二天一早仍陪同体育老师前往中古小学做课。（张委萍）

五年级全组老师积极协调配合，参加片评优课的老师说课、试讲，顾彦欣老师、郭素军老师从课时上为参加片评优课的老师让路，主动接送学生配合试讲。金蕊老师、顾彦欣老师、孙娟老师主动代课，保证了组内的正常教学秩序。在这里感谢曹立军老师到组里代课，给予我们组无私的帮助，解了燃眉之急。（李园）

五年级组内其他副班主任都能主动协助班主任做好班级的各项工作，在班主任外出时进行班级管理，保证学生的安全。（李园）

五年级的班主任老师非常重视楼道安全，看到不好的行为，不分班内班外，都及时纠正、教育，形成了全组一盘棋。（李园）

开学以来，学校各项工作繁杂，各位组长积极主动做好组内工作。（邢晓琰）

第一期的小报朴素而简单，慢慢地老师们会附上几张照片，做上载满情谊的装饰。但不变的是这份小报的卷首语——每一期的卷首语我都亲自撰稿，为的是感谢辛勤工作的人们，为的是校园中那份不变的美好。

美好是需要传递的。为此，我一直坚持着这样的传递。

目前我们已出了 30 多期《好人好事》简报，有 20 多万字。这里面记录着我校老师们平凡而不平庸的工作。我坚信教育就是向善的过程，每个人都是向善的，都会被善良打动。

第二节 树立美好

其实，我们的生活中从不缺少美好，缺少的是我们一双发现美好的眼睛，进而将美好的种子播撒出去，培育出来。为了进一步培育美好的种子，我从树立学校愿景开始，在人们的心中种下美好的种子，从身边榜样出发，播下美好的种子，让美好浸润在日常的点点滴滴之中。

一、树立美好的学校愿景

共同愿景是人们经过深度交流切磋，磨合而成的一个高远目标。它能激发新的思考和行为方式，培养起组织和个人承担风险、开拓创新、大胆实践的精神。

UDS项目倡导学校开展“三划能力”建设，即规划、计划、策划。我感觉规划的作用并不像计划那样在于具体的实施操作，而是在于方向、目标和愿景的引领。

在认真学习《国家中长期教育改革和发展规划纲要(2010—2020年)》及教育相关法律法规的基础上，我组织干部教师先后进行了SWOT(优势、劣势、机会、威胁)分析及教师个人SWOT分析，制定了五年发展规划，明确提出一系列学校发展的愿景和目标：

我们的发展目标为：打造“三里三”优质教育品牌，成为师生共同成长的、优质的幸福学校。

核心价值观为：一切为了孩子健康、快乐、向上地成长。

发展愿景为：创建一所教师成长的心灵家园，学生成长的幸福乐园。

干部发展目标为：成为“肯奉献、能担当、善促进”的干部队伍。

教师发展目标为：“有爱心、有责任、有办法”的教师群体。

学生培养目标是：“外显有规，内涵有德，热爱学习，积极进取”的学生群体。

我们后来还提出“三三情”：小善汇集大善，做满怀感恩之心的人；小爱凝聚大爱，做具有大爱情怀的人；小事成就大事，做对社会有贡献的人。

我们还确立了以“成长绿”为学校主颜色，寓意不断成长。以“改变是为了更好”为核心理念，以“传递美好，记录美好，传播美好”作为促进干部、教师队伍心灵成长，促进教师自我发展的基本策略。

五年发展规划的制定，使学校的发展目标定位更加符合学校实际，符合人发展的宗旨，为学校的可持续发展奠定了基础。“让学校成为教师成长的心灵家园，学生成长的幸福乐园”，美好的愿景成为引领学校发展的新动力。

二、向美好教师学习

霍懋征是我区教师中的杰出代表。因此，区里特地设立了“霍懋征奖”，旨在挖掘和激励西城教师中的先进人物。韩淑芬老师是我校一位即将退休的老教师，她光荣地被选为首届霍懋征奖的获选人。我紧紧抓住这个契机。2010 年 11 月 23 日下午，三里河三小全体教职员工齐聚多功能厅，召开了我校西城区首届“霍懋征奖”获得者韩淑芬老师的事迹报告会，让优秀教师之花在我们的校园中盛开。

在报告中，韩老师谦虚地谈道：“我没有像霍懋征老师那样做出突出的成绩，仅仅是一名在学校默默无闻工作的，普通得不能再普通的教师。回首这 36 年平凡而普通的一万多个日子，我始终如一地耕耘在小学教育这片沃土上，在付出汗水与心血的同时，在付出青春与辛苦的同时，收获的是快乐与幸福，感到的是自豪和欣慰。是学生的爱使我树立了职业理想——做个让学生喜欢的老师；是学生的差异使我增长了教育的智慧——尊重差异，因材施教。身边教师的激励使我的职业理想不断提升——做个有思想，乐于奉献的教师。”

的确，30 多年来她付出了辛苦，也收获了无限的快乐。正如她在最后的总结中提到：“慢慢回忆自己走过的这一万多个日日夜夜，慢慢回味自己不断追求的理想信念，幸福大于辛苦，收获大于付出，虽然比起霍老师为教育事业做出的突出贡献我自愧不如，但我作为一名把一生奉献给基础教育的普通教育工作者，我很欣慰，因为我把爱奉献给了我的学生，把智慧奉献给了小学教育。值得!”

韩老师朴实无华的话语，深深地感染着在场的每一位教师。三位教职工代表从青年教师自身成长、班主任工作中的特殊学生、教学管理三个角度畅谈了自己眼中的韩老师。在青年教师的眼中，韩老师“就是一位成长和发展道路上的引路人”，身边的这位长者是“一位优秀的教育工作者，在用热情、执着、智慧、品格描绘着自己三十多年的执教画卷，在用责任和爱心帮扶着年青一代更加自信地走在未来的教育之路上”。在班主任眼中，韩老师“在实践智慧方面给全体班主任做了示范”。而在管理干部眼中，韩老师就“像大姐姐，言传身教毫无保留。她对教育教学理念的深度理解和把握，令我叹服！而感染我，一路引领我的更是她人格的魅力，乐观的态度，执着的精神”。

最后，我也谈了我眼中的韩老师。我说：“我认识韩老师的时间不长，但正如她自己所说的，她爽朗的笑声能使人感受到真诚，感受到温暖。除了笑声之外，韩老师身上更打动我的是她那份对于教育工作的激情。一是你会听到韩老师经常谈起她曾经与学生交流的故事，而这个故事总是能让我反思到什么；二是你会常常听到韩老师说，最近电视上的一个话题、报纸上的一个话题对自己有启发；三是与韩老师的交流会将一个话题深入谈下去，会通过大家的交流使得问题探讨不断深入；四是韩老师对问题的持续追踪，比如说到的个别的学生；等等。”

首师大 UDS 项目组的苏尚峰博士也参加了这次活动。他在总结中指出：“一位教师的幸福来源是什么？来源于质量，用电影来比喻，就好比是一个个片段。生活质量体现在一个个片段中，我们教师要用笔记录下所有的镜头。我们每一天的质量都很重要。小学教师的幸福来源于童真、童趣，知识的传授……来源于影响，来源于孩子成长的快乐。人生的收获是多种多样的，对教师来讲孩子是永恒的。幸福来源于力量的获得，来源于体验，专业理性获得的愉悦体验。”

热烈的掌声证明了这次学习先进事迹报告会的成功。通过此次学习，我希望三里三涌现出更多像韩老师一样对工作充满激情，对同事满怀真诚，对学生充满关爱的优秀教师。这将是三里三学生的幸福，也将是三里三每一个教师的幸福。

三、做学生心中的好老师

做一名好老师，是每一位老师追求的目标。在学生心中，老师是一个被神圣化的完美形象，他们时刻用心中完美的标准与自己的老师对比。做他们心中的好老师该多好，只有孩子们认可的好老师，才能成为陪伴学生成长的重要人生导师。

每一年教师节前后我都会组织“我心中的好老师”大型表彰活动。这是对那些在学生成长历程中付出了艰辛努力的教师的肯定，对所有教师都能起到激励作用。那么，学生眼中的好老师到底是什么样的？我们借助评选汇总出各个年级学生对自己心中的好老师的期望：

表 3-1　学生心中的好老师

一年级	细心　像妈妈一样关心学生　认真负责　严格　耐心　语言活泼 正直　努力奉献　积极工作　幽默搞笑　和蔼可亲　不偏心　善良宽容　有趣 亲切　热情　有感染力　讲课生动　温柔　平易近人 鼓励学生　知识丰富　年轻有活力　态度好　慈祥　热爱班集体　师德高尚
二年级	热爱班级　热爱学生　和蔼可亲　开朗　活泼　负责　调动学生的积极性 严格要求　关心学生　尊重学生　热情　善于沟通　温柔有耐心 幽默亲切　讲课生动有趣　甘于奉献　讲究教育艺术与方法　讲课细致　爱护学生 仁慈　拉着我的手和我聊天　脾气好　遵守社会公德 语言规范健康　认真　举止文明
三年级	关爱学生　负责认真　温柔　善良 教学严格不枯燥　善于帮助学生改正缺点　和气 严于律己　教学成绩优秀　善解人意　语言规范健康　高质量完成本职工作 关心学生的健康　课堂活跃　勇于奉献　热情　友善　为人师表　有耐心 多与学生互动　讲课生动有趣　会给学生讲道理　语言平和 讲课清楚　记事明白　言传身教　亲而不溺　严而不惧
四年级	宽容　慈善　美丽　善良　有耐心　能体会到学生心情 认真　负责　以平等的眼光对待学生　不要说脏字脏话　批评学生有尺度 文明礼貌　责任心强　热爱工作　热爱学生 勤奋工作　甘于奉献　幽默　教学方式细致 个性温柔　长得漂亮　歌声好听 一视同仁　知识渊博　尊重学生　友善　换位思考　公平 像妈妈一样关爱我们　互动多　爱工作　保护学生自尊心的老师 师德高尚　友善　能够及时地让学生们纠正错误　信任学生

续表

五年级	认真　负责　热爱学生　有耐心　公平公正 热心　严格　宽容　善诱导　长得漂亮　不怕辛苦 公平对待　给学生信心　关心学生身体健康　课堂活跃　用有趣的方式复习 责任心强　行为举止文明　幽默　像朋友一样 温柔　通情达理　礼貌有活力 知识渊博　和蔼可亲　任劳任怨　善解人意 做好我们的榜样　能够说到做到 师德高尚　可以理解学生　爱笑　细心　教书不死板　不重男轻女
六年级	关心学生　幽默　给学生足够发展空间　尊重学生　体谅了解学生 负责认真　和善温柔　教学方法吸引人　着装大方　得体　宽容 热爱工作　教学严谨　真诚地与学生沟通交流　不侮辱学生　能调动学生积极性 体贴　不盲目留作业

做孩子们心中的好老师是每一名三里河三小老师心中的目标。为此，老师们天天陪伴在孩子们的身旁，教做人、教知识，引领学生成长。老师们用辛勤的工作换来学生一天天的进步，换来学生的茁壮成长。每当我宣布“我心中好老师”的名单时，我既感到欣慰，又觉得有些矛盾。因为名额的限制，很多的老师没有出现在这个名单中，但他们的的确确也是学生们心中的好老师。但好在我们的学生很争气，他们很努力，健康茁壮成长，不断取得丰硕的成绩。我想，就让我们的学生以最甜蜜的问候，最出色的表现来回报所有老师们的辛勤付出吧。

第三节　传递美好

如果情绪可以传染，我希望可以通过每一次与教师、学生接触的机会，传递出我的关怀。将我内心对教育的热情扩散给每一位教师，一起一如既往地探索、提高自己的职业水准。将我对每一个孩子的爱用简单的语言散播出去，寄托我对他们的期许，更给予他们前行的动力。于是，将复杂的感情用简约的文字表述，就形成了写在这里的“絮语”，也是一种幸福的表达。

一、传递美好的絮语

我认为文字可以传递观念，传递感情，文字可以让工作、生活更美好。所以一定要利用好这一载体。于是，学校计划的扉页，每周的工作安排上的一句话，全体会上桌签的一段话都开始成为传递理念，传递情感的载体。我们相信水滴石穿，相信铁杵成针。

在我校的工作计划的扉页上始终有这样一句话：教育的深刻源于我们对生活的热爱、发现与感悟，源于对学生有着超越父母般的情怀，源于对自我的不停思考与追问。这段话一直引领着我们不断地深化对于教育的认识。

在我们的周安排上，每周的一句话或是对生活的认识，或是生活中的哲理，也可能是古圣先贤的名言。总之，人类文明的智慧充盈在我们的日常工作之中。以下是我们以《如何成为高效能教师》一书中的观点，逐周向老师们传递美好的过程：

第一周　成功源自开学第一天。

第二周　我是一个很普通的人，但是我对自己所承担的每一项任务都会全身心地投入，从这个意义上，我就是非凡的人。

第三周　孜孜不倦地学习并不断成长的教师，最终会成为专业的教育工作者。

第四周　高效能教师对学生的成功抱有积极的期望。

第五周　高效能教师有动力和能力邀请学生和自己一起学习，在任何一天，任何一个课堂。

第六周　准备就绪是提高教学有效性的首要决定因素。

第七周　有秩序的外部环境＋积极的学习期望＝卓有成效的课堂

第八周　所有的好学校都有一个愿景或信念，他们的信念永远是“学生的成功”。要实现这个信念，学校要付出行动——教师们的实际教学。

第九周　你不必告诉班上所有的学生你爱他们，但你肯定能从行动上体现这一点。当有影响力的人使用有影响力的言辞和行动时，就增加了引发他人积极行为的可能性。感谢你在你学生面前树立了一个积极的榜样。

第十周　学生们共同学习的时间越长，对自己的学习任务承担的责任越大，学习效果就越好。

第十一周　有自己的教育理念，有自己的教学风格，有自己的实际智慧，是高效能教师区别于普通教师的根本标志，一定要坚持培养自己的教育教学特色。

第十二周　学校不是一个地方，学校是一个理念！

第十三周　请平和却坚定地去做。

第十四周　学校，一个传授和学习知识的地方，孩子们在此受到教育、培养、启发和关爱。

第十五周　高效能教师是一位教学大师，一位富有技巧的沟通者，具有引导所有学生学习的基本能力、行为、模式和原则。

在我校教育计划中，我也同样在进行着关于教育理念的传递。以下是我在学期工作计划中写下的中外教育家、思想家和一些杰出人士关于“教育”的名言：

关于教育

关于教育的定义，中外的教育家、思想家和一些杰出人士都有自己的“语录”，这里集萃如下：

“大学之道，在明明德，在亲民，在止于至善。”

鲁迅：“教育是要立人。”儿童的教育主要是理解、指导和解放。

蔡元培：“教育是帮助被教育的人给他能发展自己的能力，完成他的人格，于人类文化上能尽一分子的责任，不是把被教育的人造成一种特别器具。”

陶行知：“教育是依据生活、为了生活的‘生活教育’，培养有行动能力、思考能力和创造能力的人。”

秦文君：“教育应是一扇门，推开它，满是阳光和鲜花，它能给小孩子带来自信、快乐。”

马克思、恩格斯：“教育是促进‘个人的独创的自由发展’。”

爱因斯坦：“什么是教育？当你把受过的教育都忘记了，剩下的就是教育。”

哈沃德·加德纳：“什么叫教育？教育是让孩子体验发现世界是怎样一回事，教育者在其中可以起到什么作用。”

蒙台梭利："教育就是激发生命，充实生命，协助孩子们用自己的力量生存下去，并帮助他们发展这种精神。"

雅斯贝尔斯："教育是人的灵魂的教育，而非理性知识的堆积。"

亚米契斯："教育是'爱的教育'。"

古今中外，种种释义，各有千秋，都从某一角度通向真理之门。21世纪教育委员会向联合国教科文组织提交的教育研究报告说：教育是"保证人人享有他们为充分发挥自己的才能和尽可能牢牢掌握自己的命运而需要的思想、判断、感情和想象方面的自由。"

在我心中教育是(　　　　　　　　　　　　　　　　　　)，愿我们每一个人用自己的教育实践给予诠释。

古人云：上善若水。我们传递美好的絮语如同那纤细的水流，是那么柔弱，但又是那么绵长，持续不断。我相信在我们对美好的向往和坚持中，那一股股纤弱的溪流，一定会逐渐汇集、强大，成为浩瀚的江河，奔流不息。

二、温暖的教室规则

我校的教室，我也要求以一种全新的方式呈现，以体现教室文化与学科文化的特色。使教室里充满人文关怀，不再是冷冰冰的，尽量减少"禁止""不许"等词语的出现。以下是我们制定的三里三特有的教室规则：

西城区三里河第三小学教室规则

每一间教室都是师生共同成长的地方，教师、学生是教室的共同主人。

我是教室的主人——之一，这是我的家，共同爱护它，保持教室的卫生，学习、工作都会很舒畅。

我是教室的主人——之二，进到教室的每一个人都是客人，我们都会面带微笑，主动打招呼。

我是教室的主人——之三，每一节课我们都要努力上好，珍惜每一分钟时间，积极思考，积极发言，认真书写，让每一节课都有收获与提高。

我是教室的主人——之四，这里是学习的圣地，任何的嘈杂、打闹都会破坏这里的学习氛围。

我是教室的主人——之五，任何时候都要自觉做到"三个一"，养成良好的习惯，努力做到“越坐越美”。

我是教室的主人——之六，桌椅与书包柜都是学习的好伙伴，爱惜它，保持它的整洁卫生。

我是教室的主人——之七，教室的空气清新会使大家的头脑更聪慧，时刻记得开窗通风。

我是教室的主人——之八，同学、老师有了困难我们都会主动帮助，举手之劳，温暖他人。

西城区三里河第三小学美术教室使用规则

美的开启——凡进入本教室的人员都要严格遵守本规则，这样你才能感受到美术带给你的乐趣。

美的环境——需要大家共同维护，废纸等请放入垃圾箱，不在桌面、墙面、地面上留下颜料污迹，定期组织学生打扫教室卫生。

美的创造——美的创造要有良好的习惯。静心体验，细心观察，敢于想象，敢于创新，大胆创作，美就会在你的画笔下诞生。

美的体现——离开教室时，物品放回原处。使用完毕的绘画用具、作品等整理好方可离开，保证下一节课的正常使用。

美的行为——进到教室要保持良好秩序，做到快、静、齐，不准喧哗、打闹。

美的管理——美术器材要定位存放，布局合理，方便使用。石膏像、静物器皿等不得随意移动，如有毁坏照价赔偿。

美的基础——安全是美的基础，离开时，关闭多媒体设备和空调的电源，随手关灯，关好门窗。

遵守以上规则，你会成为美术教室里受欢迎的人，成为美术教室真正的主人。

三、我的心情日志

我倡导老师们记录“我的心情日志”，由教师亲自记录自己在教育教学工作中的点点滴滴，期末由学校汇集精成美画册下发到全体教职工手中，一遍遍的重温，使得美好永远流淌在心间。

这是我们一位老师的心情日志，从中我们可以感受到老师在工作、生活中的点点滴滴，也感受到老师不断成长的动力所在。

表 3-2　教师心情日记

日期	事件简述	心情词语（或图片）
3 月 22 日	昨天长走，是对学生意志品质的锻炼，也是对老师身体的检验。检验结果：不合格！刚到公园东门，头有些疼，没在意，认为和平时一样，忍一忍就过去了。没想到回家睡醒之后，头疼欲裂，呕吐不止，老父从工地赶来，陪同去医院，看到父亲在医院里跑前跑后，无比辛酸。要逐渐加强锻炼，提高身体素质。	欣慰
3 月 27 日	开放日第一天。 下午，上完第一节课，学生说："老师，是 20 分钟的课吗?"我说不是呀！学生说："这节课我觉得特别快!"认真上好每节课，让学生爱上课堂。	快乐
4 月 3 日	心情超级差，家长反馈我有三个"比较满意"，反思后和学生交流了一番，逐渐改进自己的教学吧！	沮丧
5 月 10 日	春游中看到中高年级学生的自主活动，非常担心孩子们的安全问题。回到家后问孩子，孩子非常喜欢这种形式，还给我讲了她遇到的各种情况，猛地意识到这种教育才是真正的教育，这才是真正的社会大课堂。 学会对孩子放手，给孩子空间。	
5 月 26 日	今天放学，一个家长说："您就是朱老师吧，孩子说将来要当品德与生活老师!" 一路哼着小曲回了办公室，得意、感动，你对孩子付出什么，就会得到什么！	感动
6 月 21 日	走进低部的心理教室，地上烛光点点，坐在有民族特色的小凳子上，我们一起读《教学勇气》一书。朗朗的读书声、浪漫的氛围、热烈的研讨构成了和谐的画面。 超喜欢这种读书方式，因为可以静心读下去！	

续表

日期	事件简述	心情词语（或图片）
6 月 25 日	这学期，我最大的收获是一条短信，短信的内容是：孩子今天和爸爸聊天，爸爸问“你幸福吗？”孩子说“幸福！”爸爸接着问：“你知道什么是幸福吗？”孩子说：“幸福就是和爸爸妈妈在一起。”爸爸当时感动极了问：“你自己想的吗？”孩子回答：“品德生活老师说的。”虽然孩子说自己对幸福的理解是来源于老师，但是我认为，孩子有所感才有所悟！孩子的感来源于对爸爸妈妈的爱，孩子的感来源于对课堂学习的喜爱，孩子的感来源于对教师的信服，孩子的感来源于课堂学习的专注。 收到短信时已经是晚上十点多钟，那种感动不能用语言来形容，眼里有了泪水，在孩子心中播种什么就会收获什么。关上灯，脑海里全是明天的课怎么上，用什么形式上孩子才能更有所收获。	感动

记录美好、传递美好是感受幸福的重要方式，我希望每一个人都通过这样的方式咀嚼生活和工作，使自己每一天的生活都是有滋有味的。我相信，老师们、学生们在这样的环境中浸润，感受着美好，也同样会传递美好，创造美好。

四、校园因我而美丽

我不仅把美好传递给教师，更要把美好传递给学生。因为校园是师生共同的家园。

“校园因我而美丽”在我校是每一个孩子都能脱口而出的话语，它源自我校每两周一次的“校园因你而美丽”的表彰活动。在活动中，随着主持人说“校园因你而美丽”，所有的学生齐呼“校园因我而美丽”。

这个表彰活动的信息是由老师们、孩子们是提供的，来自孩子们在日常学校生活中良好的行为表现。也许，孩子会因为捡起地上一张纸而获得表彰；也许，孩子会因一次礼貌的问好而获得表彰；也许，孩子会因为进入教室即安静读书而获得表彰；也许，孩子会因漂亮整齐的作业而获得表彰；也许，孩子会因为积极参加体育锻炼而获得表彰……

在表彰活动进行时，主持人都会有这样一段话：“‘校园因你而美丽’是一个表彰的平台，是表彰那些在各个方面做得好的学生。但是我们每一位同学都应该知道，我们做得好不是为了受表彰，而是为了使这种优良的作风成为自己自觉的行为，成为一个行为良好的人，到那个时候，你走到哪里都会是一个受人欢迎的人，都会像春风一样令人温暖。”

在这个平台上受到表彰的孩子都会得到一份印有“校园因你而美丽”的学习用品，这是为了使孩子们优良的作风得以传递。受到表彰的孩子们的照片和事迹都会张贴在教室门口。这样的正向引导，使我们的学生做到了“外显有规，内涵有德”，努力做着最好的自己。

五、孩子，校长有话对你说

作为校长，我有很多讲话的机会，每一次面对学生讲话，我都希望能传递给孩子们一种浓浓的情谊和美好的情感，让孩子不断向上、向善。

在新学年的开学典礼上，我这样对孩子们说：

亲爱的各位同学：

大家好！春节的鞭炮声还没有消散，祝福的话语还萦绕在耳边，当春天来临的时候，我们已过了一个愉快的寒假，又回到了校园。一年之计在于春，新学期已经开始，你们准备好了吗？新的学期我们将掀开崭新的一页。希望我们每一位同学为自己制订一个小小的计划，在新的学期里不断为之努力，当你们走完一个学期的路程时会看到自己满满的收获。在此，我也提出对同学们新学期的希望。

一是做一个心中有爱的人。爱祖国，从小要懂得尊重国旗、国歌，懂得做一名中国人的光荣与骄傲。爱集体，三里河三小是你们成长的摇篮，你们最美好的童年时光将在这里度过，要以自己的行动时时证明我是出色的三里河三小的学生。爱他人，爱你们的父母，爱你的老师，爱你的同学，因为他们的付出才有了你今天幸福快乐的生活！把爱融入你的行动中，把爱写在你的脸上，让周围的一切感受到你是一个心中充满爱的人。

二是做一个教养良好的人。良好的教养就是我们平时要养成的一些良好的基本行为习惯，比如不大声喧哗，不随地丢弃废物，不打闹拥挤，还要做到讲究个人卫生，讲究文明礼貌，讲究秩序规则。如果你是一个有良好教养的人，你的存在会给他人带来快乐，会给环境带来美好！

三是做一个热爱学习的人。你们现在正处在学龄期，那么，学习是你们最主要的任务。热爱学习表现在课前养成预习的好习惯，上课认真听讲，课后认真复习，认真完成每一次作业，对学习的各项任务充满热情，努力做最好的自己。也许在今天我们每一个同学的学习情况大不相同，有的同学学习成绩优异，那么你就继续努力吧，保持你的优势。如果有的同学现在的学习情况还不太令人满意，没关系，从现在开始按照老师的要求做，你一定会看到自己一点一点地进步。

同学们，新的学期给我们带来新的希望，每一名同学从现在做起，制订好自己的小小计划，从身边的小事做起，从每一堂课做起，相信每一名同学都能够做最好的自己！最后，祝福每一位同学，愿你们新的学期在老师们的带领下健康快乐地成长！

2010 年 2 月 18 日

在春季运动会上，我这样对孩子们说：

亲爱的各位同学：

今天我们三里河三小的全校师生欢聚在此，在月坛体育馆隆重召开我校的春季田径运动会。在一定意义上说，这是我校近十年来第一次大规模的田径运动会。为了召开好此次田径运动会，促进我校学生积极投身到体育锻炼中；为了今天我校的全体学生能够站在田径场上，感受运动的魅力。以体育组教师为重要力量的运动会筹备小组，在此之前做了大量的工作。所以，我提议让我们全校同学以热烈的掌声对为此次运动会顺利召开做出努力的所有人员表示衷心的感谢。当学校宣布将召开田径运动会之后，我校同学以积极的热情投身到锻炼之中，在我校掀起了一股体育锻炼的热潮。我再次提议，我们全校同学为自己鼓掌，用掌声预祝我们的班集体、我们的同学们在赛场上能够取得好成绩。

“健康锻炼快乐成长”是我们运动会的主题。同学们亲身参与，感受体育运动带来的快乐，感受体育的魅力。

今天，来到赛场上的每一名同学一定会大展身手。刚才进行的运动会入场式，已充分展现了三里河三小同学们朝气蓬勃的精神面貌。相信在即将开始的比赛中，每一位运动员都能够做到遵守比赛规则，尊重裁判，尊重对手，以“更快、更高、更强”的奥林匹克精神投身到比赛中，争取最佳成绩，为集体争得荣誉。

同学们，竞赛场是你们奋勇争先的舞台，观众席是你们加油喝彩的舞台。今天的月坛体育场是三里河三小每一个孩子的天地，让我们在这里为自己喝彩吧！

在二年级入队仪式及六年毕业誓师大会上，我这样对孩子们说：

六年级毕业班的同学们、二年级加入少先队的小同学们：

大家早上好！

今天，我们二年级、六年级的同学们集聚一堂，以年级联合队会的方式举办二年级的入队仪式和六年级的毕业誓师大会，是别有一番寓意在其中的。二年级的同学们，几年前这些六年级的大哥哥、大姐姐也像你们一样兴奋地佩戴上了鲜艳的红领巾，开始了在少年儿童的优秀组织——少先队中的健康成长。你们经过一年级对校园生活的熟悉，二年级的队前教育等活动，终于跨入了少先队组织的大门。从此，鲜艳的红领巾将佩戴在你们的胸前，同时也时时告诫你们要做一名优秀的少先队员，做最好的自己，从小立大志，成为一名品德高尚、行为良好、热爱学习、乐观向上的少先队员。我相信我们每一名二年级的同学们一定都能做到。几年后的今天，你们也会像今天的六年级的大哥哥、大姐姐们一样骄傲地站在即将离开的小学校园。

六年级的同学们，你们还记得新学年的第一天你们所完成的一项任务吗？牵着一位一年级的小同学进入学校。活动后我看到很多同学写了自己的感受。有一名同学这样写道：当我拉起一名小同学的手时，似乎看到了几年前的我，一晃我们已经成了学校最高年级的学生，我一定要成为小同学的榜样，不辜负小学六年的生活。我们六年级的同学们是这样说的，也是这样做的。在小学的最后一年中以自己出色的行动，为弟弟妹妹们做出了榜样，你们不愧为学校最高年级的学生。孩子们，今天看着你们即将离开校园的身影，我和老师们是百感交集的。既有依依不舍，又盼着你们在未来的中学生活中一展身手，取得更大的进步。六年级的同学们，小学生活将是你们人生中最美好的回忆，这里有爱你们如自己子女的老师，又有和你们亲如兄弟姐妹的同学。在今天你们即将踏上更广阔的舞台，我代表全体教职员工和你们的学弟、学妹们送上我们的嘱托：你们在小学剩下的日子屈指可数，它们将是一去不复返的，珍惜和老师们、同学们在一起的日子，以你们出色的表现证明自己是三里河三小的优秀毕业生。很快你们即将踏入各自理想的中学，祝你们在中学生活中依然能表现出三里河三小学生的精神面貌、优良品质、良好行为。当我们听到你们在中学出色表现的消息时，心里会比喝了蜜还甜，因为你们永远是三里河三小优秀的孩子。

让我们一、二年级的弟弟妹妹们用最热烈的掌声为六年级的大哥哥、大姐姐们送上祝福，同时也用掌声激励自己，未来你们也会如他们一样出色。

谢谢大家！

就这样，用美好传递美好在我们的校园中弥漫着，走入我们校园中的人常常会赞叹道：你们的校园很温暖，很清澈。我想，这正是因为美好已经注入到我们心间，所以它一定会荡漾在我们的脸上，充盈在我们的双眸中。

第四章　改变是为了更好

“改变是为了更好”这一主题的提出是源于学校的实际情况。在工作中，我能明显感受到三里三文化传统的强大力量，学校整体缺乏动力。如果我们满足现状，学校依然能生存，老师们个人的工作也会一如既往地进行着。但是，从更高的要求来看，这样的状态显然不能担负起幸福教育的使命。我们已经生活在一个急剧变化的世界，未来已经向我们扑面而来。改变就在我们身边，不改变我们就难以应对这变化的世界。因此，我提出“改变为了更好”的理念。我对老师们说，对于这变化的世界而言，教育的改变尤其重要。教师改变，教育才会改变。改变会为我们创造出更加美好的一切。

第一节　改变源于问题存在

三里河三小是一所拥有悠久历史的学校。学校的发展史上曾有过非常辉煌的时刻，但时过境迁，随着社会与教育的发展，学校无论在硬件还是软件方面都有太多需要完善之处，但现在教师群体无论是对于硬件还是软件都没有太高的期盼，该怎么办？

一、改变从认识自己开始

为了引导老师们发生改变，我首先带着全体干部和组长进行了学校的SWOT分析，引导大家对自己进行新的认识。

经过讨论，大家逐渐理清了学校的发展优势、劣势、机遇、挑战。在这个过程中，我能明显地感受到教师队伍中蕴含着的对学校发展的渴望。

在对学校的分析中，大家看到了周边学校的迅猛发展带给我们的危机；看到了生源下降后，没有应对策略造成的学生质量的下滑；看到了拆迁等待对学校内外环境的致命影响；看到了德育工作的缺失；等等。但在同时，更看到了我们有一支非常好的教师队伍，看到了在内外环境不佳的情况下大家的坚守。

在此之后，我们又做了全校老师个人的自我分析，使每个人都能对自己有一个比较清楚的了解。对自己的分析也是让大家第一次有条理地认清自我，“认真、负责”是我们很多老师的共同特点，也是学校不断进步的基础。同时，也能看到教师们墨守成规，缺乏创新意识的现状。

SWOT 分析为学校后续的一系列工作的出台提供了最真实的基础，也是学校工作的重要依据，从而为后续的改变奠定了认识基础。

二、“改变是为了更好”系列研讨

为了进一步激起教师进行改变的动力，为了使大家体会到改变就在我们身边，改变会给我们带来更好的明天，我和干部们精心组织了一系列“改变是为了更好”的研讨活动。

每一次的研讨会都是从外在到内在对教师团队进行的一次提高与洗礼，在一次次的研讨学习过程中，我们的教师团队与教师个人都在悄然发生着变化。

2012 年暑期，我们以“改变是为了更好”为主题进行首次校本培训活动设计。在会议的目的上，我们试图通过研讨会，加强团队建设，凝聚众人智慧，为学校的进一步发展奠定基础。为此，我们提出会议要求：一是来之安之，全程参与，提升自我。二是安之行之，积极参与，改变自我。三是行之践之，身心参与，收获改变。

为了让每一位老师参与其中，我们还提前设计了会议思考题：期待我自己改变什么？期待我们的集体有怎样的改变？

在会议之前，我让全体教师每人都从自己的身边找改变。下面是我写给老师的信，以及教师记录选编：

改变是为了更好

尊敬的各位老师：

时光在流逝，岁月在增长，不变的是我们面对教育的一片痴情。我们坚信教育的神圣与伟大，我们日复一日耕耘在这片土地上。我们见证着周围的一切，我们学校的改变，我们工作的改变，我们生活的改变，我们学生的改变……请从您的视角记录下点滴改变，要求有文字有图片，文字不超过 100

字。可以是物质，可以是精神，可以是活动，可以是课堂，可以是您眼中、心中的一切。请您尽快行动起来，一条不嫌少，十条不嫌多。我们的改变将在您的笔下，在您的相机下成为永恒(我们会评选出视角最独特的发现)。

(一表填写一项，本表可复制，完成后电子版传校长室即可。)

记录选编：

姓名　　　　　　2012 年 7 月 3 日

	大家的发现　共同的感动
文字描述	学校是我们的“家”，每位老师和学生都是家的成员，我们用自己的双手美化着这个家，同时让它更有家的味道。瞧，数学课图形对称学习中制作的小风车，让孩子们的大课间变得多有趣呀！

姓名　　　　　　2012 年 7 月 4 日

	大家的发现　共同的感动
文字描述	无论是学习还是生活，走过、看过总要留下痕迹，当我们回过头来再去回忆，再去思考时，才能有所凭借。所以，从小引导孩子将自己的所见所闻及时记录下来，留下痕迹，有条理地保管好，其实是在教给学生一种生活的方法，比如传统节日的调查小报、博物馆的见识之道报告单……

姓名　　　　　　2012 年 7 月 4 日

	大家的发现　共同的感动
文字描述	小菜园是孩子们最喜欢的一块地方，那里有孩子们播种的希望，从抽签决定拥有了菜地、播种的各种菜种，孩子们的心就时时牵挂着地里的小苗成长如何。这不，当收获的果实拿在手中，甜甜的笑容挂在脸上时，校园生活多美好啊！

	大家的发现　共同的感动
文字描述	我们的世界是丰富多彩的，“走出去、请进来”的各种活动，让孩子们在相对封闭的校园中感受到校园生活的多彩，并且在校园有限的学习时间和学习空间中，将自己的视野放得更开，看得更远。毕竟，我们学校培养的是开放型人才。

2012 年 7 月 3 日

	大家的发现　共同的感动
文字描述	学校的变化日新月异，家校沟通是必不可少的，除了老师和家长的及时沟通外，家长国旗下讲话、开放日、家长问卷的反馈等活动都促进了家校的沟通。另外，电子大屏幕无疑是对学校各项工作、活动最好的展示和宣传平台。

	大家的发现　共同的感动
文字描述	洗手间里干净整洁，洗手台上放着洗手液，热水器挂在墙上，点滴虽小，但温暖人心。感谢学校的良苦用心！感谢后勤的辛勤工作！

根据大家的发现进行了整理，我在会议中，做了主题发言——“我们有了怎样的改变”，我们的改变真是不少。这让老师们听后非常兴奋。

接下来的环节，我们设计了“行动起来，创意全家福活动”。

这一活动是为了打破老师们的墨守成规，要求各组的全家福有创意，体现全组的共同愿望。之后，我让老师们交流起来，谈谈各自的全家福。

一张张全家福就是一个温暖的办公集体的展现，数张全家福汇集成我们温暖的大集体，我们共同的精神家园三里河第三小学。

之后的环节是在学习、重温校歌中，回顾与展望我们与孩子们的成长。由音乐组教师带唱。接着是“我们还期待什么样的改变”活动。内容包括：

改变从自己开始：个人填写，然后粘贴共赏。

小组讨论：期待我们的学校有什么改变？然后共同交流。每组派发交流表，交流形式多样，可以一人，也可以是组团发言。

活动的最后是校长发言暨颁发各种奖项，颁发的奖项类型有：最用心的发现(改变为了更好征集稿颁奖)、最令人心动的期待(个人最有颠覆性地期待)、最激动人心的改变(小组最真实具体地期待)。

初次的“改变是为了更好”研讨会无疑是成功的。无论是会议形式，还是会议内容，都给老师很大的启发。会后有老师发来短信说，这是一次从未体验过的培训，真真切切地感受到我们已经改变了太多，我们还将为了更好而继续努力。

2013 年，我们再次以“改变是为了更好”为主题召开研讨会。此次研讨的内容聚焦为“我与学生共成长”，旨在影响老师们把改变与自身行动密切结合起来。为此，在会议之前，我们给老师们布置了作业，让大家撰写教育案例并交流案例。

以下是布置交流案例的提示，在提示中，我们鼓励老师们不断创新与发展：

尊敬的各位组长、各位老师：

您好！拜读了您的组员(您)的案例，感触颇深，字里行间体现着作为教师与学生在共同经历中的成长。作为教育工作者，我们的责任是教育学生，其实在这一过程中，学生反作用于我们的也有很多很多。之所以以“我与学生共成长”为主题，就是期望每个教师都能感受到教育职业的特殊性，学生的成长与教师的成长是同步的。只有能感受到这一点的教师才能找到辛苦工作中带来的快乐与幸福。在8月27日的我校2013—2014学年度的新学年培训中，我们将开辟专门的时段进行“我与学生共成长”的交流，由于时间所限，不能所有教师都上台交流，也不能每篇文章都全部念完。

为了使我们的交流更有价值，特向各位组长及各位老师提出以下要求，请您在假期中提前做好准备，期待各组的交流精彩纷呈(由于时间所限，只选取了组内的部分文章，敬请谅解)：

第一，各组所选篇章数量不一，但每组发言时间统一不得超过15分钟，请组内自行协调删减有关内容。妥善安排吧。

第二，删减后的案例要保持主要内容，使听众能知其然，更知其所以然，请务必三思慎重。费点脑筋吧。

第三，各组的案例宣讲要有一个串讲人，把几篇稿件的内容有机结合起来，可借用点评的方式，郝校长的点评保留在原稿中。串讲很重要！

第四，各组的发言要把握传递正能量，传递发自内心的感悟，传递好的经验与办法。一定传递正能量啊。

第五，各组的呈现方式尽可能有新意，舞台足够大，可讲故事，可表演，可演绎，不一而足。独创最可贵！

第六，学校将根据各组的发言进行现场评奖。光荣是您的！

校园的美好靠大家铸就，拜托各位啦！

西城区三里河第三小学

2013年8月

会上，各组以各种形式进行了组内交流之后，我以“未来扑面而来”做了主题发言，激励大家面对未来，改变自己，顺应时代的发展。

UDS项目组的杨朝晖教授、苏尚峰博士全程参加了我们的研讨会，并做了点评发言，对于我们的研讨，以及团队所呈现出的积极向上的精神给予了充分的肯定。以下是苏尚峰博士的现场发言：

浪起·花开·人美

——在三里河第三小学暑期全员教师培训上的讲话

首都师范大学　苏尚锋

各位老师好，刚才杨老师有介绍，我是项目组派到三里三陪伴大家成长的。大家都站着讲话，我也得站着讲。说来有点遗憾，我其实并没做好陪伴服务，与多数老师还不太熟悉。与我有交流的老师大概只有1/5，我近观过的老师大概有1/4，我远眺过的老师估计有1/3，间接听说或者看过他们文章的老师会超1/2。上午我们的培训活动中，一位老师坐着，其他老师说他的优点。我当时就想，如果我坐在当中，让大家来讲优点，肯定会让大家为难了——这个人谁呀？一点都不认识他呢。

教师的专业成长主要在于观察与学习。观察学生、家庭、社会的诸多方面的影响，思考其中的规则，感受成长的脉动。我的主要工作也是在三里三进行观察与学习。刚才老师们的发言内容和形式都非常丰富。既有案例书写，也有主题锤炼；既有团队追求，也有个人感想；既有访谈对话，也有娓娓抒怀；既有复调呈现，也有多声部合作；既有书记讲坛，也有嘉宾颁奖；还有令人印象深刻的举牌女郎。二十世纪二十年代，后任西北大学副校长的张伯声，在漂洋留学的途中，一个人倚着船沿的栏杆，看太平洋的波浪起伏，忽然很有感想：波浪的起伏不是直接按照星球引力的作用直上直下，而是起伏翻滚，以一种在力学上最省力的方式进行运动。他因此提出了具有世界影响的“地壳波浪镶嵌学说”。大家的观察与学习也是如此，教育也总是在寻找一种最省力的方式来进行。己所欲，施于人。创造积极的心理情境，顺势而为。我们总是能感受到来自外部的力与势，以及萌生于自己内心深处的冲动、感悟。

刚才邢校长谈“改变是为了更好”，列举了发生在三里三的种种变化。花开无声，于无声中听惊雷，改变在三里三的点点滴滴。发现身边环境的变化，绽放自身职业生涯的精彩。未来在你的面前，也在你身上。它扑面而来，也席卷我们而去。改变不成问题，如何应对改变，如何改变，如何参与改变，如何控制改变，如何改变改变成为致命的问题。教师必然、已经、正在改变世界，这是专业成长、暑期研修、职业光荣的核心指向。

上午的讲座曾要求老师们给自己的暑假打分。两位女教师打 7 分，一位男教师打 8 分，一位男教师打 10 分。教师是一个有高期待的群体，不仅对自己的孩子，对别人的孩子，也对自己，有时也会对周边的人有高期待。高期待很自然会带来打分的严苛，担负未来容易折损当下。男老师的分数高于女老师的分数，其实反映出社会活动面、关注面的性别差异。一位男老师说，明年还没想好，暂时不太考虑以后的事情，这本身可以增加对当下生活的认同感。打 10 分的老师儿子刚出生，最忙的时候，也不用考虑以后，活在当下，幸福感也会最强。我在这里讲话，态度如此认真，也是好好地在珍惜当下。

我们今天谈积极心理学，有必要一提的是，对消极心理现象也需要全面看待。因为只要社会竞争存在，消极心理就在所难免。积极心理如同平和舒畅的呼吸，消极心理则时常表现为一阵喘不上气的闷痛。但是生命的真谛并非你每日顺畅的呼吸，而常常有那些几乎让你无法呼吸的时刻。烦恼有时是菩提。高峰体验来自发现自己创造性、力量感的挑战性。无数次的正常呼吸，有时只是为了那个呼吸困窘的时刻。记录它，分享它，那是你存在的证据。积极与消极总隐伏于一体之中。

刚进天泰时，我在笔记本里写了八个字，“堂高灯华，心静人美”。在这高堂华灯之下，经过一个假期的休养闲适之后，每个人都身心俱美，赏心悦目。诸位都是有故事的人，善于煽情的人，关乎他人生命成长的人。大幕即将拉开，情感正在孕育，新故事又将上演，其间的丰富与深刻吸引着诸位有心人。

祝福大家。

2013 年 8 月 27 日于天泰宾馆

三、征集为了改变的“金点子”

在以“改变是为了更好”系列研讨的方式促进教师改变的同时，我们还非常重视将教师发展与学校发展密切结合起来，于是，我们两年一度的“金点子”征集应运而生了。

学校作为一个行政单位而存在，有上级任命的校长，有按责行事的各级中层领导，有按规上课的教师，但仅有这些的学校充其量只是一部学校机器而已。运转着，但缺乏生气，缺乏活力。一个充满活力的学校一定是一个在共同的愿景之下人人参与的学校。我们学校建立了得到大家认可的共同愿景：教师成长的心灵家园，学生成长的幸福乐园。教师作为成人进入学校，其基本的行为、道德、学识已经形成，学校如何促进教师的心灵成长，才是驱动教师可持续发展的根本。

记得《邹忌讽齐王纳谏》中齐威王听从了邹忌的建议，号召所有臣民向他提建议，最终达到了“战胜于朝廷”的威望。这就是一个“众人拾柴火焰高”的典型。美国教育家苏娜·丹戴克也说过：“告诉我，我会忘记；做给我看，我会记住；让我参加，我就会完全理解。”

为了使老师们能真正关心学校，我校推出了以“金点子”为主题的活动，面向全校教职员工征询有助于学校发展的改进方法，哪怕是一个小小的建议。

我精心准备了一封致全体教师的信，期待每一个人都参与到学校的建设中来。

尊敬的各位老师：

大家好！在除旧迎新的时候，感谢大家一年来对学校工作的支持，感谢大家为三小发展尽心尽力的付出。为了使学校在新的一年有更好的发展，学校的发展规划更能反映大家的心声，集中大家的智慧。学校党支部和工会在全体教职工中开展“金点子”征集活动。希望大家就学校发展中的问题提出自己的意见和建议。我们将在建议中评选“十佳金点子”，期末培训会上颁发“金点奖”。

“金点子”要求：

第一，提出的问题与建议要一致，不仅提出问题，更要提出解决问题的方法。

第二，建议要具有发展性和可操作性(学校层面能落实的)。

第三，建议的点可大可小，越具体越好。

“金点子”征集表发下去后，一石激起千层浪，老师们的智慧得到淋漓尽致地发挥，以下是第一次被评为“十佳金点子”的部分教师提案：

每学年年初发放学生调查问卷，涉及学生的身体、心理、特长、爱好、习惯及家长需求等方面，使教师更准确地了解孩子在每一个年龄段的情况，做到心中有数，更加有针对性地对孩子进行教育，与家长进行沟通，使教育的成效更准确。（陈丽智）

学校中每天都发生着各种各样的故事，有的故事结局十分美好，有的故事却有或多或少的遗憾，我们每位教职工都是故事的主人公，每天都在经历着这些故事，但由于交流机会有限，对于别人怎样演绎同样的故事不甚了解，因此建议老师们记录下自己经历的故事，以供大家分享，使我们少走弯路。（任莹）

以学校的各种活动为切入点，为学生提供创新与实践的平台，比如我们的新年贺卡设计。在以后的学校的活动策划中，尽可能将教育的成效发挥到最大。（白珊）

建立学生兴趣小组，使学生的在校生活丰富多彩，也挖掘每一个教师的潜能。这应与学校的校本课程开发相结合。（段艳红）

利用分校条件建立停车场，彻底解决停车问题。这会随着分校出租房屋的清退进行解决。（郗志礼）

建立教师阅览室、学生阅览室、学生阅览空间，提供电子书目等，这些建设的内容都会列入学校的进一步规划中，目前我们会尽快完成教师办公室图书架、学生教室图书架的设置，满足教师的专业用书需求。让读书能够从童年开始，让读书能够伴随教师的成长。（李娜、顾彦欣、韩淑芬、张利军、郭素军）

让校园“春有花，夏有草，秋有果，冬有绿”，校园环境的整体美化，凸显校园文化。让我们的环境美好、温馨，提升教师、学生学习、工作的品质。（张媛、杨娜、鄂丽君）

每一次“金点子”活动，我们都精心设计颁奖仪式和颁奖词。以下是我们第二届“金点子”活动颁奖词：

尊敬的各位老师：

当我们的第一届“金点子”征集活动颁奖结束时，我曾经说过这样一段话：关心学校的发展，关心学校的建设，关心教职工的成长，关心学生的成长，关心三里河三小的点点滴滴，应成为我们每一个人的习惯。一个集体只有大家共同关心它，共同爱护它，与它共荣辱、共发展，才是一个生机勃勃的集体，才是我们大家共同的心灵家园，才能将它建设成一所幸福和谐的优质学校。今天，这段话在我们的校园中已经成为现实，当年我们的金点子已成为了我们工作中切实存在的改变。

第二届“金点子”的评选中，我们收到老师的“金点子”101份，涉及的内容大约136条。与上一届相比，这一届的金点子质量明显提升，大家更多地关心学校的发展，关注学生的成长，关注自我的工作，关注校园中正能量的传递。

在评选“金点子”的时候，金光闪闪，每一个点子都蕴含着老师们的款款深情。学生榜样、学校的宣传、学生的交通安全、环保意识、节水节电、教师的心理减压与健康锻炼、农艺园的更好利用、学生教育活动的进一步深化、家校的沟通等等，每一个“金点子”都是一颗火花。学校将使每一颗火花都绽放出华彩，对于立即能解决的马上付诸实施，比如餐厅安装书包架、下发学校公文的电子模板、制定文书打印的要求、提供电子书目、年末对家属的慰问、办公室安装整装镜、作文本调整颜色等提议。对于本学期不能解决的，安排到下学期的工作中，比如增加经典诵读、开发电视直播的作用、农艺园的利用、学校的宣传落实、以赛促练的教师锻炼计划等。再比如修连廊、搭雨棚、开后门等基建项目，会通过学校基本建设逐步实施。

通过最终评选，以下内容获得“十佳金点子”的称号，这些获得“十佳金点子”的稿件都有一个共同的特点：基于学校的实际情况，基于学生的发展，可行性较强，同时具备可持续的优点。他们是：

康立媛、何莹老师提出加强学校网站建设，使家长、学生通过网站了解学校的发展。颁奖词：学校就是我的家，希望荣光紧随它，开辟网站好渠道，学校时时光彩华！

郝洁、陈诜提出建立共享交流平台。颁奖词：交流沟通是个宝，共建平台来研讨，你言我语是真谛，我们共同来提高！

伊金山提出开展教职工体育锻炼联赛。颁奖词：体育联赛方式好，以赛促练有实效，各组人人要参与，身体健康精神好！

刘玉如提出外出安全责任要细化。颁奖词：学校安全最重要，细化职责有保障，人人尽心负起责，平安天天多快乐！

赵亚丽提出建立班主任奖励、评价机制。颁奖词：班级主任虽然小，责任都知很重要，评价促进来发展，班级建设成效好！

陈春燕提出感谢家属的支持。颁奖词：家庭生活很重要，支持理解和谐好，年末表达小心意，继续支持一定要！

鄂丽君建议出台《新生入学指导手册》《家校联系本》。颁奖词：学生时刻放心中，促进家校来沟通，家长教师成合力，学生成长噌噌噌！

段艳红提出对“奇思妙想”的再利用挖掘。颁奖词：教育功能无限大，时时处处可挖掘，只要是个有心人，享受教育成果丰。

陈一勤提出的成立“小小救护队”。颁奖词：我的工作我做主，不断深化来完善，工作做在日常时，处处留下好精彩！

丁飞老师对学生的表彰提出了较为系统的想法。颁奖词：学生激励靠大家，校级班级维护它，只要有心来成就，学生成长乐哈哈！

（有请以上各位老师上台领奖。）

各位老师，第二届“金点子”的评选结束了，但我相信每一个三里三人关心、爱护学校之情永远不会结束。我们每天面对天真可爱的孩子，他们在我们的培育下一天天长大，我们能为孩子们的成长做些什么，每时每刻都要以这样的追问提醒自己。关注我们工作的改变，为孩子们的健康成长，为我们与孩子的共同成长，为学校成为教师的心灵家园而努力，为三里三成为一所人民满意的优质学校而努力！

谢谢大家！

在颁奖结束之后，工会委员还带领大家演唱歌曲：

金点子点亮幸福校园

第一段（原词）

人生好像一条，一条不平坦，曲折的小路。（朱莉）

最美丽的风景，往往未必在山的顶峰。（胡怡宁）

一步一步脚印，一次又一次深刻地探寻。（康丽媛）

跌倒了，爬起来继续旅程。（任丽娜、陈光）

点亮智慧人生，点亮希望的灯。

让所有的梦，从此不再懵懂。

点亮智慧人生，点亮智慧的灯。

点亮幸福，生活从此不同。

第二段(改编词)

三小好像一个，一个平凡又温暖的家庭。(郝洁)

最美丽的风景，往往是家人的亲切身影。(郗志礼)

一步一步脚印，一次又一次深刻地探寻。(赵亚丽)

反复着、坚持着继续先行。(章洁、杨娜)

点亮幸福校园，点亮希望的灯。

让所有的梦，从此不在懵懂。

点亮幸福校园，点亮智慧的灯。

金色点子，校园从此不同。

点亮幸福校园，点亮智慧的灯。

到今天，我们学校已成功举办了三届“金点子”活动。学校的一切，时时、事事都与每一个人相关。现在每个人都关心学校、爱护学校的风气已经形成。“金点子”活动的顺利开展，对三里河第三小学产生了重大的影响。它虽是一个活动，实际上它已经成为我校学校文化建设的一部分。“金点子”所发挥的辐射作用已经在学校工作的各个方面显现，每一个人积极为学校建言献策，共同关心学校的发展。从近几年的活动开展中我们能够清晰地看到从关注物质环境的改变，到关注学生质量、关注自我提升的改变。当我看到人人关心学校、爱护学校时，那种幸福感油然而生。

第二节　教师改变，世界改变

一、改变从身边做起

美国教育心理学家古诺特博士曾深情地说：“在经历了若干年的教师工作之后，我得到了一个令人惶恐的结论，教育的成功和失败，‘我’是决定性因素。我个人采用的方法和每天的情绪是造成学习气氛和情境的主因。身为老师，我具有极大的力量，能够让孩子们活得愉快或悲惨，我可以是制造痛苦的工具，也可以是启发灵感的媒介，我能让人丢脸也能叫人开心，能伤人也能救人。”

我把这段话粘贴在我们每一位老师的办公桌上，以让它时时提醒我们应怎样对待孩子们。当过教师的都有这样的体会：当我们一脸阳光地走进教室时，学生们的心情就会很舒畅、很轻松；当我们一脸怒气地走近他们时，学生们则噤若寒蝉，生怕自己撞到老师怨气的枪口上；我们在课堂上以热情的语气肯定学生，以赞赏的眼光激励学生，他们的心里会充满幸福与喜悦，表现得很兴奋；我们指责、挖苦、嘲讽学生，则无疑是给他们心灵的天空蒙上一片沉重的乌云。

新学期随着办公室的改造，教师的办公室都会加装玻璃围挡，在这个围挡上会有亮明身份的标志，同时，每位教师的桌前都有这样一段话，并有亲笔签名：“身为教师我有着极大的力量，能够让孩子们活得愉快或者悲伤，我可以是制造痛苦的工具，也可以是启迪灵感的媒介，我能让人丢脸，也能叫人开心，能伤人也可以救人。一场危机之恶化或解除，儿童是否受到感化，全部在于我。”学校的干部、党员及班主任的桌前也会有这样的标识。它随时在提醒着学校里的每一个人，在为了更好的路上不断进步。

二、记录成长的“大事记”

学校开始实行的“大事记”并不是所谓具有伟大意义的事件的记录。我刚开始的提议是希望教师详细记录学生的实际情况和老师个人内心的动态，在渐渐落实过程中，老师们的才智和深情日益展露。这一活动到现在得到了老师们的全力支持。每一学期我们都会将“大事记”汇集成册，下发给每一位老师，翻阅自己与他人的心情日志会让人再一次心动。

表 4-1　2012—2013(第二学期)学年度“我的大事记”摘录

日期	事件简述	心情词语（或图片）
4 月 11 日	今天约谈了一位五年级的学生，学生对老师的每一句话都十分敏感，心很重。我又找了老师，不同的孩子不同的策略，如果有问题，尽量不在公开场合批评他，私下与他交流，沟通。	沉重
	连续听了四节二年级的数学课，学生、老师的精神状态都不错，各班各具特点。	欣慰

续表

日期	事件简述	心情词语（或图片）
	今天又连续听了四节音乐课。有进步，但尚需努力啊。音乐是一门美的课程。课堂上从始至终都应该洋溢着美好……	担忧
	运动会启动了。很快有年级提出希望形成全年级的方阵。稍作思考后给予了否定。运动会的入场式是一个体现班级精神风貌的舞台。年级方阵的出现会淡化班主任作为班级的建设者的作用。目前，我们的班主任在班级建设中主动作为的精神是欠缺的。学校提供了舞台，又要放弃是不合适的。	思考
4月22日	学生今天到红塔礼堂看话剧，利用看话剧之前的时间，我组织全校师生进行了向雅安地震灾区受灾同胞默哀的活动，教育一定要有时效性。	思考
4月22日	听礼堂的工作人员说：这学校的学生真好，规矩、踏实。 听了大家转述给我的这个意思，心里非常高兴。不远的一天，三里三的孩子也会像当年的银河的孩子一样，被称赞为全区最好的孩子们。教育的力量是强大的，只要我们努力有所作为，孩子们就会一天天成长变化。	高兴
4月24日	今天开乐团成立大会，符合我的一贯作风，简洁大气，获得了来宾们的一致好评。八中对我们乐团的孩子很感兴趣。 一年级的孩子们在会场又一次表现出我校学生“静”的状态。	欣慰
4月27日	今天是六年级的家长会，做了一个简短的发言。孩子们很快就要毕业了，心里真是有些舍不得啊，在这批孩子的身上已经看到了三年来辛苦努力的成果。	欣慰、不舍
4月28日	天公作美！担心了整整一周的雨天没有来。微风，没有太阳的天气为运动会带来了好运，整个大会运转正常，有序。运动员入场精彩纷呈，比赛场上佳绩不断。	松了口气
5月3日	节后第一天因为学习，一天没到校。今天一早上班，上操时听到老师无意说起这周没发周安排。我惊愕，节前通过我的“大眼睛”发了啊。一再追问，好像只是发给了行政没有群发给大家。真是惭愧，忙中出错。赶紧补发吧。但是节后的第一天大家运转的很正常，同志们真好！	惭愧

续表

日期	事件简述	心情词语（或图片）
5 月 8 日	接区教委体卫科通知：选派 220 名学生参加天安门广场的活动。蔡群老师临时受命，担任起训练组的组长。体育组的老师们精神状态不错，群策群力。小穆虽母亲生病，也积极主动请战，参与到活动中。我们的老师与学生都会通过这样的活动而成长。	高兴
	今天上午开会，中午回到学校楼内不见孩子的身影。噢，六年级今天去小劳技学习。在我的脑海中闪现的是孩子们在小劳技的学习情况，不知怎样？六年级的孩子如果此时能够踏实地学习，多好啊，这就是教育的成效啊。 下午时分，刘主任带队返回，说道人家小劳技都夸咱们的孩子好，踏实、专注。心中窃喜。 时过两日，梁勇科长发来短信：邢校长有两下子。别的学校六年级到小劳技能把楼拆了，三小的孩子都进了院了，我们都不知道啊。哈，看到孩子们的变化、成长，再累也心甘啊。	高兴
	孩子们终于站到了天安门广场上，以出色的表现度过了一个有意义的“六一”，为孩子们自豪。 在最后的表彰总结仪式上，一名学生“小小的我大大的爱”的发言真精彩，家长还专门写来了表扬信。又一个孩子进步了，真好！	自豪

这就是“我的大事记”，记的却全是发生在身边的小事。但平凡中却能体会感动，日常中捕捉精彩；工作与生活同在，教师与学生同步。因为在我看来，一个教育工作者如果能够处理好发生在日常生活中的琐碎小事，那便是一名优秀的教师；如果能从中进行反思，形成对教育的一些认识，那便是一位有研究意识的专家型教师。

经过几年的探索，我校的大事记已经覆盖了全体教职工。大事记的内容非常丰富，每一位老师对学校大的活动都有翔实的记录，而且并不只是客观描述。

从大事记里面可以看出教师的情感态度。汇集起来的大事记，便可以探寻出我校组织这项活动的全部意义。不仅是学校大型活动的事，就连教师读书看报时的心得体会都可以是我们大事记的重要内容。

记录这样的大事记我认为价值有三。第一，大事记有利于帮助教师进行反思。不少教师处理突发事件和自己心里的变化时往往凭借自己的直觉，这样容易造成不稳定的发展态势。将教师的反思用大事记的形式固定下来，教师便可以有规律地进行反思。反思之后，不仅能将自己的亮点分享给其他人，将好处无限度地放大，实现共同进步。同时我们的老师在反思中也能获得一种前进的力量，这便是反思的真正价值。正如有一位老师记录道，在报纸上看到这样一句话，我很喜欢："Education is not filling of a pail，but lighting of a fire."(教育不是注满一桶水，而是点燃一把火)第二，大事记有利于了解师生的真实想法，为学校决策提供借鉴依据。大事记中往往会出现一些教师对工作或生活的抱怨。看到这些的时候我会主动找这些老师进行谈话交流，尽我所能帮助他们快速转变工作状态，以饱满的热情继续书写教育篇章。从这个层面来说，"大事记"是我了解师生的一扇窗户。第三，大事记能带给家长温暖，调动共同帮助孩子健康快乐成长的热情。大事记像是学生走过的足迹，定期的书写，定期的呈现，使得家长看到自己孩子的进步，看到老师们花费的精力，这些都是能够打动家长的材料。另外，有些家长也在记录着"大事记"，这二者之间形成一个良性的交流和互动，共同发挥家校合作的力量。

三、改变研修方式

"改变在日常"是UDS项目带给我们的发展理念，这一理念实与我校提出的"改变是为了更好"可谓相得益彰。一个提出目的，一个提出路径。在许多的工作中，我们都体现着这两个主题。我们在改变着，改变着行政会的会议文化，改变着我们计划的制定与落实，改变着我们的工作思路，改变着我们的工作方式……新学期，我们又在改变着我们开展课例研究的工作思路和方式。

在2011年上半学期的行政会上，UDS项目组的专家和我校的教学干部一起对教学工作进行了反思，在思维的碰撞中，我们找到了问题的症结，提出了解决的办法。

科任学科主任反映，在进行课例研修的时候总感觉"三课两反思"的研修形式实施起来很不得心应手，教师们缺少积极性，听课评课遇到了很多困难。杨朝晖教授听后提出，在科任学科非要采用这种形式吗？课例研修的目的是什么？形式是不是应该为目的服务？我们设计的研修活动是不是能深入教师心中，真正有效？同时她提出，教研形式可以有多种变式，有的时候也需要一些仪式感，这样才能让教师感到受重视，有气氛。

“形式是可以更换的，形式需要有仪式感”这两点提示似乎为我们的科任课例研修思路打开了另一扇窗。经过假期UDS项目的培训和教学计划的反复研讨，在思考这扇“新窗”的实施性和操作性的基础上，科任学科组决定进行改变。

首先是找准科任学科的研究切入点——在新的学期要借助“学科骨干教师公开课活动”，引领科任课教师关注课堂教学的高效性，具体的切入点就定位在了“落实课堂教学三维目标，提高课堂教学实效”的研究上。其次，要将活动进行仪式化探索。

2011年9月24日，全校30余位科任课教师齐聚高年级部，观摩了信息技术骨干教师白珊老师的“VB编程”、美术骨干教师康立媛老师的“椅子设计”两节高质量公开课。在课前，李彬主任主持了简短的活动启动仪式，让每位科任教师明确活动的目的，了解活动的过程，清楚定位听课教师的任务。

最后，根据活动的策划，利用两个环节加强听课教师与做课教师的互动。一是在听课的过程中以课堂观察表为依托，老师们就教学目标的具体落实有了自己的不同思考。二是两节课后，以学科教研组为单位，结合课堂教学观察记录表，围绕活动的主题进行了分组评课。

以上活动设计看似没有什么出奇，而这都是我们的改变。改变让我们的教研活动真的产生了高效的成果。以下为活动互动交流的纪要：

美术组代表说：“信息技术课依托课程本身的严谨性特点，教师逐步引导第一次接触编程的学生，让学生在自己的思考中体会编程的严谨性。老师在落实目标的过程中有自己的方法，关注学生的特点。美术课上教师针对本节课的目标采用了一系列的方法巧妙帮助学生解决了学习的难点，因为椅子的设计需要有一个平面与立体的关系，老师用平面设计引导学生去思考，去体味，为后面的学习打下了基础。”

科学组代表谈道：“两节课能够看到教师较高的驾驭课堂水平，关注学生的课堂教学生成，在处理生成过程中教师引导学生完成了该环节的目标。实际上，两节课教师都注重知识的传授，但在教知识的时候又不是生硬的，而是在一个个吸引学生的小环节中让学生体悟知识的本源。”

音乐组代表说：“我接着前面的组说，因为学科的不同，我们讨论的时候觉得信息技术课我们没有听懂。但是看着观察表和学生最后的展示，我们明白了一点，就是通过这样的一节课教师的教学目标达成了。学生的展示明明白白告诉了我们这些听课教师：教师教明白了，学生学会了，明白了编程是怎样的。美术课能够看到教师的艺术性渗透，每一个环节的设置，每一个环节目标的完成，就是对这节课的整体目标的完成。结合我们音乐学科的教学，不难发现我们设置的每一个教学环节，这个小环节的目标就是将本节课的大目标进行分解。美术课上，椅子图片展示的这个环节，是让学生去观察和了解身边的椅子，老师为什么要设置这个环节，目的是什么？和本节课的教学目标联系在哪里？回顾本节课的目标，一目了然。我们在研讨的时候想，是不是还有其他的方法呢？例如，学生自己查找资料汇报也可以，但是学生查到的资料是否能帮助自己学习呢，学生的资料运用是否能比教师的设计更有效呢？我们也进行了思考，觉得还是教师自己的这个设计更符合高效课堂的特点，也更有助于落实课堂教学目标。”

体育组代表说：“两节课教师都采用了课堂教学三维目标的最有效的落实办法。信息技术课上的师生互比，明确了属性的特点；美术课上教师丰富多彩的资料，为学生的思维打开了想象的空间。”

综合组代表发言道：“我们来自不同的学科，和刚才的几组教师比起来，我们更多的是从本学科的特点来思考今天的研讨主题。美术课上教师的精彩讲述、信息技术课上教师的严谨作风都是我们要学习的，而我们最关注的也是我们自己要努力学习实践的，就是高效来自教师的设计，来自教师自己对教材、学生的理解。”

五个小组汇报结束后，我就两节课进行了点评：

今天的两节课都关注了课堂教学的高效，代表了该学科的高水平。两个学科的特点非常显著：计算机学科的严谨性，美术学科要求视觉形象的感知及调动。计算机课上，教师在属性的讲解中注意运用巧妙的方法来完成讲解。在落实教学目标中，我注意到两位教师运用了多种手段来实现。在一个简单的过程中可以看到教师的设计目标、落实目标是多途径的。

我们科任课教师要利用科任学科的特点来吸引学生，自身学科的特点能否吸引学生，也是高效课堂能否达成的一个标准。我翻看美术学科的课标，课标中明确指出，美术学科要有愉悦性，课堂上能够清晰地看到学生的确如此。信息技术课利用课堂处处体现信息技术的特点，如“3 分钟的时间”、随机点名等等，课堂上特有的东西、课堂上感知的东西就是要吸引学生。两节课的时间安排是合理的，能够看到课堂上有充分的学生活动时间。跨学科的意识是特别值得称赞的，教师要有这样的意识。教师的涉猎多少对学生的影响是巨大的。

给两位老师的建议是：美术课，从椅子设计而言，设计层面的设计意识要有渗透，要引导学生的创新；信息技术课，排座位的时候能否考虑互相帮助的问题，要关注学生的差异。

我们的老朋友、好专家、UDS 项目派到我校的苏尚锋博士从自己的角度谈了对两节课的思考。他讲道：

两节课有鲜明的特色。两间教室好似两个家庭，白老师沉稳干练，康老师热情大方。二者都很尊重学生，在商量中引导学生学习。两位教师注重设计，康老师设计的地方很多，如教学语言的设计，教学环节、板书的设计。两节课是程序性知识的教学。两位教师的亲手示范，在课堂中的比例是合适的。课堂中时间比重最大的是学生实践，然后才是教师的讲解示范。第一节课偏重技术，表达了技术的理性，第二节课偏重艺术的思维……

半天的活动时间是短暂的，但是活动是高效的。通过老师们的发言，我们能够感到，老师更加明确了教学目标是教学活动的出发点和归宿，是实践课堂教学的灵魂。有效教学很重要的一个方面就是实现特定教学目标。

四、征集“我是教育”叙事案例

为了使老师们不断向着更好改变，借助 UDS 项目组，我们邀请杨朝晖教授面向全体老师进行教师叙事写作的培训，促进老师不断反思，不断调整，不断发展。我以“我是教育”为主题进行教育叙事的征集，通过这样的主题也是在激发老师们对教育产生深刻理解和教育的自信心。同时，通过案例的不断修改，也让老师的教育观念不断厘清，不断修正。以下是我校老师所写的教育叙事案例。

“我是教育”——一起学生事件的处理过程

武 威

一、事情的起因

看了看表，已经是下午四点，学生已经放学半小时了，跟两个学生说好了三点四十到办公室找我，四点半让他们离校回家，怎么到现在还没个踪影呢？时间已经过去二十多分钟，再不来，该讲的题恐怕也讲不完了，我有些坐不住了，心里有些气愤。不行，他们不来，我就到班里找他们去！

“武威来了，武威来了。”我刚走到楼梯口，Steven 正站在班门口，瞄了我一眼，就冲班里留下的另一名学生 Leo 大声喊了起来。这无疑是给我火上浇油啊！不来找我也罢了，居然若无其事地喊我的名字，挑衅我！“怎么着？什么意思？我好心把你留下给你讲题，你怎么能用这种态度对老师呢？有没有把老师放在眼里？懂不懂得尊重老师？你难道对父母也是这种态度吗？”我劈头盖脸的一通训斥，由于气愤，声如洪钟，Steven 同学这下是被震慑住了，红着脸，半天也不吱声。看着他不说话，坐在一旁的班主任接着说：“Steven 你怎么能叫老师的名字呢？这么不尊重老师！”班主任的话音刚落，他便大声争辩道：“我没说武威，我说的是武威老师。”“什么？你喊的是我的名字，这个我和班主任都听得清清楚楚，你怎么没有一点歉意，反而还狡辩，不诚实呢？说错话，做错事不可怕，可怕的是不能勇于承认错误！”本来已经快消气的我，一听他这话，又急了！“没说就是没说！反正我说什么也没用，你们老师就是说什么都是对的，我永远都是错的，你们爱怎么说就怎么说吧！”

看着他一脸的委屈和不服气，我反而平静了下来，从他的话语中我感受到了他的不满。不行，不能再跟他这么谈了，这样下去根本解决不了问题，“好了，今天老师不想跟你说了，咱俩都平静一下吧，你回家吧！”听了我的话，Steven 转身，头也不回地走了！

这小子还是不服气的架势，这又使我联想到他平时的表现：上课从来不注意听讲，要么玩东西，要么走神。作业也是经常不能按质按量完成，上课叫起来让他回答问题，就是三个字“不知道！”学习成绩在班里倒数。每次他犯错我都会找他谈话，我是晓之以理，动之以情，可是不管你怎么说，就是无法打动他，他总是一副不服气的样子，每当我问他“老师说的你听明白了吗?”他就仰着脖子，瞪着眼睛说：“听明白了啊!”那不屑的语气表露出他并无一丝悔意！所以每次找他谈话我都有一种挫败感，我常想这孩子怎么这样啊，怎么才能让他态度改变呢？是他不会跟别人沟通，是家庭教育的问题，还是我对他的教育出了问题？我满脑子的问号。对于他的学习我非常着急，这次放学留下他，一方面想是想着他落下的知识再给他补习补习，另一方面还想找他谈一谈他的学习态度的问题。没承想却发生了上面的一幕。

我想，要想彻底解决他的问题，我必须跟他的家长沟通一下了。之前也曾与他的家长就他的学习情况做过沟通。得知他父母平时工作很忙，无暇顾及孩子的学习、生活，孩子从上学起就一直跟着爷爷奶奶住，只有周末的时候父母才把他接走。Steven 的学习父母从来没有管过，爷爷奶奶又很溺爱孩子，一切由着孩子的性子来，所以他并未养成良好的学习习惯，形成了今天的学习状况。我决定把今天的情况跟他的家长做一个沟通，并与家长谈一谈他的情绪问题。

二、与家长沟通，商讨解决方案

我把发生的情况跟他妈妈说了之后，他妈妈说：“老师，您说的情况我和他爸爸也有同感，他跟我们也这样，根本不会好好说话。”“那他出现这种情绪，你们和他沟通过吗?”“沟通？没法沟通！我们一周才能见他一面，以前孩子每周末见了我们还都高高兴兴的，就是最近上了五年级，感觉心事多了，我们问他在学校的情况他也不愿意搭理我们。”他妈妈有些生气地说道。“那他之前也跟你们说过在学校的学习、生活吗?”“说过啊，有些事情他还会发表自己的看法，但他的想法比较偏激，每到这个时候，我们就跟他辩驳，告诉他，他的想法不正确，试图说服他。但怎么说也说不通，他就是想不明白，我和他爸爸是一肚子气，说不通的时候我就会让他爸爸打他，用武力告诉他，他那样是不对的。”“这样奏效吗?”“我觉得不怎么管用，他后来就什么也不跟我们说了，我们一问他，他就说，跟你们说也没用，我说的都是错的，只有你们是对的，你们爱怎么说就怎么说吧!”听了他妈妈的话，我就不难理解，为什么那天他扯着脖子跟我喊“你们老师就是说什么都是对的，我永远都是错的!”他这是对权威的不满啊！

“那孩子的学习情况你们了解吗?”我又问道。“我们知道他的学习成绩不好，所以每次一提到学习就生气，问他为什么考试成绩低，他就说不知道！问他以后该怎么做，他也说不知道，每当这个时候他爸爸就会对他拳脚相加，狠狠地揍他一顿!”我知道了，他们对孩子的教育主要就是以武力解决。唉！他们的家庭教育也太粗暴了！这使我意识到了问题所在。我接着问道：“你们知道孩子为什么到了五年级就会心事很重吗?”“为什么啊?”他妈妈很好奇地问。“那是因为孩子已经高年级了，到了青春期的初级阶段，他们有了自己的心事，更加有主见了，想得到更多的关注、支持和理解。可是他一周才能见到爸妈一次，他有那么多的心事想和你们分享，但是你们却无法理解他的心情。他说的不对的地方就会被你们否定，甚至是暴力相向，这样只会让他不再向你们敞开心扉。你们在乎过孩子内心的感受吗？你们耐心地听过孩子说话吗？他的心思别人无法理解，他总是感觉很委屈，孩子出现叛逆的情绪是自然的啊!”“在学习上，你们只关注学习成绩，从未关注过孩子的学习过程，也未有意识地培养过孩子的学习习惯，学习只看结果，结果好了家长就开心，不好就打一顿，这对孩子是不公平的啊!”“啊！老师，听您这么一说我才意识到的确是这样的。我们对孩子的教育方式确实存在问题，由于我们工作关系，也真的是没有办法监管他的学习，我知道这会导致很多问题，那您看在我们这种情况下，该如何解决孩子的教育问题?”Steven 的妈妈又把问题抛给了我。

我经过与他们班主任认真商讨后，给了她如下建议：

一是每天给孩子打个电话，问候孩子一天的学习和生活情况，全面掌控孩子的思想状况。能够让孩子敞开心扉跟家长沟通的前提，是孩子告诉家长的任何事情及发表的个人看法，无论对错，家长都尽量先不去评价，如果发现孩子有不正确的想法，要进行正确的引导。但一定要注意说服不了孩子的时候不要以强硬的态度去训斥，更不能无端地打孩子，沟通不下去的时候就暂且先不沟通，给孩子思考的时间和空间。相信孩子，只要引导正确，孩子就一定会朝着积极健康的方向去发展。

二是关于孩子学习习惯的问题，作为家长，首先要有一个正确地学习观。对老师布置的学习任务，只要是合理的，都应当要求孩子坚决地贯彻执行，不容许敷衍了事，完成了学习任务再去干别的，这一点需要和孩子的爷爷奶奶达成共识，这是一个学生最起码的学习观，和孩子也必须规定好。如果有老师反映孩子没有按时完成作业，那就要严厉批评，绝不迁就。相信孩子，只要能够踏实地按照老师的要求去做，孩子的学习就一定不是问题。

听了建议后，刘妈妈感动地说：“老师不但替孩子着想，还替家长排忧解难，我们一定会遵照老师的建议去做。”

我想，孩子的教育单单靠学校的力量是远远不够的，家庭教育的作用往往大于学校教育。教师发现了学生的问题除了要考虑如何对孩子进行引导、教育外，还需要多与家长沟通。只有老师和家长对教育达成了一致，对学生的教育才能具有良好的效果！

三、教师的自我反思

作为老师，细细想来，我对他的教育也有很多需要调整和改变的地方。就那天发生的事情来说，他叫我的名字，其实也并没有多大的事，可能他觉得我比较年轻，叫名字会觉得亲切，又或是他看到我来了一着急没来得及叫老师，其实是件很小的事情。我生气的真正原因是他们没有到办公室来找我，可他们为什么不来找我？从当时他们看到我的表情，我知道这是他们故意为之的！可为什么会这样呢？从开学到现在，他们上课不专心听讲，总是走神或玩东西，不按时完成作业，几乎每节课我都需要点名提醒他们，说实话每节课都提醒，我都觉得烦了，为什么一点效果也没有啊！我想跟他们谈谈，想知道他们的心里到底是怎么想的，想从方法上给予指导，帮助他们解答疑问。看样子他们根本不想和我谈啊！

我忽然意识到，在学习上他们没有良好的学习习惯，身上有这样那样的不足和缺点，而在我的不断提醒和批评下，他们身上的缺点不仅没有改掉，反而还从情感上和我对立起来了，并且有股破罐子破摔的劲儿。

记得雨果曾经说过，“一个人向前瞻望的时候，如果看不到一点快乐的远景，他在世界上就不能活下去”。我想，这句话也适用于教育。如果一个孩子在学校面对的总是批评，他又怎能看到快乐的远景，丧失学习的信心那是必然的啊！那么，作为一名教师，面对学习和行为习惯不好的孩子，我们应该做的是，拿出足够的耐心去引导孩子，告诉孩子正确的做法是什么，然后就要给孩子足够的时间，去等待他们慢慢地修正自己的行为。在这一过程中，教师应当做一个细心的观察者，对孩子行为上的任何一点改变和进步都要给予及时的肯定和鼓励，让孩子能够看到快乐的远景，让孩子保持对未来学习的信心。相信在老师的帮助，鼓励下，孩子一定能够朝着老师的期待方向越来越好地发展！

于是，几天后，我又找到了 Steven，首先对那天跟他发脾气的事情道歉。当他看到我跟他道歉的时候，一下子愣住了。“别，别，老师，其实是我的不对，我知道您是为我好，我……我……我那天也是故意不去找您的。”他害羞地低下了头。能听到他这么跟我说话，我真的是很开心！看来只有教师放低自己的姿态，跟学生以平等的身份谈话，才能让学生服气啊！“啊？你故意不去找我啊！为什么啊？”我明知故问道。“因为我不想跟您谈话，您总是批评我，觉得特别没有意思。”唉！我这不是跟他的家长存在同样的问题嘛！一味地批评，是教育的冷暴力啊！“其实，老师特别感谢你能跟我说真话，以后无论是父母还是老师如果有说的不对或做得不对的地方，一定要告诉对方，让对方知道你的想法，因为你是一个小男子汉，有自己的想法说明你很有主见，说明你正在长大，我们一定会尊重你的意见的。”听到我这么说，他睁大了眼睛看着我，眼神中充满了信任与喜悦，没有什么事情能够比点燃孩子心中的希望更令人开心的事情了。从那以后，他在课堂上听讲比之前认真多了，虽然偶尔也会走神，但真的是在一点点的进步，每当他有一点进步的时候，我就会给予及时的表扬。

在老师和家长的共同关注下，Steven 同学的表现是越来越好。上个月，由于他在行为习惯和学习上的巨大进步，班主任推荐他成为“校园因你而美丽”的获奖者。看到他开心的笑容和学习上越来越自信的表现，作为老师的我感到无比的骄傲与自豪。

孩子们，在老师对你们进行教育的时候，老师何尝不是在一点点地进步和提高呢。感谢你们给予我这个年轻教师的所有感动，与你们相伴，老师与你们同成长，共提高！我感到无比的幸福！

这是一位年轻教师的案例。这是一位极其负责的教师，但是年轻人有时会火气较大，教师通过这一案例的表述，把自己在整个事件中的心理历程展现出来，也真实地反映出一位青年教师的成长。

“改变是为了更好”就这样悄然在我们的校园中发生着，发生在校园的每一个角落中，发生在日常教育的点点滴滴之中。而教育案例的撰写，使每一个人时刻看到自己的成长与进步，时时感受到教育带来的幸福。

第五章　有为无为两相宜

对于学校管理而言，我始终追求一种“有为无为两相宜”的状态。“有为”是有使命感，有责任感，我领导一所学校就是努力使工作在这里的教师心情舒畅，学习在这里的学生快乐健康。“无为”是一种管理的方法，不追求功利的目标，遵循教育的规律，使一切都在适宜中慢慢升腾。目前，教育前所未有地受到关注，几乎达到人人都要参与的境地。怎样让管理更加美好，让管理不成为约束人、要求人的机器，而是使管理成为促进人不断成长与进步的杠杆。我一直在为此实践着，努力着。

第一节　有温度的管理

管理听上去就让人觉得冷冰冰的，似乎管理就是严厉、严格，这样才是管理。能让管理温情些吗？

学校既面临着共性的管理问题，又有着作为学校的特质。我始终追求一种“从心所欲不逾矩”的状态。管理是有温度的，也是含情脉脉的，也可以是有趣的。

一、出台《方圆小册》

好的制度使“坏人”变好，坏的制度使“好人”变坏。对于制度的梳理我们经历了几年的时间，边梳理边补充完善。我不希望制度仅仅是一份材料，我们应努力使制度发挥应有的作用。

学校有非常多的文本性的文件，比如规章制度，学校原有的规章制度有十几万字之多，只是放在哪儿。说实话，这些没有人看，也没有人想哪些事是需要与时俱进的。其实，文本性的文件在学校中有着重要与独特的作用，它是学校文化的重要部分，是形成学校文化的重要保障。为此，对于文本的再利用成为萦绕在我心中的命题，但文本的形成必定有其历史性，是不适合推倒重来的。但怎样的改变才能既有沿革又能为学校领导所用呢？我推出了一本活页性的制度小册子《方圆小册》，在《方圆小册》的封面上写着这样一段话：

方是原则，圆是机变；方是不变应万变，园是以万变应不变；方是做人之本，园是做人之道。

这段话也是我对制度制定与运用的理解。在《方圆小册》中，我们把日常与大家密切相关的制度内容，诸如干部行为准则、教职工行为准则 、考勤制度等写进去，而且根据情况每学期会随时补充新的内容。

首先补充的是《三里河三小干部行为准则》，之所以在这个小册子中把干部行为放在首页，我也是有思考的：干部工作在学校工作中起到榜样、示范、桥梁的作用，是责无旁贷的，只有好的干部才能肩负起带领学校发展的重任。第二份材料就是《三里河三小教职工行为准则》，这一准则其实学校在大约一年多前就征询过教师的建议，但迟迟没有出台，因为学校一直认为时机还不那么成熟。但是现在的三小经过这几年的发展，全体教职员的"改变是为了更好""大家不同，努力更好""淡化底线，追求更好"等理念已经基本形成。因此，此时的行为手册的出台，对于教师队伍的整体建设的作用举足轻重。

《方圆小册》出台之后，我们陆续推出《全员德育的要求与落实办法》等共识性的制度内容。

二、开展制度重温

为了使制度真正运作起来，我又建立起每学期的制度重温，每学期的第一周，行政会会制定出哪些制度需要大家共同学习，我以表格的形式下发给大家，老师们利用各自的时间进行对照学习，起到巩固的作用，收到了不错的效果，制度不再沉睡。

西城区三里河第三小学制度温故周学习记录单(2015 年 2 月)

一个肮脏的国家，如果人人讲规则而不是谈道德，一个国家最终会变成一个有人味的正常国家，道德会自然逐渐回归。然而一个干净的国家，人人都不讲规则而谈道德，不出一段时间马上就会变得伪君子满地而道德难寻了。

学习目的：尚德、聪慧既是教育的目的，又是一个自我完善的过程。

学习形式：组内学习与个人学习相结合。

学习方式：学习后认真填写下表，以达到自我促进。

教师姓名　　　　　　　　　　　　　　　　年级组

学习制度	自查自身执行情况	需要改进之处
《教职工行为准则》 ——《方圆小册》	很好(　　　) 一般(　　　) 不好(　　　)	
《办公室教室要求》 ——《方圆小册》	很好(　　　) 一般(　　　) 不好(　　　)	
家校沟通 ——《方圆小册》	很好(　　　) 一般(　　　) 不好(　　　)	
班主任职责 ——《班主任手册》	很好(　　　) 一般(　　　) 不好(　　　)	
教学常规 ——《教学手册》	很好(　　　) 一般(　　　) 不好(　　　)	
学生意外伤害处理流程 学生传染病工作流程 晨午检 ——《方圆小册》	很好(　　　) 一般(　　　) 不好(　　　)	
我想说两句		

三、开展流程再制订

制度制定得再好、再周全，具体的实施才是制度评判的关键，为了使制度能够得以比较完美的实施，我们一直在尝试以工作流程辅助制度的落实。我们逐步制定出一系列的流程，时间也证明这是行之有效的好方法。

西城区三里河第三小学开学准备工作流程表

新学期的工作永远是令人期待的，有序、高效、细致地做好开学工作将为一个学期的各项工作奠定基础。

	放假前	假期中	开学准备
管理工作	1. 研讨计划(邢)。 2. 确定人事安排。 3. 根据课时调整新学期岗位工资(第一学期)。 4. 收取教师获奖奖励表格。	1. 修改、审定计划。 2. 调整教师岗位工资(2、8月为基础)。	1. 印制计划。 2. 下发人事安排(各主管领导、财务、后勤部门、各年级组)。 3. 下发班级学生人数(各部门)。 4. 下发上学期教师奖励。 5. 各办公室环境布置。
学籍工作	1. 下发一年级录取通知书，与新一年级班主任初步确定新一年级返校方案(只限于新学年前的假期)。 2. 检查班主任 CMIS 系统中评语填写情况。 3. 确定插班转学生人数及考试时间。 4. 检查任课教师 CMIS 中成绩登统情况(教导处)。	1. 掌握一年级确切信息，印制返校相关材料。 2. 准备试卷及考试(李彬)。 3. 根据人事安排进行 CMIS 系统中的学年、学期设置及任课教师的设置。	1. 为一年级建立学籍档案(班主任)。 2. 为转学生建立学籍档案(班主任)。 3. 每学年第一学期进行随班就读学生及助学工程的申报。 4. 办理转学手续。 5. 下发新学年校历。

续表

	放假前	假期中	开学准备
德育工作	1. 出台开学典礼策划方案并完成人员分工。假期通知中明示学生需准备内容（如童谣背诵等）。 2. 一年级迎新（第一学期）： (1)发录取通知时明示时间安排、学校要求。 (2)一年级班主任会。 (3)迎新工作准备会。 3. 新老班主任交接（第一学期）。书面及资料交接，面谈交接。 4. 班级文化布置。 明确要求、做出提示。 5. 返校第一课的表格设计。	1. 分头准备。 2. 一年级迎新。 假期中召开一年级家长会。 3. 新老班主任交接： 新班主任与家长联系，指导假期学生学习生活。根据班级学生特点，思考、设计开学后的教育工作。 4. 班级文化布置： 班主任假期设计及准备。 5. 返校第一课表格确定。	1. 返校日彩排。 2. 一年级迎新： (1)新生到校日（最好和其他年级时间错开）：开展新生教育活动（最好二至三个半天，比较充分）。 (2)开学典礼一年级互动部分在新生到校日彩排。 3. 各楼层、各班级文化布置：学生返校前班主任完成班级布置，楼层文化布置开学第一周完成。 4. 下发、回收返校第一课表格，布置返校工作。 5. 下发开学第一周时间安排的通知。 6. 回收家访记录表。 7. 下发教育手册。
教学工作	1. 完成教师个人和年级期末质量分析。 2. 假期备课要求。 3. 理论学习要求。	1. 全校教学质量分析和教学工作总结。 2. 完成教学工作计划。 3. 制定新学期课表。 4. 完成教学工作手册、教研组工作手册的修改与印刷。	1. 组织转学生、缓考生、补考生考试及阅卷。 2. 提出新学期第一课要求，并安排听课。 3. 下发教学手册和课表。

续表

	放假前	假期中	开学准备
后勤工作	1. 收各类遥控器(宋)。 2. 发下学期办公用品(杨)。 3. 工人、保安、保洁人员学期末工作总结。	1. 工人方面： (1)检修纱窗，饮水机清洗、检修。 (2)检修照明，擦灯伞，检修水龙头，检修厕所冲水，清雨水沟。检查，张贴楼道“小脚丫”(应急灯、安全出口、灭火器、消防栓)。 2. 保洁方面： (1)餐厅清洁消毒。 (2)楼道、楼梯、地面清洁消毒，教室墙壁所有地方清洁消毒，卫生间清洁消毒，多功能厅清洁消毒(高部)，会议室、心理小屋、形体教室(低部)、操场、楼后(高低部)、地下室房间、楼道、楼梯(高低部)清洁消毒。 (3)冲洗纱窗，擦灯伞或格栅灯，擦玻璃(2、8月高低部)。 (4)洗操场(夏季)，清洗窗帘(夏季)。	1. 教室各种开学用品准备(扫把、簸箕、墩布、水桶、水盆、粉笔、板擦等)。 2. 各类清洁用品的准备(大盘纸、84消毒液、洗涤灵、洗手液、垃圾袋、百洁布、钢丝球、手套等)。 3. 组织好书本的发放工作。 4. 灭蚊工作(8月)。 5. 工人、保安、保洁人员开学前培训。 6. 学生餐统计，下发午餐收费通知。 7. 各办公室各部门发放新的电话号码一览表、教室办公室位置一览表(第一学期)。 8. 各教室位置确定，班牌、班主任等标识确定。 9. 协同相关部门完成电子铃、大屏幕的调试。 10. 新生到校协调组织好校服的发放。
安全工作	1. 安全教育。 2. 安全检查。 3. 安排值班。	检查安全值班情况，如施工检查、施工安全等。	1. 逐教室检查设施。 2. 校内各安全通道情况。 3. 卫生间厕所门等情况。 4. 制定学校上学、放学安全措施(第一学期)。

这样的流程使得学校各项工作是有序的、流畅的。现在总是说学校工作任务重、压力大，通过流程的制定可以使各项工作的顺利完成有保证，其实也是将工作的压力最小化。由于有了制度与流程并进，学校的各项工作进入良性循环中。

四、重建会议文化

学校的各级各类会议是必须要召开的，但又极容易开成不疼不痒，与会者不感兴趣的会议。因此，对于会议文化的变革，我着重定位在每一个类型会议的召开，一定要能够使与会者有所收获，这种收获可以是观念上的，可以是方法上的，也可以是情感上的。不管哪个方面，一定要让参会的人有所感受，有所收获。

现在我校的会议文化有着鲜明的特点：全体会议简洁、明了、高效；中层干部的行政会丰富、实效、热烈；年级组长、教研组长会主题明确，解决实际问题；班主任例会则形式多种多样，促进教学与教务实际工作的改变。

三里三原来全体会开得时间比较长。我记得有的老师就说过，周二(每周开全体会的时间)中午得从食堂打包点主食，要不然晚上会饿。可想而知我们的全体会得开多长时间了。因此，我们首先改变了会议风格，哪些是需要全体会上宣传和说明的就在全体会上说，哪些是可以通过其他方式的通知和沟通的，就尽量不占用全体会时间。我们在时间上基本有一个规定，例行的全体会基本上保证在一小时之内开完。在一小时内，上了一天课的老师们的精力还是比较集中的，这样全体会的作用才能充分发挥。

对于全体会，我特别注重开好几个关键节点的会议：一是计划宣讲会，不是读计划，而是将计划宣讲与制度的重温、理念的传播结合在一起；二是全校的质量分析会，要起到激励、反思、提升的作用；三是学校重大活动前的布置会，要使人人尽知目的、要求、责任；四是期中总结会，学期一半要适时总结一下以利于再出发；五是期末工作会，期末工作安排是一次我们非常重视的全体会，要求从教育教学等多方面做出全面部署，保证期末各项工作的高效、有序；六是期末考务专题会，我们认为考务工作的组织水平高能反映出一个学校工作的严谨、规范，必须给予高度重视；七是导读会，每学期大家共读一本书，且必安排一次导读形式的交流；八是学习交流会，每年我们都会有一部分教师参加外省市甚至国外的学习，期末我们会召开全体会，大家分别做交流汇报，将学习成果的影响发挥到最大；九是评先推荐会，在后文中我会具体介绍这类会议的改变。

这九种大的主题会议贯穿整个学期，有些如图书导读、外出学习汇报交流，我们会根据情况安排到期末最后一周——时间相对比较充裕的时候。主题性的全体会，我们干部团队前期都会做好充足的功课，做好书面发言的准备，有些发言老师手中也会有相应的材料，这样才能保证会议的高效。

每学期的教学质量分析会我都非常重视，每次都会做主题发言，意在引导广大教职员工树立质量意识，理解全面育人质量的理念。

以下是我刚到三里河三小在全校第一次教学质量分析会上的发言，我在努力唤醒全体教职员工的质量意识，同时提出质量应该涵盖什么，梳理全面提升育人质量的意识。

2010—2011 学年第一学期教学质量分析会上的讲话

各位老师：

大家好！

质量分析会我们每个学期都会进行，本学期我们把分析会分为全校及教研组两级，今天我们在此召开全校的质量分析会，目的就是希望我们全校教职工共同树立一个意识——“质量是我们的生命”，共同达成一种共识——“质量涵盖我们的全部工作”。今天我们质量分析会会涉及平均分的问题，借用韩校长的一句话：目前的形势状态下，考量教学质量统测，看平均分、优秀率、及格率，是我们不能回避的。我们不单以平均分的高低来评价教师的工作成绩，但是结合三小的学生实际情况，如果班级平均分低于区平均分也是不应该的。出现了平均分低的情况要逐一找教师谈话，帮助分析原因。我们绝不以成绩作为衡量教师的唯一指标。在此，我想从育人的质量到学业的质量谈几点想法。

一、为什么强化质量

我们三里河三小在社会上享有一定的声望，这声望来源于几代三小人的共同努力。随着时代的发展，各个学校也在自身的基础上不断发展壮大着，我们当年的优势已不再明显，甚至已被周围学校赶超。我们必须有危机意识才能不断发展。今天我们的质量分析会更多的是面向教学质量。但是就质量而言，它是全方位的，是学校各个方面的质量，是育人的综合质量。如果我们的育人质量不能不断提升，就会影响到三里河三小的进一步发展。可能有的老师会说，现在三小的学生质量下降了。我想这个问题必须辩证地看，学生质量的问题不是我们一个学校所面临的，也不是我们抱怨学生质量，学生的质量就能提升的。我们必须面对现在学生的实际情况，在大环境差不多的情况下，只有提升我们的育人质量，才能保住我们的优势，发展我们的优势，才能成为一所真正的优质学校。目前我们与周边学校相比，硬件没有优势，环境不如人家，我们有什么——教师的高素质，课堂教学的高实效，学生习惯养成好。用什么保持优势，吸引学生和家长，赢得社会的认可，在竞争中求发展？这是我们每位教师应思考并用自己的教育教学实践来回答的问题。

二、谁为质量负责

说到质量，可能就有一个谁为质量负责的问题，是不是就是老师们。我说不是，为质量负责的必须是我们全体人员。行政管理人员对提升育人质量的管理，应找出目标是什么，推动力是什么，这是管理人员要做的。后勤辅助人员如何为提升育人质量提供最好的服务——良好的办公室设施、用品等，应满足使用，及时修复。班主任老师如何使自己班集体拥有一种良好的精神状态，良好的行为习惯，为学习做好保障？教师们如何认识自己的学科，激发学生的学习兴趣，培养学生的学习习惯，使学生在自己的学科课堂上真正有收获和提高？教师要有自己切实可行的办法，既要有自己的积累，又要善于学习他人之长。所有这样一说，作为学校的一分子谁敢说自己与质量无关呢。我们的育人质量是不是能保持在一个较高水平，是我们全体人员的共同责任，也是我们共同的荣辱。

三、质量涵盖什么

质量涵盖什么？前面提到的质量实质是育人的质量，是教育教学的全面质量，可能教学质量在一定层面上是显性的。但是德育的质量、教学隐性的那部分质量(态度、习惯、能力等)更要引起我们的高度重视。这部分质量的提高会非常有助于教学质量中显性部分(分数)的提高。在此我要特别强调德育的质量，不在我们提出多少要求，更在提出要求后的贯彻与执行，从学校层面我们要求这么做，从班级层面也要求这样做。还有教学中未显现的部分，学生对学科的热爱，或者说提高学生的兴趣，这是提高质量的基础，如果没有学生对学习的热爱，任何成绩都是虚的。所以，培养学生对学科的热爱要从我们的每一节课做起。我们有一种很好的形式——新学期第一课，在日常层面，教师作为专业人员更要不断提升自己所教学科对学生的吸引力。这样就谈到了每一个学科，每一个学科在育人质量的层面都是重要的，而且在某种意义上说，科任学科在学生成长过程中的作用绝不亚于语、数、英学科。每一个教师对自己学科的质量意识很重要，不考试的学科更能显示出教师对教育的认识与热爱。

四、为质量做什么

为了质量的提升该怎么做，其实都是老生常谈的话题，但关键是坚持。

第一，做一名聪慧的教师。人要聪慧，首先一点就是方向正确，观念正确，领先并不断更新。更新观念，有两个层面，一层是全面理解质量，对每个学生负责，另一层面是提高课堂教学质量。课程改革几年了，课堂上落实新理念的有多少？做有心人，不断思考我们在教学中的成绩与问题，能够理清哪些是我们要坚持的，哪些是我们要调整的，哪些是有效的，哪些是无意义的，一路走要一路积累，把自己有价值的东西留下来。

第二，每一个年级段都要对学生的学习习惯高度重视，学生习惯好与不好都是我们教师的责任，不要空喊学生的学习习惯不好，要想一想我们为培养学生的学习习惯做了什么，坚持了什么。良好学习习惯的培养的确是一个艰苦和漫长的过程，但要想孩子形成良好的学习习惯，需要我们的老师做一些有效地工作，比如孩子们整洁、正确的书写习惯。那是从一年级开始每一个老师都要认真要求、认真培养的，养成正确的书写习惯，我们有哪些措施，相信老师们一定有大量可行的、有效的方法。我们也会在适当的时候征集教师中培养学生良好学习习惯的好方法，以便大家相互学习、借鉴。

第三，珍惜40分钟的课堂，向40分钟要质量是根本。我们不求老师每节课都上成研究课、公开课，但要使孩子每节课都有收获，有提高。所以我们老师每上一节课，自己心里应该非常清楚——我的学生在这节课上将获得什么。这就要有课前的精心备课、精心设计，同时，课后的反思将提升40分钟的质量(精彩的、需要补救的)。

第四，尊重差异，正视差异。学生的差异永远存在，十个手指永远不可能一般齐。道理谁都懂，但在实际工作中我们永远希望我们的学生都是最好的，而这种情况永远不可能存在。所以我们必须尊重学生之间的差异，正是因为差异的存在，我们的工作才更加多彩。正视差异不单是指对困难学生的帮助，也要有进一步提升中等学生的办法，有扩大优秀群体的能力。对于学习困难的学生，老师们要耐心地分析每一个孩子的情况，逐个制定解决的办法，对于这样的孩子一定应设置较低目标，及时鼓励，不怕反复，耐心坚持。对于中等的孩子要积极地调动、鼓励，使他们进入优秀群体的行列。对于优秀的孩子，一是保持，二是带动。优秀群体的扩大，或者说提高优秀率，应该是我们的努力目标。

第五，利用好有效的辅导时间。对于提高成绩而言，应该说对于个别的学生仅靠课堂是不够的，但由于安全等因素，我们放学后留学生辅导的可能性也不是很大，如果有这样的需要一定要和家长沟通好，确保学生安全。因此，老师必须合理安排好学生的在校时间，如学生到校后的时间，学校不会有统一的规定，但每个老师应根据实际情况做好安排。这不是为谁做，而是为培养学生，有利于您的学科教学而做(比如很多班早上的安排，英语老师的安排)。再有，中午的时间，如何既让孩子休息好，又能有效地利用起来。现在有托管班，虽然不是全体学生，但是如果能够有效地利用好这个时间，就会使一部分孩子有所提高。

第六，与家长的合作。对于家庭教育的合作，我认为关于家长对于学生学业的影响，我们必须保证这样一种态度——家长能配合最好，不能配合我们也没有什么可抱怨的。

各位老师，育人质量的提高是伴随我们专业教育人员一生的任务，因为我们是专业技术人员，我们就有能力面对各不相同的学生，找到有效的方法促进学生的进步。在此，我们特别请老师关注教师自身对学生的影响：一是要构建亲和民主的师生关系；二是学会欣赏学生，多表扬多鼓励；三是充分信任学生，要学会宽容学生。教师自身要充满自信与热情。一名教师只有自身充满对教育的爱，才能对自己的学科不断钻研，才能带动起自己的学生，才能使自己的专业发展更好，才能更多地感受到做教师的幸福，才能使聪慧教育融入我们的日常工作中。

育人质量，是我们不懈努力的目标，希望我们的共同努力使我校的育人质量保持并稳定在一个较高水平，这一过程也一定是我们的教师队伍专业化水平不断提升的过程。愿我们的每一名老师，无论教授哪一个学科，无论在一线还是二线，都能由衷地说，我是一名好老师。因为我把育人的质量时刻放在心中，对学生的今天与未来负责，不断追求工作更加优异，为学生的未来奠定思想道德、学业水平、行为习惯等方面的基础，为培养适应未来社会的合格人才做出了人民教师的一份贡献。

随着时间的推移，树立全学科的质量意识已经摆在我们眼前。于是，在2011—2012年年度的质量分析会上，我又进一步提出提高全学科质量的观点。

2011—2012学年度质量分析会上的讲话

各位老师，这是我们第三次以全校大会的形式召开质量分析会，这只是学校三级质量分析的第一步，往下各学科还有质量分析，还要有个人的质量分析。个人的质量分析从文字上而言在上学期已经完成，但真正的结合自身学科、自身实际、学生实际的分析，应该是我们在新学期来完成的。学校提出的教学建议，是综合的、概况性的，是适应于每一个学科的，学科的分析及提出的教学建议是中观层面的。集中反映这一学科最有效，也是最解决实际问题的，是个人层面的分析与改进。分析的目的是改进，改进的成效，如何才能体现质量分析的意义？

一、树立质量意识，是全体教职工共同的责任

质量是什么？是一种对工作品质的追求。学校的质量最终体现在育人的综合成果上，教学工作作为学校的中心工作，也是集中体现学校质量的一个重要方面，但不是全部。考试学科是教学工作中质量的显性部分，但同样不是教学质量的全部。换句话说，学校的质量反映在学校管理、教育、教学、后勤等多个方面，教学的质量反映在语、数、英、音、体、美、科学、写字、心理、品社、品生等所有课程之上。没有任何一个人与学校的质量无关，没有任何一位老师与教学质量无关。在新学期的计划中，我们提出要做有责任、有爱心、有方法的教师。我想对于质量的追求就是责任的体现。每一个人都应时常扪心自问，我日常的工作是不是在追求一种高质量？我所做的每一项工作，我所上的每一节课，是不是都是有追求的。我想，只有全体教职员工都树立起追求质量的意识，才能促进学校工作不断进步。

二、形成质量意识，要有思考，有追问

要形成质量意识，必须要有对自己工作的不断思考与追问。质量分析就

是在做这样一件事情。分析上一学期的得与失，以及为什么得与为什么失，怎样才能将一个好习惯变成常规，怎样弥补曾经的失？就根本意义而言，这种质量意识，要努力在日常的教育教学中形成。一堂课后的思考、一个单元后的思考、期中阶段的思考等，这种思考成为我们的日常习惯，才能形成真正的质量意识。

三、落实质量意识，要关注过程的每一个环节

质量意识的实地必须要靠脚踏实地地去做，在教育教学过程的每一个环节中提高质量，只有过程中各个环节的质量得到了落实，质量才能真正有提高。这种质量的落实一定是有继承，有变化的。继承的是我们行之有效的一些方法和措施，这些东西一定要坚持住。什么是真正有价值的，就一定是好的，而且必定是要坚持住的。也请我们各个学科注意归纳总结学科中好的、有价值的做法，加以宣传推广。再有就是要敢于发展变化，小到一个课堂，大到学校的活动，都是同样的道理。有的人认为，我多少年都是这样教的，很舒服，不费力，不麻烦，其实这就远离了落实质量的要求。对质量的落实就是对自己的工作不断提出新的挑战。对任何一个环节的关注缺失，就会最终影响质量的落实。

四、丰富质量内涵，关注学生的全面成长

我在几次会上都在强调这样一个观念，质量的形成是综合教育成果的展现。其实我们也能看到，成绩整体比较突出的班级，也是整体状况较好的班级。我就听大家说过，哪个班孩子可聪明了，但从显现的结果看并不突出，而且有时还是年级中较落后的班级。其实这种情况就说明一个道理，显现的质量涵盖更为丰富的内容。所以关注学生的全面成长，行为、品德、心理、意志等都会最终为显现的质量奠定基础。所以说，真正的好老师一定不仅仅拘泥于课堂知识的传授，还要敢于花时间，采取有效的方式在形成集体上下功夫。

最后，在刚才主任提的教学建议的基础上，我们的老师要将其细化到您的教学中，虽然学科各不相同，但工作的理念是一致的。每一个学科都要努力做到学生节节有收获，堂堂有提高，不负教师的使命，将对质量的追求融入我们日常的工作中。

每一次的全体会，我都把它当作一次与老师们沟通交流的机会，我都会

十分珍惜，每次都基本控制在一小时以内。由于目的明确，策划精心，准备充分，会议都取得了很好的效果。

第二节　方圆相宜

为了规范教师的教育教学行为，学校制定了有关教职工行为规范的小册子，起名是《方圆小册》。这些规范多是“方”的内容，“圆”的内容怎么体现呢？我希望这本小册子既是教职工行为的准则，又能引发对教职工教育行为的再提高。于是我们又重新编订各种手册，完善要求。

一、《教学工作手册》变身

教师手中的各种手册是指导学校常规工作的基础资料，但常规工作不是没有变化的工作。为了更好，我们就要敢于去改变。

我们首先要改变的是《教师工作手册》。虽然叫作《教师工作手册》，但其中的内容就是教学，题目的不清晰会影响到它的使用价值。因此，修改后的版本我们直接定名为《教学手册》。我们重新思考手册的使用目的是什么，是不是只是为了接受学校的检查，还是只为了要教师记录下自己的工作，抑或是备着以后接受上级的检查？还能赋予它什么？通过思考，我认为前三个价值都存在，在目前阶段的学校工作中是不可缺少的，但我希望它能有一个更大的价值——发挥引导的作用，引导教师的观念，引导教师的行为。

为此，在保留手册必须具备的内容之外，我们首先减少了一些不必要的、烦琐的内容。例如，在教师的备课要求中，有一个是对整册教材的目标制定，原有的手册还有再抄写一遍的要求。虽然这一做法历史由来已久，但是我们还是坚决地删除了。

同时我们又增加了这样的内容：三里河三小教学常规、三里河三小教学工作流程。因为教学工作的特殊性，规律性更强，工作的时间节点明显，如此则提高了教师教学工作的效率。还增加了小学生综合素质评价手册学业成就评定办法、三里河三小作业本要求，把教学工作的严谨性体现在工作的每一个时刻。

为了发挥手册最大的作用，使它兼具指导、记录、反思等多重作用，我们又设计并完善了学科教师备课评价表、学科作业自查表。在学校统一检查前，一定先让教师个人自查，而且明示出自查要点，这样就变教师被动接受检查为主动做好工作，我们要努力使《教学手册》成为一本教师的桌面书，伴随教师教学工作的每一个时刻。

二、听课本里的讲究

原来的听课本是通用的格式，现在的听课本被重新设计，成了学习的载体。我们在听课本的封二上还印有北京师范大学褚宏启教授关于听课的结构与指标的简表：

表 5-1 听课的结构与指标

评价项目	评价要点
教学目标	符合课标要求和学生实际程度
	可操作性
学习条件	学习环境的设置
	学习资源的处理
学习指导与教学调控	学生参与活动的态度
	学生参与活动的广度
	学生参与活动的深度
课堂氛围	课堂气氛的宽松度
	课堂气氛的的融合度
教学效果	目标的达成度
	解决问题的灵活性
	师生的精神状态
学科特色	

这样的听课指标简明扼要，使每一位教师在听课时，无论是对相同学科还是其他学科都能有所指导。封三是孔老夫子的“见贤思齐，见不贤而内自

省”的话，也是在传递一种正能量吧。

在每一节课的听课记录中，我们又将教学评价中具有我校特点的主要内容以列表的方式表现出来。听课人即能以此评价他人的课，在这一过程中又能自我学习。具体关注点为：

第一，授课教师教态自然，精神饱满，语言规范、得体，课前准备充分。

第二，教学过程设计合理，关注学生学习需求，保证课堂纪律，提高教学实效性。

第三，加强学生学科学习能力的培养，落实学习习惯的养成，突出学科特色。

第四，关注课堂生成，教师能够适时引导，恰当处理，课堂气氛和谐、有序。

第五，讲练结合，练习充分，根据学生情况分层布置作业。

第六，电子白板使用累计时间不超过十分钟，及时纠正学生坐姿、握笔姿势，不拖堂。

三、共同的约定

学校是一个教师、家长、学生共同成长发展的地方，学校的管理不仅仅涉及教师、学生，还涉及家长。一个学校只有这几个层面都能和谐共进，管理才能最终实现“从心所欲不逾矩”。为此，我们逐步形成了一份教师、学生、家长的“共同约定”。约定是为了规范，也是为了发展。共同的约定成就了相互支持与理解。

我校的教师守则是在原有的《三里河第三小学教职工行为准则》上发展出来的。表述更加简洁，约定更加具体。我校的《家长守则》的制定基础是家长关心教育，有参与教育的愿望，目的是引导家长与学校形成教育合力，内容是在历次家长会上我反复宣讲的内容。在征求家长委员会的意见后，我们也以讨论稿的方式出台过。学生守则是将《小学生守则》《小学生行为规范》更加具体化，使学生行有标准。这三个守则，我们前前后后讨论、修改了一年多的时间。

三里河第三小学行为守则

每一所学校、每一间教室都是学生和教师体验生命历程的地方，这里将是一个幸福的家，是一个蕴含着温暖、亲切、友善的地方。为了使三里河第三小学的校园充盈着幸福与美好，特制订本要求，请全体师生、家长参照执行：

家长守则

1. 老师和您的目标是一致的，是为了孩子健康、快乐、向上地成长。

2. 您是孩子身边最近的老师，您的一言一行都会影响到您的孩子。

3. 您希望您的孩子是什么样，您就做出榜样来。

4. 当您进入学校时，穿着相对正式的服装为宜。请为孩子准备合适的运动服装和鞋子，因为孩子每天都有体育课。

5. 如您希望与老师见面，请提前与老师约好时间，因为在学校，老师的大部分时间或者在上课，或者在批改作业，或者陪伴孩子们开展活动。提前预约，才能够既照顾好孩子，又能和您深入交谈。

6. 你每天要问孩子四句话：学校有什么对你影响深刻、非常有趣的事情发生吗？今天你有什么好的表现？今天有什么好的收获？有什么需要爸爸妈妈帮助的？您对孩子的引导很重要，这对孩子的帮助是非常大的。

7. 孩子的身心健康是第一位的，锻炼身体请您因地制宜，陪伴指导并坚持不懈，在孩子课余时间带孩子游泳、跑步、打球，都是不错的选择。

8. 培养孩子良好的作息时间和卫生习惯，请您牺牲一些您的时间，比如看电视到深夜等，定时督促孩子自己洗漱，上床就寝。

9. 早晨孩子的起床时间要略早一些，愉快地醒来，从容地吃好早餐，快乐地开始一天的生活。

10. 培养孩子良好的饮食习惯，不挑食、不暴饮暴食。如您不能照顾孩子的居家午餐，学校可以提供营养餐，但营养餐由于各种因素的限制，不可能达到孩子顿顿满意，请您引导孩子不挑食，保证吃好午餐。（说明：出于食品安全方面的考虑及防止学生养成依赖零食的习惯，学校不允许学生带零食，敬请谅解。）

11. 请您花一定的时间培养孩子上床前整理书包的习惯，没有必要的物品不要放在书包中（字典、特殊需要的用具等可以按老师的要求放在学校）。

12. 培养孩子的礼仪，在家里也要有要求。清晨向家人问好，出门与家人道别，归家与家长打招呼。与人谈话目光对视，接递长辈的物品要双手，等等。

13. 培养孩子专注、宁静的状态，减少大声喧哗，这对孩子是非常有益的。

14. 在社会上请您身体力行带领孩子遵守公共道德，走人行横道，排队不加塞，开车守交规，系好安全带，不大声喧哗等。

15. 您对学校、老师的工作有异议时，最好的办法是直接与老师、学校沟通，请记住我们的共同目标。背后对学校、老师的非议不能解决任何问题，只能使您自生烦恼。

16. 请您与老师电话联系或者短信联系时也提前约定好时间，请您理解老师也都是上有老下有小的年龄，回家后的休息调整对大家第二天的工作很重要。

17. 现在的安全问题很重要，请您充分发挥一对一教育的特点，经常性地对孩子进行安全方面的教育，要求学生听从老师教导，遵守学校的要求，不伤害他人，也学会保护自己。

18. 如您的孩子在学校生病了或受到外伤，老师会第一时间通知您。我们和您一样心疼孩子，请您尽快带孩子就医，后续的保险等手续学校卫生老师会协助您办理好。

19. 请您鼓励孩子积极参与学校集体活动，为了让孩子在未来成为适应社会的人，必须从现在做起。

20. 告诉孩子如何与同学、老师友好地相处，他会感受到更多的快乐。

21. 教育孩子遵守规则的人永远是受欢迎的人，也一定是赢到最后的人。在学校要做到在楼内、教室中不奔跑，避免造成意外伤害；上下楼梯单行靠右行，不抢行；不携带锋利的物品到学校。

22. 从小要教育孩子，别人的物品不能随便动，捡拾物品要交给老师。

23. 进入学校必须有教师接进，如孩子生病请耐心在校门处等候，为全体学生的安全考虑，任何人不得随意进出学校。

24. 如果孩子没有带学习用具，请不必送到学校，要让孩子学会自己承担没有准备好学习用具的后果，这样对他养成好习惯有好处。

25. 您对老师工作的理解、配合和肯定非常重要，会激励老师更好地工作。

26. 请您一定对孩子进行正确使用卫生间的教育和培养，有一句话说得好，“厕所的文明才是真正的文明”。

教师守则

1. 着装。上班时间着装得体，修饰、配饰适度，符合教师身份(着装不能薄、透、露，过于夸张)。

2. 亲切。您的微笑能使同事、家长、学生感到如沐春风。

3. 从容。课前的充分准备，能使您对每一节课都游刃有余，使学生节节课都会有提高。

4. 有礼。无论是同事、家长、学生，您的主动问好和积极回礼都会缩短彼此的距离。

5. 平和。无论遇到多么难缠的人或事，心态的平和，不与人争的策略会有效化解问题。

6. 整洁。您的办公桌、您的教室的整洁只需您的举手之劳。

7. 责任。对学生成长的关爱没有尽头。为师一天，尽责一天，无论是学业还是生活您都对孩子们有引领、指导、督促、提醒的义务。

8. 认真。您凡事认真的态度会直接影响到您的学生，要求一提就要贯彻到底，任务一布置就要检查表彰，作业一留就要细致批改。

9. 热情。热情是保证您应对繁忙工作的重要力量，保持适度的热情会让一切工作都成为一种享受。您的学生也会被您的热情点亮，班级的凝聚力也会更强。

10. 发现。您要有一双善于发现的眼睛，发现工作中让您深有感触的点点滴滴，发现学生身上的哪怕是一点点的进步。

11. 鼓励。多给学生鼓励，他一定会按照您期望的目标一点点地进步的。

12. 交谈。交谈是沟通的基础，交谈可以有很多种，家访、电话、短信、家校练习本等都可以。但是切记鼓励表扬可以是大范围的，比如家长会，比如校门口。如果对孩子进行批评(批评一定不要用上面的几种方式)，一定请家长进入学校，面对面，有时候还需要避开孩子。

13. 公正。现在社会上人人讲公正，在处理孩子的问题上，您也一定要坚持这一点，对于学生的批评教育是我们的责任，但一定要让学生明白为什么，错在哪，搞清学生是否认同老师的批评。

14. 简洁。我们是老师，一定要区别于家长的絮絮叨叨，说话要简洁明确，一次不要提太多的要求和内容，逐步养成学生要求一遍即可清楚，从低年级开始培养。

15. 效率。做好自己的时间管理，在有限的八小时之内完成好各项工作，以便您更好地休息。

16. 锻炼。在上班时间，只要您能安排，想怎么锻炼都成。也可以利用好学生上操的时间，活动活动筋骨。

17. 适宜。老师们有些成人之间的谈话是要避开学生的，因为学生一知半解会造成一些不必要的麻烦。

18. 平视。老师与孩子对话时请采取与孩子平视的方式，这样的交流效果会更好。

学生守则

1. 养成良好作息习惯，每天按时到校。在校门口与家人道别，进入学校向值周生、值周老师主动问好。

2. 在校园见到老师，见到客人，主动问好。在校园中行走要靠右行，不奔跑，上下楼梯按疏散演习线路行走，坚持单行靠右行。

3. 进入学校时你的着装应是整洁、美观的，你的良好着装预示着美好一天的开始。

4. 进入教室时，要主动与同学、老师打招呼，你的微笑与问候会给他人带来一天的好心情。

5. 进入教室后，请主动把当天使用的书本袋放在课桌内的一侧，书包及冬天的外衣叠好放入后面的书包柜。整齐的物品摆放会提高你的学习效率。

6. 按照老师的要求，每天及时上交作业。老师的及时批改能帮助你更好地进步。

7. 在教室内说话要轻声细语，两个同学交谈用相互能听到的声音即可。你的轻声是为了不打扰别人，不增加噪声。

8. 教室内的课桌椅如需搬动，必须用双手。课桌椅是你的学习伙伴，一定要爱惜，课桌椅不是草稿纸，不是画纸。

9. 课间提前做好下节课的准备，当听到广播提示音时即回到教室，回到座位上准备上课。

10. 教师进入教室后与同学相互问好。教师——“同学们好!”同学——“老师，您好!”

11. 教师的每一堂课都精心准备，努力让每个学生堂堂课有收获，节节课有提高，请你一定珍惜课堂上每一分钟，认真学习。

12. 教师每节课上使用电子白板的时间不超过十分钟，并要求学生课堂上的坐姿、写字姿势、读书姿势等正确。

13. 课堂上要专心听讲，认真思考，耐心倾听，积极发言，主动参与课堂讨论，有疑问主动提出。

14. 课堂发言时需向教师举手示意，得到允许后起立，向课桌无人一侧迈出一步，身体立正站好，挺胸抬头，声音洪亮地回答问题，发言后自行就座。

15. 课堂上读书时做到：双手扶书，声音洪亮。写字时要做到“三个一”：手离笔尖一寸，眼离书本一尺，胸离桌子一拳。课堂上的基本坐姿：头正，展肩，背直，足安。

16. 课间休息时主动喝水，对你的身体有好处。主动上卫生间，记得便后一定及时冲水，保持卫生间整洁，这是你良好行为的体现。

17. 当你需要别人的帮助时，必须征求同意：“你可以帮助我……”别人的东西不能随便乱动，如捡拾到物品，请交给老师，放入班级的失物招领处。

18. 当你与老师、同学交谈时，一定是目视对方。当你递给老师物品或者接过老师的物品时，请做到双手接拿并致谢，这是一种礼貌。

19. 午餐时间领餐按教师制定的顺序，不要争抢，打汤一律在教室内，盛到汤碗的三分之二处即可，避免溢洒。用餐后的餐盒与汤碗按顺序码放在箱子中。如在就餐时发生特殊情况，请及时向看饭班教师反映，老师一定会帮助你解决的。

20. 就餐后，请利用湿纸巾擦拭勺子，并带回家消毒，第二天再用。同时在午餐后要保证你的课桌及地面四周干净，如有溢洒请自己主动清理干净。

21. 每天的广播时间都是你增长知识的好时机，请你专时专用。养成专时专用的好习惯你将终身受益。

22. 课间操、眼保健操、形体干预活动等不是为了老师而做，它们对你自己的健康有好处，请你一定自觉做好。

23. 放学时收拾好自己的学习用具。如果你是值日生，请认真做好值日。如果你不是值日生，要做到保证自己座位周围的整洁，不给他人增添麻烦。

24. 每天放学要集体排队离开学校，在校门口要齐声说“老师再见，同学再见，叔叔再见”。如在校门口没有见到接你的家长，请一定不要自行离开，请回到学校内等候家长来接，不要和陌生人离开。

第三节　评价有法

作为一个团队，对于工作，对于个人的评价是无法回避的，怎么使评价发挥积极的导向作用是我一直所思考与探索的。

一、这样的评先

每年教师节前的评选先进是一项常规工作，也是西城区政府对教师的一次最集中、力度最大的表彰奖励活动。节前，教委会会下达评选的标准及各校的人数指标，我们就知道分配到学校具体的名额限制了。

怎样使全区的表彰活动成为一种激励我校教职员工不断超越自我的推动力量。我们原有的评选先进方式是在全校范围内集中宣读评选条件，同时将全校人员(除校长，校长的评先由教委统一掌握)名单列一个大的测评表，由全体教职员工根据上级下达的名额进行测评，然后学校统计，根据得票多少确定教师，推荐到区教委等待审批。

由于教师的工作特性——分组分学科，大家相互的了解并不多，因此测评的结果是，能够推荐的人员得票数也只能占教师人数七分之一左右。这是因为，大家评选的只能是他熟悉了解的人。这样的话，推荐出的人选就比较缺乏说服力，教职员工的自我超越也就无从谈起。

对此，我校对教师节评先工作进行了改进。我们对评先的改变分为两步。第一步，我们重新制订了学校评先的方法，并经行政会及全体会通过。我们的修改的方案旨在促进全体教职员工以赏识之心看待周围的人，形成共同提高的氛围。

第一年，我想首先要从我自身做起，由我亲自为各组的每一位老师做推荐。当时各组一共推荐了七位老师，以下是我对七位老师的推荐词：

朱莉：潜心致教不断提高。朱莉老师作为市级骨干教师已站在她所教学科的前列，但她依然对自己的教学工作提出更高的要求。这种更高的要求体现在设计、上好每一堂课。前两天朱老师刚刚上完学科带头人的展示课，从课堂上我们可以清晰地看到她在实践着这一点，在一年级的课堂上她就能够组织学生互动达十三次之多，而且次次与课堂的环节密切结合。

肖冬梅：肖老师是目前考试学科课时最多的老师，她提出质变源于量变的积累。从展示的小报中，大家可以看到肖老师日常大量的付出。肖老师说，我不一定能成为三里三最优秀的，但我一定是三小最努力的。我要说的是，最努力的就一定会成为最优秀的。

刘路：刘路老师忙碌的身影已经成为她公认的标志，我想这只是一个方面。邮箱中大量的课件，与学生、家长交流的截屏，哪一样不是心血的付出。有付出，就一定有收获。

司源：美术学科承担着美育的大量任务，司源老师主动承担组内研究课，并很好地完成了视导课，教研员给予的评价是“进步非常大”。我想这对于一名四十岁的老师非常不容易，这种进步是非常难得的，是不断追求的一种表现。我联想到在学校开放日的启示中，司源老师这样写道，“唤醒学生用已知去探索未知是我教育生涯追求的目标”。有目标才能有追求，有追求才能有提高。

曹利军：曹老师的目标是，不断学习，充满自信。我对这句话的感受很深，做教师，没有自信就不可能成为优秀的教师。教师的自信来自于学习与积累，这是底蕴，有爱心、有方法是根本。教师的学习不是为了别人，自身要提高没有学习是不可能的，要以爱心为依托，相信每一个孩子都能进步成长。做一名有教育底蕴，有爱心，有方法的好老师应是我们的共同追求。

王新：兼任语文和卫生工作，卫生工作尤其繁杂，但她踏实、沉稳。虽然她对卫生工作还不是很熟悉，但采取多种方法，开展了很多有意义的卫生教育活动，效果很好！从王新老师的工作中我们可以看到，只要看重自身的工作，就能做出成效，就能得到大家的肯定。

邸继东：邸老师的女儿今年高考，所以邸老师今天没在。在此我们也祝愿一下邸老师的女儿。从邸老师提交的PPT中我们可以看到，这是上一个学年的一份总结。里面有这样一句话，“在新的一年里为自己鼓劲”，多么朴实的一句话啊。邸老师很快就要退休了，但对于工作没有丝毫的懈怠。以办理学生银行卡为例，应该说在做这件事之前，邸老师就知道这件事有多么麻烦，但为了方便更多的老师，邸老师无怨无悔。我想，工作中就需要这样的精神，自己辛苦一点，为他人服务，为孩子的成长做出贡献。

任莹：任莹的PPT模板很精致，我想这也是她工作作风的一种体现。任莹任一周三节的综合实践课，她对于学科的认识和付出绝不亚于全职的科任教师。任莹是行政组推荐的人选，我认为她当之无愧。用心与虚心反映出对管理工作的一种态度。虚心才能不断提高，如果总是倚靠在已有的经验上，工作就无法进步。用心是一种高度的责任感，凡事用心去做，力争精益求精，是管理人员对自己的一种要求，只有这样才能使大家从干部身上看到示范的力量，有了示范才谈得上引领。

我的推荐都是基于每位老师脚踏实地的工作，挖掘出各位老师的精彩之处，与学校提出的做“有爱心、有责任、有办法”的好老师高度吻合。老师听到我的推荐，感受到每一名被推荐上来的老师的工作状态都是令人信服的。之后，全校教师开始进行测评，测评的效果与学校的主流精神、教师的实际工作状态密切相关，反映出表彰的宗旨。这一年的教师评优工作取得了良好的成效，获奖的老师更加努力，没评上的老师有了追赶的目标，在学校形成了一股扎实团结、力求上进的风气。

尝到了第一年改变的甜头，第二年的评先我们在原来的基础上有了进一步改变，尽量发挥每一组的特点，使更多的老师能在参与评选中脱颖而出。

我先把推荐老师的宣讲要求下发到各组，宣讲的材料要求发挥组内人员的智慧，群策群力打造出最强的宣传效果，然后将组内推荐人员的事迹在全体大会上进行宣讲。

这次宣讲会取得了更好的效果。在我印象中，这是我们学校唯一一次超过两个小时的全体会，而且会场气氛非常好。每一个人都在这样的评选先进会上找到了自己的位置。被推荐的人员看到自己的点滴所为，被组内老师用或风趣，或严肃，或清新，或激情澎湃的语言展示着，内心的激动是不言而喻的。每个代表组内发言的老师都非常重视，精心把组内推荐的人员最准确地宣传出来。组内的其他老师因为那是“自己人”，所以不断地喝彩、鼓掌，为自己的组员加油，因为推荐出的人员也代表着这一组的工作水平。其他组的人员通过这样的相互介绍，看到低年级部老师的细致、耐心，看到了高年级老师几年如一日默默无闻的辛劳，看到了为数不多的男老师在班级工作中的灵动，看到了即将退休的后勤人员的无私奉献，看到了行政干部在工作中的大局意识。

通过改变评选先进的方式，我们做到了让校园中充满赏识，让大家在相互学习中不断受到激励，使评选先进真正能奖励优秀，影响他人，使更多的人成为优秀的人。每年评先的时间是在期末复习的紧张阶段，但每一次评先会又是大家感情交流凝聚的过程，是一个大家相互学习、提高的过程。

二、为了发展的评价

在一个团队中，个体的差异是显而易见的，促进每一人的发展是学校管理的根本。在我校，以教师的自评为主要激励手段，通过不断反观自己的工作，促进每个人的不断提高。为此，我们制订了“月评价表”。根据岗位侧重的不同，每月教职员工首先进行自评。自评的过程就是一个自我认识，自我学习的过程；同时又有他评，这是一个相互参鉴的过程。一切为了每一个人的发展。

他评由年级主管主任会同全体行政人员进行评价。在我们每月的评价会上更多的是寻找教师的激励点，通过评价达到激励教师发展的根本目的。教师的最终发展一定是自我潜能的开发。因此，我们的评价重视自评，把自我评定当作一个学习的过程；他评也以激励为主，鼓励每一名教职员工做好自己的工作。干部、教师、后勤人员工作任务不同，评价的侧重也不一样。比如干部，评价表中侧重体现干部要能够发现问题，解决问题，推动工作；教师侧重在班级管理，课堂教学；后勤人员侧重在为一线做好服务上。不同的岗位不同的要求，相互辉映，和谐发展。

表 5-2　西城区三里河第三小学教师月评价表

（2013—2014 学年度第 1 学期）　　　　　年级组　　　　　姓名

		九月份		十月份		十一月份		十二月份		一月份	
		自评	他评	自评	他评	自评	他评	自评	他评	自评	他评
政治	政治表现										
	职业道德										
日常工作	学习情况										
	教学工作										
	教育工作										
	安全工作										
	科研信息										
	团结协作										
工作态度	工作积极性										
	集体活动										
	组长工作										
	出勤情况										
行政认定签字											
奖励性绩效发放： 1. 全勤奖 2. 月评价奖 3. 岗位奖励津贴 奖励绩效发放 基数不变 记录加减项目											
主管领导签字											
		月　日		月　日		月　日		月　日		月　日	
学期工作认定											

表 5-3　西城区三里河第三小学干部月评价表

（2013—2014 学年度第 1 学期）　　　　　　姓名

<table>
<tr><td colspan="2" rowspan="2"></td><td colspan="2">九月份</td><td colspan="2">十月份</td><td colspan="2">十一月份</td><td colspan="2">十二月份</td><td colspan="2">一月份</td></tr>
<tr><td>自评</td><td>他评</td><td>自评</td><td>他评</td><td>自评</td><td>他评</td><td>自评</td><td>他评</td><td>自评</td><td>他评</td></tr>
<tr><td rowspan="2">政治</td><td>政治表现</td><td></td><td></td><td></td><td></td><td></td><td></td><td></td><td></td><td></td><td></td></tr>
<tr><td>职业道德</td><td></td><td></td><td></td><td></td><td></td><td></td><td></td><td></td><td></td><td></td></tr>
<tr><td rowspan="6">日常工作</td><td>学习情况</td><td></td><td></td><td></td><td></td><td></td><td></td><td></td><td></td><td></td><td></td></tr>
<tr><td>计划完成情况</td><td></td><td></td><td></td><td></td><td></td><td></td><td></td><td></td><td></td><td></td></tr>
<tr><td>深入实际了解、沟通工作情况</td><td></td><td></td><td></td><td></td><td></td><td></td><td></td><td></td><td></td><td></td></tr>
<tr><td>解决实际问题情况</td><td></td><td></td><td></td><td></td><td></td><td></td><td></td><td></td><td></td><td></td></tr>
<tr><td>完成上级要求工作情况</td><td></td><td></td><td></td><td></td><td></td><td></td><td></td><td></td><td></td><td></td></tr>
<tr><td>团结协作</td><td></td><td></td><td></td><td></td><td></td><td></td><td></td><td></td><td></td><td></td></tr>
<tr><td rowspan="3">工作态度</td><td>工作积极性</td><td></td><td></td><td></td><td></td><td></td><td></td><td></td><td></td><td></td><td></td></tr>
<tr><td>群众反馈</td><td></td><td></td><td></td><td></td><td></td><td></td><td></td><td></td><td></td><td></td></tr>
<tr><td>出勤
情况</td><td colspan="2"></td><td colspan="2"></td><td colspan="2"></td><td colspan="2"></td><td colspan="2"></td></tr>
<tr><td colspan="2">行政认定签字</td><td colspan="2"></td><td colspan="2"></td><td colspan="2"></td><td colspan="2"></td><td colspan="2"></td></tr>
<tr><td colspan="2">奖励性绩效发放：
1. 全勤奖
2. 月评价奖
3. 岗位奖励津贴
奖励绩效发放
基数不变
记录加减项目</td><td colspan="2"></td><td colspan="2"></td><td colspan="2"></td><td colspan="2"></td><td colspan="2"></td></tr>
<tr><td colspan="2" rowspan="2">主管领导签字</td><td colspan="2"></td><td colspan="2"></td><td colspan="2"></td><td colspan="2"></td><td colspan="2"></td></tr>
<tr><td colspan="2">月　日</td><td colspan="2">月　日</td><td colspan="2">月　日</td><td colspan="2">月　日</td><td colspan="2">月　日</td></tr>
<tr><td colspan="2">学期
工作
认定</td><td colspan="10"></td></tr>
</table>

表 5-4　西城区三里河第三小学后勤人员月评价表

（2013—2014 学年度第 1 学期）　　　　　　姓名

<table>
<tr><td colspan="2" rowspan="2"></td><td colspan="2">九月份</td><td colspan="2">十月份</td><td colspan="2">十一月份</td><td colspan="2">十二月份</td><td colspan="2">一月份</td></tr>
<tr><td>自评</td><td>他评</td><td>自评</td><td>他评</td><td>自评</td><td>他评</td><td>自评</td><td>他评</td><td>自评</td><td>他评</td></tr>
<tr><td rowspan="2">政治</td><td>政治表现</td><td></td><td></td><td></td><td></td><td></td><td></td><td></td><td></td><td></td><td></td></tr>
<tr><td>职业道德</td><td></td><td></td><td></td><td></td><td></td><td></td><td></td><td></td><td></td><td></td></tr>
<tr><td rowspan="5">日常工作</td><td>学习情况</td><td></td><td></td><td></td><td></td><td></td><td></td><td></td><td></td><td></td><td></td></tr>
<tr><td>本岗位工作完成情况</td><td></td><td></td><td></td><td></td><td></td><td></td><td></td><td></td><td></td><td></td></tr>
<tr><td>为一线教职工服务情况</td><td></td><td></td><td></td><td></td><td></td><td></td><td></td><td></td><td></td><td></td></tr>
<tr><td>完成临时性工作情况</td><td></td><td></td><td></td><td></td><td></td><td></td><td></td><td></td><td></td><td></td></tr>
<tr><td>团结协作</td><td></td><td></td><td></td><td></td><td></td><td></td><td></td><td></td><td></td><td></td></tr>
<tr><td rowspan="3">工作态度</td><td>工作积极性</td><td></td><td></td><td></td><td></td><td></td><td></td><td></td><td></td><td></td><td></td></tr>
<tr><td>干部群众反馈</td><td></td><td></td><td></td><td></td><td></td><td></td><td></td><td></td><td></td><td></td></tr>
<tr><td>出勤情况</td><td colspan="2"></td><td colspan="2"></td><td colspan="2"></td><td colspan="2"></td><td colspan="2"></td></tr>
<tr><td colspan="2">行政认定签字</td><td colspan="2"></td><td colspan="2"></td><td colspan="2"></td><td colspan="2"></td><td colspan="2"></td></tr>
<tr><td colspan="2">奖励性绩效发放：
1. 全勤奖
2. 月评价奖
3. 岗位奖励津贴
奖励绩效发放
基数不变
记录加减项目</td><td colspan="2"></td><td colspan="2"></td><td colspan="2"></td><td colspan="2"></td><td colspan="2"></td></tr>
<tr><td colspan="2" rowspan="2">主管领导签字</td><td colspan="2"></td><td colspan="2"></td><td colspan="2"></td><td colspan="2"></td><td colspan="2"></td></tr>
<tr><td colspan="2">月　日</td><td colspan="2">月　日</td><td colspan="2">月　日</td><td colspan="2">月　日</td><td colspan="2">月　日</td></tr>
<tr><td colspan="2">学期工作认定</td><td colspan="10"></td></tr>
</table>

我们的教育教学手册中也有这样的评价方式，促进教师通过自查、自评以自我完善，起到了很好的效果。

总之，在学校管理中，我始终追求一种“有为无为两相宜”的境界，以“有为”之责任，行“无为”之形式，使学校管理充满着温暖。通过“有为无为两相宜”的互动，共同营造一种“从心所欲不逾矩”的美好境界。

第六章　为了孩子的幸福和美好

童年是不可复制的，每一个孩子的童年时光大部分都是在小学度过的。学校要成为孩子健康、快乐、向上地成长的幸福乐园，这是我们的共同愿景。“把孩子放到首位”，学校的一切工作都为了孩子的幸福成长，这是我所追求的教育境界。在这种追求中，孩子幸福，教师同样幸福。

我在第二所任职的学校银河小学工作了七年，学校各方面的发展都非常好，学校其乐融融的环境和氛围，真的就像一个大家庭。我非常享受那种工作状态与成果。所以，当我接受组织任命调到三里三时，内心十分不情愿，觉得自己积累多年的在寄宿制学校的经验在走读学校没有用武之地。当时一位领导说：“你要是能把你对孩子的那份深深的热爱带到走读学校去，那不是有更多的孩子受益吗?”那时我不以为然，今日回想起来，领导的话是对的。

当来到走读学校，我真实地感受到走读和寄宿是两重天。无论是学校环境、饮食条件、学校活动、师生情感、家校关系、学生行为等都有着太多的不同，也需要太多的改善。

因此，我们有了第一次校运动会，有了第一次全校新年电影联欢会，有了教室设施的完善，有了热水洗手，有了洗手液、卫生纸的提供，有了第二学期的学校开放日，有了第二学期末的家长不记名评教与反馈活动，有了情感涌动的开学典礼，有了对学生表彰的各种展板，有了“见识之道——走进博物馆”活动，有了“小树伴我成长”系列活动，有了真正的心理咨询室，有了很多很多。

我们陆续迎来了春天的健走活动，图书阅览计划，美妙的红五月歌咏比赛，课本剧比赛，英语教学的实验项目，教与学策略课题的推进，等等。这一切的发生，就是因为我们心中有孩子。我认为作为教育工作者，只有在心中有孩子，有情，有爱，教育工作才会做得有滋有味，我们才会乐在其中。

第一节　把不可能变可能

一、课间的操场热闹了

我刚来到三里三时，发现了一个现象，学生的课间操时间是30分钟，这样再加上体育课、大课间等才能保证学生在阳光下进行一小时的体育锻炼。但是每天的课间操是怎样一种情况呢？上操的铃声已经响起，教室内、楼道内响起了此起彼伏的整队声；学校的大喇叭开始播放运动员进行曲，学生开始按班级排队下楼；当全部学生到达操场后，学生们在体育老师的带领下开始上课间操，而时间已过去了7～10分钟。

我看到这种现象后心生疑虑，为什么学生要等上操铃声响过后才开始排队呢？为什么学生不能下课后立即到操场呢？是因为安全问题吗？这几年的安全问题，确越来越束缚学校各项工作的开展，不仅仅局限于教学工作。但是目前学生在校期间的户外活动时间少，学生的体质、视力等诸多方面都受到了影响。学校的体育课也要等到上课铃响后才开始整队，然后再到操场，使体育课的时间大打折扣。

鉴于这种情况，也考虑到我是刚刚来到这所学校，我提出先从学生自主到操场上体育课开始来解决这个问题。经过行政会讨论，干部们纷纷表示没有问题，可以实施，同时也提出了安全问题等诸多需要考虑的因素。为此，学生自主上体育课先从每年级一两个班开始，并且选择的是学生总体状况比较好的班级。当时我认为这是一件非常简单的事情，学生如果第二节是体育课，第一节课下课后完成上卫生间、喝水等事宜就能陆续自主下楼，这对于班主任、对于学生都是一种解放啊。但事情的推进远远不是我想的那么简单。刚开始布置，还是可以的，但几周过后，学校再次关注学生自主到操场上体育课的事宜时，我们看到有些班级又退回到原来的状态。这真是令我百思不得其解，为什么呢？为什么大家宁愿费时费力，也不愿意让学生自主的到操场锻炼呢？

随后，我又就这个话题在行政会上与大家讨论，我随口问道："我们学校从什么时候开始要求学生排队上下楼的？是因为这两年的学生安全问题严重化吗？"我们副校长的一句话似乎让我找到了问题的症结。她说从她1994

年参加工作时候就是这样的，从来没变过。她的一句话引发了我对学校诸多情况的观察。比如一盆假花还是上上任校长时的，恐怕已有十几年的历史了；再比如学校的某一项制度大家一谈起就说“是上上任校长时制定的”。看来在学校，大家已经习惯了一成不变。在这种情况下，任何一点变化都是艰难的。

鉴于这种情况，我想思想认识的统一是非常必要的，没有思想认识的统一，任何的改变都不能触及根本。因此，在行政会上、在全体会上，我利用一切时机向全体干部、教师传递这样一种观念：学生的成长需要我们做什么？是为了我们自身的工作便利吗，还是真正为学生的成长担负起应有的责任呢？在这种观念的传递过程中，时间也在慢慢推移，进入冬季，学生的冬季锻炼问题提上了日程。

这是一个很好的时机，是以保证学生户外锻炼时间，提高冬季锻炼质量为切入点，推行学生自主下楼到操场上操的大好时机。为了这项工作的顺利进行，我在行政会上做了周密的部署。一是向全体学生明示，各班下课后根据自身情况进行喝水、上卫生间等事宜，然后自行下楼。二是在推行的初始阶段请行政干部、年级组长于课间在楼梯间处巡视。三是先在高年级部试行，当形成一定的经验后再推动低年级部实施。

一周以后，我们行政干部在汇总这项工作时，发现由于我校南楼学生相对较多，在楼梯间出现了学生比较密集的情况。鉴于此，我果断地提出在全校实行单行单队、靠右行的想法。同时我提出要采用要求、宣传、表彰，以及人人参与等多种形式，促进学生养成这一良好的习惯。我向全体干部、教师指出这一习惯的养成不仅仅能规避一些安全风险，还会对学生行为的养成起到重大作用。

当全校上下统一了认识，明确了方法，对于学生的要求与训练就形成了真正的合力。经过一段时间的努力，学生们已能自觉地到操场上操，而且在学校楼梯行走，无论什么时间都基本上能做到单行单队，靠右行了。

学生自主到操场上操这一举措，得到了学生及家长们的好评，学校的操场上看到了久违的孩子们欢快的身影。

这一件发生在学校管理中的小事使我想到了许多。教育的根本是什么？每个人都会说是为了孩子的健康成长。但在实际工作中，我们能不能看出习以为常的工作是真正为了孩子的健康成长，还是只为了我们自身工作的便利？学校以育人为本，不能仅仅停留在口头，必须真正付出行动，敢于改变，敢于担当，才能为孩子们的健康成长贡献教育工作者的力量。

二、健走伴成长

我们还组织了“樱丛快乐行长走伴成长”活动。这个活动是我们挖掘周边资源，充分利用玉渊潭公园，带领学生参加以磨炼意志为主旨的长走活动。学生从出发到返回学校，除中间有大约10分钟的休息时间来进行简单补给外，将经历几小时的长走。学生经过自己的坚持终于返回学校的时候，他们所获得的精神体验是相当丰富的，也是非常难得的。

“我们了不起，完成了徒步行走12公里！”孩子们一片欢呼声。这是我校第二次完成“樱丛健康长走”后孩子们的声音。

当前对孩子们的成长会听到很多质疑的声音：现在的孩子太娇气了，意志、品质无从谈起，等等。我在思考，其实每一个时代的孩子都是一样的，为什么唯独今天大家才担心孩子的成长出了问题。

“过度保护”恐怕是其中一个重要的原因。学校教育能不能为孩子们搭设一个锻炼的平台呢？“长走”行不行？这需要长走的强度适中，学生们可以承受，又能磨炼孩子们的意志品质。这样的想法，得到了干部们的支持。

在第一年长走的设计过程中，大家总是担心，孩子们走不下来怎么办？第一年，只有五、六年级学生完成五公里长走。活动过后的反思，大家普遍感到意犹未尽，感到我们的孩子还有潜能。第二次的长走便做了进一步的设计，使更多的学生从中体验一个克服困难的过程。

有一位老师这样记录这次的活动：“今天远足活动，徒步行走大约10公里的路程，在漫长的路程中，孩子们咬牙坚持了下来。我问孩子‘累不累？’有的学生回答‘累’，有的学生回答‘不累’，有的回答‘还行’。听着不同的回答，我乐了。孩子们的小心眼，还是挺可爱的！等到真的完成了这一项‘伟大’的壮举之后，有好几个孩子跟我说，原本以为那是‘不可能完成的任务’，居然真的走完了，觉得自己太厉害了！”

我们希望孩子们成长为什么样的人，我们就要努力为他们搭设相应的成长平台。现在我们的健走活动，已经成为每年春天老师、学生们共同期盼的一项活动了。

随着时间的推移，我们的长走伴成长活动也在不断深入着，已经纳入我校活动课程体系，学生从这一活动中得以汲取知识，提升能力。

三、终于有了田径运动会

“你们有运动会吗?”

“运动会，有啊，就是在我们小小的校园里开展游戏活动。”孩子们争先恐后地回答着我的提问。

“你们参加过田径运动会吗?”我又问道，孩子一脸茫然。

我校由于场地的限制，孩子们一直没有机会参加真正意义上的田径运动会，没有机会感受到运动场上的乐趣。

在全体会上，“我们召开真正意义上的田径运动吧!”我提议到。

“怎么开?”

“没开过。”

“都能开展什么项目啊?”

……

大家的质疑声一片，尤其以体育老师的反对声最大。由于大家常年没有做过这样的活动，恐惧、抵抗之心油然而生。我在行政干部们的大力支持下，尤其是主管体育工作的副校长的大力支持下，下定决心一定要促成田径运动会在我校的召开。

第一年的推进困难重重，为此各种联席会议就召开了五六次之多。我们在不断地统一思想、统一认识，终于在 2011 年春季，我们召开了学校近十年来第一次大规模的全校田径运动会。

当大家站在宽阔的月坛体育场的时候，当我们把不可能变成现实的时候，所有的人都感受到：只要是有利于学生成长的事情，通过努力没有做不到的。我们相信，只要是为了学生的健康成长，我们能把一切变为可能。

第一届运动会还有一个小插曲。按惯例，运动会要有一个学生入场式，所有老师都要到主席台上观看学生入场。刚一提出，干部、老师就非常纠结，老师不在怎么行呢？能不能各年级只上一部分代表呢？我十分坚持相信孩子们在离开了老师后会更加独立地展现自己，一个孩子不能少，必须每个孩子都要踏上田径运动场(因为不是每个孩子都有参赛项目的)。当有了第一次，有了一次次的进步与提高时，老师们会心地笑了。

第二节　为孩子创造一切空间

孩子们今天的成长是为了明天成为社会的栋梁，为孩子们创设成长的空间是我们的责任。孩子们只有在实践中锻炼与体验才是最真实的，这也是最能促进孩子们成长的必由之路。

一、见识之道——博物馆日

除了在学校学到书本中的知识之外，我们希望学生能够获得更多的生活常识、历史文化知识等，并能够同生活中遇到的事情结合起来。因此，我们学校举行了“见识之道——博物馆日”的活动。这一活动要求每一个学生在参加之前首先对博物馆有一个初步了解，学校下发给学生具有年级特点的“博物馆日报告单”，学生在参观的过程中听讲解、看展品，在报告单中记下自己的所思所想、希望进一步了解的知识，以及对其中某方面的疑问。同时，这项活动也延伸至了假期。假期很多同学在家长的带领下进一步了解相关知识，以小报的形式呈现出来。

以下是我校郝洁副校长一篇《以首都博物馆课程的资源开发与实施为例，浅谈大课堂学习之博物馆课程》的文章，可以清楚地展示见识之道、寻美之旅。

我校近年来致力于对“近邻”首都博物馆进行社会大课堂学习课程的深度开发与实施，通过深度挖掘课程资源，力求让每个学生在该课程中都有所收获。经过多年的探索和努力，初步总结出一套较为科学、深入、细致的博物馆课程，可有效利用博物馆的资源，实现学校校外教育的体系化、外延化、科学化。本文通过对近几年来与首都博物馆的合作，初步总结出一些与博物馆合作探究性学习课程的方法和可资借鉴的经验。

一、共同认可的社会责任及相似的文化气质是学校与博物馆深入合作的良好基础

近年来，随着校本课程的深度开发，我们将视角逐步转向校外。我们发现，学生欣赏视域的宽度与广度对学生的自身素质来说非常重要，社会大课堂在学生自身素养提升方面作用显著，“无围墙的教育”是大势所趋。

首都博物馆与我校毗邻而处，属于身边的资源。在多年的合作中，首都博物馆，尤其是其社教部，对我校的深度合作需求非常支持。相似的博物馆儿童教育理念、相似的文化气质都让我们和首博社教部的合作非常顺畅。

博物馆不是与世隔绝的，相反，它是充满了社会责任感的场所。在现代社会中，博物馆是一个感受社会脉动，和社会联系越来越紧密的场所。博物馆的收藏和记忆，是对历史文化的反映，更是对文明的延续和给人启发、给人美的享受，进而推动社会进步的文化殿堂。

比如博物馆的建筑、内在的空间设计、展览设计，都是艺术形式，博物馆美学教育的特点有实物性、空间延展性、媒介性、选择性、故事性、探索性、知识性等。我们认为，坚持让学生走进博物馆，对于学生有兴趣地开展主体探究学习，切身感受文化，感受真善美的意义重大。同时，我们双方都认可这是学校和博物馆的共同责任。

与博物馆进行深入的合作，对帮助学生培养健康的心理，陶冶情操，增强美育教育进而完善其人格，美化其人生有一定的意义。因此，学校和博物馆的合作与交流，是积极主动且认真细致的，而非敷衍了事、形式主义的，是管理科学、步骤详细完善的一个体系化项目建设。也因此，在双方的努力下，我们的博物馆课程水平也在逐年提升，不断超越。

二、科学的流程是我校博物馆课程开发成功的有力保证

儿童的审美过程包含审美直觉阶段、审美反思阶段和审美表达阶段，这三个过程彼此依托，循序渐进，使儿童在审美过程中得到一种满足。审美活动后审美主体会产生审美心理上的变化，这些变化包括两个方面的内容：一是直接的审美判断和审美欲望，二是间接的审美趣味和鉴赏力的提高。在博物馆课程中，我们充分注重儿童审美、学习的科学规律，制定了比较科学有效的流程，帮助学生在三个审美过程中都有所收获。

我校结合首都博物馆的资源，挖掘与设置了适合学生发展的课程。每学期有一个月设定为“博物馆月”，开展为期一个月的主题研究课程。“博物馆月”课程流程如下：

1. 活动前

第一，学校博物馆课程小组与首博深入研讨确定各年级课程内容与实施方案，每学期的课程是螺旋上升不断发展的。

首先，学校通过统计前一次博物馆月活动的反馈单，结合学校教育教学

工作，由各年级博物馆课程小组初步确定主题方向，告知首博方面。其次，学校与首博进行电话、邮件联系，不断沟通，完善思路。最后，学校主管副校长在活动进行前一个月到首博，与首博方坐下来详谈活动设计方案，落实讲座、参观讲解、学习报告单设计等具体课程问题，列出时间表。

第二，各年级博物馆课程小组完善“学习单”，这里既有对以往“学习单”的继承也有发展。学习内容含自学、思考、参观记录、拓展研究、延伸提问等环节，学习方式从动脑、动手多方面，个人小组多角度设计。学校印制并下发各年级“学习报告单”。

2. 活动中

第一周(共计两课时)：

首都博物馆依据学校要求，完成“首博讲堂”讲座：由首博专业人员准备好教案和课件，到校讲座。全校师生观看视频直播。同时，学校在直播中进行主题课程介绍，配套校本课程方面的讲解，并提出课程学习要求。(一课时)

学生根据讲座、要求，结合“学习报告单”完成预习填写、提问设计等内容。(一课时)

第二周(共计四课时)：

全校学生按课程要求走进首博对应展区，按30∶1的比例(三十名学生配一名讲解员)听首博针对课程专题设计的讲解，现场参观、提问、记录。(在首博学习两课时，往返路程一课时)

以班级为单位，自行或小组合作完成“学习报告单”相应内容。

第三周(共计两课时)：

完成主题配套体验活动。一般为家校联动，部分在家庭完成，部分在学校内完成。

第四周(共两课时)：

展示交流。校内以班级或年级为单位做展示交流。

三、活动后的总结与延伸是实践活动逐步提升、成熟的重要环节

一个新事物的成功，不仅仅在于开始的努力和重视，更在于事情结束之后的评估和改进。在首博课程实践上，我们努力将这个过程做得更为完善，让学生知道自己的优点和有待提升的地方在哪里。这更是对我们工作的一个高标准要求，让我们能够更好地检查前面的策划，超越过往的策划，每次都

能够提升博物馆课程的水准。

实践活动后，学校并没有简单地将学生的报告单搜集上来就算活动的结束，而是会认真分析学生提交的“学习报告单”情况。完成学生学习的评价，同时做出此次博物馆月主题课程效果评估，向学校、首博反馈效果，初步形成下一主题思路设想，并与首博方沟通。

不仅如此，我们还考虑到假期自主延伸学习，活动在临近学期末开展，其中一点就是出于便于延续拓展学习的考虑。在随之而来的假期校本作业中，就有固定一项，是学生在假期要针对本次博物馆月主题课程学习中自己的后续思考和提问，进行自主再研究，开学初交“假期延伸拓展学习单”。

这两项工作的意义很容易被忽略，实则在整个活动中是非常重要的一环，它不仅让我们了解了学生对活动的理解及完成情况，同时能够综合反映很多方面的问题。找到问题才能解决问题，我们致力于逐步提升讲座及相关环节的水准，进而提升活动课程的效果，增加对学生探究性学习的引导。

四、共同的策划和逐步深入有针对性的教学方式是课程逐步成熟的推动力

此课程的实施，之所以取得阶段性的成绩，究其原因，是不断完善和丰富课程内容的结果，且不断深入进而开展有针对性的相关课程，可以算是课程逐步成熟的推动力。

无论是文化的出发点，还是它的追求乃至实现其目的的手段与途径，这里面的核心都是人。文化是人超越自然属性的理想和努力①。学校与首博的合作也日益默契，因为对博物馆文化传播的共识，学校和首博方的同志共同完成了一系列有价值的课程，当一个主题被提出后，学校和博物馆一起行动，学校深挖学生的需求，找寻可在学校推进的落脚点，教育教学的整合点。首博根据我们的主题，要从展馆中汇集、提炼相关内容，重新整合资源，编制出新的讲义和讲解方案，供我们学习取用。

随着合作的深入，我们日益熟悉彼此，学校对首博资源更了解，首博也不断主动介绍他们的新资源、新想法。学校将自己的设想、学生需求不断传递给首博，大家共同思考设计课程。

不同年段的学生，针对同一主题，研究的重点及研究的形式是有所差别

---

① 欧阳中石：《文化漫谈》，北京：人民日报出版社，2009年版，第10页。

的。近一两年，我们从约请首博讲座起，就做到了更有针对性。一般约低高段讲座各一场，如近期的《美在博物馆》讲座，针对五、六年级讲了《美学初探》，涉及美学思想和博物馆史内容，而针对一至四年级讲了《欣赏美丽首博》，以牌坊等实物为例，引导学生在首博发现美，欣赏美。体现在“学习报告单”上，分低、中、高年段三个版本，低年级学生可用拼音填写，填写项目简单，以打钩、画笑脸等形式做选项为主，体验活动可以家长协助完成。中年级“学习报告单中”有自我提问，有要求小组合作或独立完成的小报告单等。针对高年级有小论文、创意交流等内容。

五、课程取得的成果与后续发展的构想

对于博物馆的资源，如何持续、深入地开发，帮助学生们成长，经过我们的不断探索，如今逐渐摸索出一套相对成熟的模式，得出一些有借鉴意义的经验。我们不仅让学生接近博物馆，更是让学生爱上了博物馆，深切体会了博物馆带来的文化影响力。

此课程正式纳入课表实施以来，给学生带来了显著的变化。例如，开阔了学生欣赏视域，提高了综合研究实践能力，学会运用系统思考，发展了思辨思维，学会欣赏真善美，初步形成“以史为镜”的科学发展观念，培养了健全人格……正如一位我校学生所说：在一次次走进首博后，我发现这是一处可以放松心情的好地方。当我一个人感觉苦闷时，我打算就到那里去坐坐，感觉好多了。是的，很多我们想到、想不到的改变正在发生。

今后我们还将深入系统地与首博进一步合作，研发出更加生动有趣的课程来，为学生的成长助力。经过几年的实践，我们的思路更加清晰了，我们会进一步研究学生的学习心理特点和博物馆的历史文化资源，研发出系列博物馆课程来，通过社会大课堂走进更多博物馆。

学校与博物馆的合作会成为我校社会大课堂育人的精彩一笔。我校教师对博物馆教育特殊意义的体会可以用一首小诗表达：

送你走进十二次，助你亲近博物馆。
主题研究十二月，帮你细品真滋味。
沉浸感受与思考，观物查己了自然。
学子生活真善美，不枉校博一片情。

表 6-1　首都博物馆课程主题举例

	2012 年 6 月	2012 年 12 月	2013 年 6 月	2013 年 12 月
课程主题	Hua 我爱之物	纹饰的魅力	感受魅力方块字	博物馆寻美之旅
首博讲堂	《Hua 说身边的博物馆》	《博物馆里的动物园》	《博物馆里的文字》	《美在博物馆》 《绒花制作》
实地参观的展厅	民俗、精品、通史	瓷器、青铜器、玉器	古代文房用品	民俗、建筑
学生体验活动	年画印刷(首博七彩坊内) 创意年画涂色(年级展览)	纹饰秀场：纹饰装饰日常用品照片展	学校“笔童杯”书法大赛	“绒花”制作

二、植物园猎狐行动

每年学生都有春秋游，是外出走马观花看一圈，还是积极开拓学生体验参与的空间，我一直在思考。于是我们开始实施植物园“猎狐行动”，我希望把春秋游与学生积极主动参与、认真体验结合起来，真正发挥学生走出校园参加社会大课堂的功能。我们决定让学生有更多的自主行为，给学生充分的自主决策的机会。

一开始，在决定允许学生自我行动时，大家也是非常担心，怕孩子们出现各种问题。但我们坚持做好策划，努力让学生在深度体验中自主成长，收获快乐！

下面是一组学生的作品，可以反映我们整个活动的进程：

定向猎狐行动

——2013 年 5 月 10 日北京植物园春游

在春暖花开的季节，北京植物园成了孩子们的天地。在这里，孩子们体验着综合实践活动——“定向猎狐行动”。

“定向猎狐行动”是集体能和智能于一体的时尚运动项目。队员代表猎人，隐藏起来的小标旗代表狐狸。“定向猎狐行动”是让学生在完全陌生的环境中，使用定向地图、指北针、计时指卡等工具，采用徒步方式，迅速准确地找到地图上所标位置，并按顺序找完地图上所有点位，通过独立判断，准确识图，脑体高度配合，找到指定目标，最终完成任务。以用时最少的小队为胜。

在这里，孩子们体验到了活动的乐趣，收获着成功的喜悦！

队长的选拔

要挑战“定向猎狐行动”，又要在没有老师引领下自己独立定时完成任务，队长的选拔可要慎重再慎重。能组织，会思考，有谋略，善协调，勇担当……这分明是“高素质人才”的选拔。

第一小队队长郑佳慧：

活动前，当老师第一个点到我时，我很忐忑。因为老师说队长要独自带领六名队员完成定向猎狐任务。我没有这样的经验，也不知道该如何完成。但是其他三个队长也是没有经验啊。我平时有一些锻炼，也许还能拿个名次什么的，心情飞快地从忐忑变为期待。

第二小队队长施文：

太棒了，我居然当上队长了！这不是梦吧？活动时，我一定要和同学们好好商量。大家要团结，才能圆满完成任务。加油，我一定能干好！

第三小队队长张子涵：

我竟然当上了队长！我既高兴，又有一丝不安。高兴的是能带领大家一起“探险”。不安的是担心自己管不好大家，完不成任务。

第四小队队长金晨曦：

听说学校要开展一次“定向猎狐行动”，今天老师宣布要在全班同学中选拔四名同学当队长。我的心立刻紧张起来：我很想有这样一次锻炼的机会，我觉得我有能力担任这个队长。但是，我不知道凭借我在学校的表现，老师能不能把任务交给我。

开始选队长了，郑佳慧、张子涵、施文分别成为队长的人选。之后，教室安静无声，连一根针掉在地上都听得见。我的心里更是紧张得不行，手心里满是汗水。“金晨曦”，终于从老师的口中说出了第四个队长——我的名字。我长呼一口气，心中由阴瞬间转晴，迅速站起身。“组织好大家，完成任务！”成为我做好队长的目标。

全班举手通过。就这样，四位队长产生了。

“一个不能少”——组建小队

从未有过的经历，从未有过的体验，面对参加活动的28位队员，根据班级实际情况，人员的合理分配直接影响着任务的完成。如何“排兵组队”一时成为大家热烈讨论的话题。

此时，大家把问题抛给了四位队长。“黄京隽跟我一组，相信她肯定没问题!”一队队长郑佳慧先开了口。紧接着四队队长金晨曦说道：“胡周星我来带，一定行!”“相信董一然在我们队一定能表现好!”……之后的施文、张子涵两位队长也不甘落后。没想到，关键时刻，同学间的包容、接纳，使四个小队顺利组成。

团结合作充满期待——接受“猎狐挑战”

2013 年 5 月 10 日，是学生们期待的“定向猎狐行动”到来的日子。

一大早，同学们兴奋地来到了学校，不时议论着，“这是一个怎样的活动?”好奇心的驱使，让出发前同学们耐心地聆听着教练的讲解。

比赛前，教练跟学生们讲了比赛要求和注意事项，并把一切用具发给各小队的队长。“定向猎狐行动”要求明确，其中的神奇与挑战，激起了大家极大的兴趣。

近一小时的车程，来到了植物名园——北京植物园。只见园内到处盛开着洁白的玉兰花、粉嘟嘟的碧桃花、金灿灿的菊花、各色的郁金香……它们争相斗艳。

此时此刻，同学们无暇顾及眼前的满园春色，急匆匆地赶往比赛场地。

在刷了计时指卡后，比赛开始了。在队长的带领下，各队队员争先恐后地出发了。

只见队员们根据手中的地图和路标寻找着第一个目的地。“左边，还是右边?”“右边。之后进树林，在树林的某个地方，找到红色的布就行了。”经过几番努力，一队队员终于找到了第一个目标，进行记录。“快！赶紧找下一个吧！别的组说不定已经找到了呢。”队长郑佳慧发话了。“嗯，同意，赶紧走吧。”队员们相互示意点了点头，表示同意。

之后，队员们照着同样的方法寻找第二个目标、第三个目标……当队员们找完第七个开始找第八个时，陷入了困境。只见队员们在森林里转啊转，怎么也找不到。还好，身边有老师，简单的求助，使小队改变了路线，终于找到了第八个目标。

虽然途中有些麻烦，但是靠大家的努力克服了困难。

这次的实践活动让同学们学会了怎么在野外活动，也懂得了小队团结起来，相互帮助，彼此信任，就可以办成很多事情。

我们的猎狐活动取得了圆满的成功，老师和孩子的幸福溢于言表，家长们更是赞赏不已。“植物园猎狐行动”有个别家长跟着去了，拍到几个很温馨的画面，然后发到了朋友圈，引起了大家的热议：

看看这爱心。

这是怎么了？还背上了。

太有爱了，怪不得孩子平时在学校附近见到大哥哥、大姐姐都兴奋得不得了。

都背上小弟弟了。

等小豆包们长大了，也要这样有爱。

真有背着的??

太有姐姐样了，大热天不容易，集体精神，不抛弃，不放弃。

看着照片，真的很感动，在这样有爱的环境中，我们的孩子会学到很多……

我闺女说老师号召高年级的同学主动背一年级的。

还背上了！以后小豆包们长大了也会有这样的爱护幼小的精神的。

哥哥们还帮着背书包了……

大哥哥帮着背书包呢。

太有样了，孩子培养得真好，等我们孩子到了五、六年级，也得照顾小同学啊。

小孩子们都累了，书包都给大哥哥了。

再来张感人的，大姐姐边走边给弟弟妹妹扇扇子。

三小的素质教育还真不错呢。

猎狐行动再次证明，只要我们肯解放思想，做好精心的策划，放手让学生在自由的天地里去遨游，我们就能把很多不可能变成可能。

三、我与小树共成长

迎春花开了，樱花也开了，在蓝天白云之下，在和煦的春风之中，一张张稚嫩的小脸上洋溢着幸福的喜悦。三里河三小一年级的小学生们穿着整齐的校服，在家长的带领下齐聚玉渊潭樱花园，开展了三里河三小一年级系列主题教育活动——我与小树共成长之认领小树活动。

一年级的学生走进三里河第三小学的校园，成为一名小学生已经有一个学期了。在校园生活的每一天中都能看到孩子们的变化，如同一棵棵小树，茁壮成长。作为“园丁”，老师们和家长们，每天都是辛劳伴随着欣喜。为了给学生的成长“助力”，三里河三小又帮他们找到了“新朋友”——位于美丽的玉渊潭公园西畔的樱花树。将有六棵樱花树以一年级的各班命名。为此，学校设计了“我与小树共成长”系列成长教育主题活动，希望以认领小树为起点，展开小学六年间的学业规划和成长教育，让小树成为孩子成长过程中的伙伴，成为学校教育、家庭教育的载体。

这次一年级的系列教育活动分为四个阶段。首先是“回顾难忘成长，了解新朋友”。其次“认下朋友树，庄严做约定”。再次是在四五月份，学生通过努力，在校园里、家庭中“践行与小树的约定”。最后在儿童节时，开展“我向小树来汇报”活动。今后每年，每位学生在家长陪同下至少要有一次前往玉渊潭看望自己认领的小树，回顾并展望自己的成长，体验责任，培养爱心。

活动中全体师生一起相约：明天春天，樱花开时我们全体同学在这里举行入队仪式。

一位同学的家长在活动后谈道：“学校不仅为孩子们提供了良好的学习环境，还注重德智体美全面发展，组织丰富多彩、多种多样的校园及社会活动。通过像认养树木这些活动，孩子们增长了见识，开阔了视野，丰富了生活，陶冶了情操，也为我们的家庭教育开拓了一个新的途径。所以我们一定配合学校，以这次的活动为契机，做好孩子的家庭教育工作，陪着孩子共同进步，见证他们的成长。明年樱花开时我们再次相聚在这里，汇报我们的成长收获。”

第三节　用策划创造美好

规划、计划、策划是 UDS 项目重点培训与推进的工作，其中的策划环节在我校工作中体现得最为充分。我校每一项工作的推进，都会通过策划不断完善，通过策划案的公布推进工作的开展。

一、策划助力运动会

在 UDS 项目工作会上，我校副校长介绍了我校在“以策划助力活动育人”的指导思想之下，进行 2011 年春季田径运动会的策划及实施的过程，赢得了广泛的认可。以下是这次汇报的主要内容：

健康锻炼，快乐成长

——记 2011 年春季田径运动会的策划及实施

学校每年举行田径运动会是学校全面实施素质教育工作的重要环节，我校由于种种原因，多年没有举办过田径运动会，应该说是一大憾事。当校长把要举办田径运动会的想法提出后，各个层面都出现了畏难的情绪，尤其是体育组的反响比较强烈。为此要开好第一届田径运动会就要站在学校发展的高度去思考，去策划此事，而不是简单去完成一个运动会的策划。本次田径运动会的圆满举办，意义在于：一是在全体教职工中树立了学校的一切均以学生的发展为最根本目的的思想。二是通过运动会调动了全体教职工积极参与学校的发展，敢于创新学校工作的意识。三是通过运动会的举办提升了干部、教师的工作能力。

这次运动会的组织的指导思想是：开好几个会议，不断统一思想；落实几个文本，形成规范方案；重视过程收获，促进学生锻炼；关注后续影响，奠定传统基础。

一、基本操作策略

1. 变只定“运动会预设目标”为先定“活动开展目的”

从需求调研入手，厘清此活动与学生、教师、学校发展的关系。从“策划一个促进发展的行动”而非简单地“制定一个学校常规活动方案”角度开始。这样带来的变化是：策划考虑内容更全面，重点更突出，实施更高效。

2. 变“工作布置会”为“分层次策划会”

在教职工中召开各层面策划会，使大家不断聚焦运动会，统一思想，参与创意，主动思考工作的落实与创新。

3. 变制订《活动方案》为制作《秩序册》

《秩序册》的出台，功能上更加利于有条不紊地开展工作，形式上给人规范、严谨的感觉，体现周密的“策划感”。

4. 变简单的“落实过程”为制定一系列“小策划方案”来落实过程

整体策划方案中有“留白”，需要用严谨的小策划方案来落实，小策划方案制定人就是过程落实具体负责人。

有些小策划方案是在落实过程中产生、细化和实施的。因为如整体方案一样进行思考、设计、推进，能取得较好落实效果。

例如，运动会入场式方案中，确定要在高年级推出“旗队、花队”各一支。就这项内容的落实，特策划了五、六年级旗队、花队选拔方案。经由五、六年级组长、班主任共同商量组织，在运动会前半个月，举行了公开选拔展示活动，确定了旗队、花队的组成。

为了使整个运动会的策划更具有针对性，主管领导做了充分的调研。调研发现：

一是学校缺乏“正规运动会”的体验，师生有需求、想见识。学校多年未举行规范且具一定规模的田径运动会，多是在校内进行竞技色彩少的趣味运动会。学生对如“田径”“检录”等运动会规范术语了解少。师生期待到正规体育场亲身参与、体验真正的运动会。

二是传统运动会活动缺乏策划，需要形成“真传统”。趣味运动会作为学校春季必做工作，已存在多年，但仅做常规工作处理，特色不鲜明、效果不突出，还不能称其为传统。需要认真梳理，形成特色传统，发挥好运动会的作用。

为了保证田径运动会的顺利推进，我们借用任务驱动的方式，提出相关目标，做到人人知晓，人人为之努力。

二、预设目标

1. 制作完成《秩序册》

规范的运动会，从人手一册规范的《秩序册》开始。

2. 展示所有班级风采

运动会中，学生全员参与入场式展示，比赛时，学生或是选手，或是啦啦队员，或是纪律卫生等检查员，人人有岗位，人人参与其中。完成日常班级建设效果巡礼。

3. 促进家校融合

每班五位家长做班级志愿服务，校级家长志愿者二十名，另邀请半数家长（因场地原因）观众，使三分之二的家长和我们一起开运动会。

4. 促进教育工作提质

通过严谨工作，促进学校教育工作的质量提升。

为了体现工作严谨性，我们制订了详尽的策划案。比如准备工作一项，我们就尽列其详。

三、准备工作

1. 资源需要

租用活动场地：月坛体育场。

购置或租借运动会器材，购买奖状、奖品等(详见清单)。

协作整理资料人员一名：实习教师李园。

2. 活动负责人及主要参与者

(1)运动会领导小组

组长，邢校长；副组长，郝洁；总裁判长，郗志礼；副总裁判长，赵亚丽；仲裁，韩淑芬。

(2)单项工作组

入场式组，负责入场式的组织、排练，现场活动，评奖等。韩淑芬、李彬、各年级组长、各班班主任负责。

颁奖组，负责当天的发奖、计算班级总分、奖状填写和成绩单收纳。集体奖项评奖及发奖：邢晓琰、韩淑芬、郝洁。计分：任莹、牟屹芳、邸继东、陈光。奖状：司源、欧阳燕。

宣传组，负责本次活动的宣传、教育、照相、摄像、奖状打印、比赛当天的广播通知、广播稿件、全场音乐等。蒋艳杰：奖状打印，家长通知，家长志愿者安排，发放家长参观卷，主持大会，公布成绩。郗主任、蒋艳杰：广播通知检录。张利军：评审宣传稿件，组织学生宣读。刘利：摄像，照相，组织家长志愿者形成照相、摄像宣传组，从各角度全方位照相、摄像(观众席、检录处、终点、田赛赛场等)，抓拍精彩瞬间照片，摄像记录运动会全程。刘燕婷：大会音乐(运动员进行曲、国歌、欢快的乐曲)。

竞赛组，负责时间的确定、竞赛的编排、学生报名统计、裁判员的培训、体育器材的安排。全体体育教师。

裁判组，公平裁判，准确及时。裁判员为全校科任教师。

保障组，负责安全保卫(含制定预案、检查入场等)，制作横幅，奖品的准备，器材的运输、码放等工作。郗志礼、杨娜、后勤人员、保安、保洁、月坛体育场工作人员。

救护组，购买保险，现场救护。张林若、王欣、医护专业家长志愿者两名。

观众组织组，负责观众安全，文明啦啦队，检录安全，照相，摄像。各班班主任总负责，由各班志愿家长(每班五名)和学生干部组成。

秩序监督组，检查各班观众及参赛秩序，评选精神文明奖。

四年级年级组长、班主任、四年级各班部分同学。检查位置：每年级座位处、观众席出入口、检录处等。

前期宣传教育组，蒋艳杰(现场不发学生单项奖)、郝洁、韩淑芬和各年级组长负责。

3. 各阶段工作重点

召开系列策划会议，看场地，确定方案：开学至3月初。

学生报名：3月中旬。

情况汇总、各项初赛：3月下旬至4月初。

入场式彩排，组织家长志愿者报名，准备物资，制作入场式班牌等用具。

场地布置：4月27日。

一次田径运动的价值决不在比赛那一天，更重要的是过程中师生的共同成长，对于活动的开展，我们的策划如下。

四、活动展开

1. 运用校园宣传

在学校开学之初即向全体教师告知本学期将召开我校的田径运动会，使老师们心中有数。同时多次召开相关人员的运动会筹备会，统一思想，定准基调。在活动推进的每一步，做好广播、集会(教师会、裁判员会、运动员会、志愿者会、班会等)、校园局域网等途径的师生宣传。通过家长短信、电话沟通等形式向家长进行宣传。在全校彩排中达到宣传高潮。

2. 形成锻炼热潮

田径运动会是一个大舞台，站到这个舞台前积极投身体育锻炼对学生才是最重要的。当学校将召开春季田径运动会的消息告知学生后，学校内形成了学生锻炼的高潮。除班主任、体育教师有组织的安排外，学生自发开展、自主组织的体育锻炼活动是一道亮丽的风景线。当清晨在操场看到他们自主、积极锻炼的身影时，我感到“重视过程收获，促进学生锻炼”是达到了目的的。

3. 工作落实到人

本着“调动全体教职员工积极参与学校的发展，敢于创新学校工作的意识”的目的，在策划分工时，将运动会工作落实到所有部门每位教职工。分工安排印发并宣讲，其中既有岗位任务，又有职责要求。形成人人参与其中，人人为运动会出力的局面。借由“在自己的岗位发挥最大作用”的思考与实践，提升干部、教师的工作能力。

4. 不断推出高潮

运动会动员大会后，形成了学生积极参加锻炼的热潮；在一次次不同层面的策划会中，形成了大家献计献策、主动设计运动会方案的热潮；在入场式旗队、花队选拔方案及时间出台后，又掀起了入场式训练的高潮；最后是总彩排的高潮。在运动会台账整体框架下，按部就班的推进和基本上每周一个小高潮的推动，使运动会的功能被放大，大家的热情得以持续保持。例如：

(1)大手拉小手

低部一、二年级学生在入场式训练中遇到困难，本校六年级学生前往分校指导，引领低年级小同学练习队列、入场式，效果好。

(2)花队、旗队选拔

校花束队、红旗队的选拔在五、六年级开展，学校的高年级学生，为此开展了刻苦的训练。在选拔现场，五、六年级先是全年级集体展示，之后又各自选派最佳班级做展示，最终综合整体情况，确定六年级集体胜出，从毕业年级择优组成学校花队、旗队。过程中的互相展示学习，公开选拔，正面引导都是亮点，最终入场式上，六年级组成的旗队、花队也的确出色地完成了任务。

5. 家长志愿服务

由班级、校级家长志愿者组成的服务团队，在策划中是重要的一部分，是运动会的重要成员。

家长志愿者由班主任结合岗位需要和家长实际情况负责邀请，每位志愿者有明确的工作岗位和职责。班级家长志愿者负责包括运动员检录迎送、学生如厕组织、啦啦队宣传拍照等本班工作。校级家长志愿者主要承担照相、摄像、医疗救护等专业服务。家长志愿者在运动会中发挥了积极的作用。

6. 运动会秩序维持

班级秩序维护为班主任负责制，邀请班级家长志愿者协助。四年级各班选派干部做全校秩序维护及检查的学生志愿者。保安分区域维持看台秩序，财政部武警班官兵负责赛场内秩序维持，保洁维持卫生间秩序。

7. 运动会标志

全体教师戴学校统一配置的白帽子，裁判员统一标识。家长志愿者戴本年级专有色系袖标上岗。所有运动员每人一号，带本年级专有色系号码布进入场地。

8. 现场气氛调节

宣传组提前收受各班宣传稿件并遴选，现场由教学主任负责带领广播员宣读宣传稿件，音乐老师穿插播放韵律欢快的歌曲。

五、经费预算(略)

六、活动中应注意的不确定因素及细节处理

策划的目的是以不变应万变，细节的地方是不能轻视的，在我们的策划案中就专门有这样一项。

1. 遇下雨等天气问题

应急措施：学校根据情况决定是否取消当天活动，之后由办公室主任通知班主任和年级组长、教研组长，班主任通知每位学生及家长(通知内容规范稿统一由德育处提供)，年级组长、教研组长通知相关教职员工，活动时间顺延。学校与体育场联系延期事宜，后勤负责物资清点，打包，暂存体育场库房。根据近期气象情况，这种概率为百分之二十左右，即便发生，损失不大。

2. 学生在现场的运动创伤或意外伤害处理

首先由现场卫生老师在专业医护家长志愿者指导下进行救治，同时报现场指挥部，遇问题严重情况，即刻打电话叫救护车。学校同时备车一辆，财务备专用款，由郝洁带队送往医院(学生确认可移动身体不会造成二次创伤的情况下实施学校车送计划)。班主任带本班家长联系卡到现场，以备突发情况联系家长之需。

学生在运动会中磕伤概率较大，其他意外概率不高。由于看台较高、较陡，故增加保安岗位在上下通道处疏导，保障学生安全。

邀请复兴医院外伤手术专家一名、社区全科医生一名作为家长医疗志愿者，在现场红十字卫生站值守。卫生老师备足、备齐相关药物和仪器设备。

3. 如遇突发事件，按学校应急预案处理

整个运动会结束之后，按照我校的文化传统马上进行了总结与反思。

对于效果评价大家普遍认为：整个运动会秩序井然，圆满完成各项预期内容。全校师生表现出良好的精神面貌，学生、教师、家长反响好，受到高度评价。

七、目标达成

1. 按时完成《秩序册》

运动员每人、每项一号码，全部电子输入电脑是难点，全程时间掐算基本准确是亮点。《秩序册》较实用。

2. 展示班级风采目的达到

在前期训练、筹备中，各班积极行动。清晨，操场上有运动员每日主动坚持跑步训练的身影，各班上操、上体育课的质量均有提高。学生以极大热情进行准备。各班啦啦队标识制作精美醒目。有班级推选进步最大或最需要鼓励的学生做举牌引领，学生面貌有改观。五、六年级学生就入选花队、旗队展开竞赛，六年级临近毕业赢得光荣使命。

3. 家长志愿者感叹当半日老师真累

家长志愿者在本次活动中分工较细，涉及人员多，因此工作质量高，家长感触深。在体验组织学生如厕、检录等工作中，家长深感教师工作的不易，很多家长气喘吁吁地跟在学生身后，反复提醒注意安全，融入了学校教育之中。

4. 活动育人胜在策划

“活动育人”如果做得好，事半功倍，因此不能怕组织活动，怕组织复杂的大型活动。只要是能很好促进学生成长的，都应尝试，并不断完善，推陈出新，做出精品。

此次活动对学校教育工作有积极推动，更加深了大家对策划的重视。好的策划是达到良好育人效果的关键。

本次活动重视了策划的两个部分：一是策划方案的思考，即开展“全校田径运动会”的思考，选题为育人目标服务。二是计划编制，每一步具体行动计划（大到全校学生参与的入场式，小到优胜集体的奖品选择，如何推动接下来的班级锻炼等)，都注重了内容是为实现目标服务的。

八、经验教训

我们在反思中看到，在取得骄人成绩的同时，还有一些教训需要汲取，也为未来的工作提供了借鉴。

一是看台与赛场连接处界限不明，应拉警戒线为宜。

二是竞赛终点成绩排名工作安排不妥，出现岗位漏洞。所幸主裁判、仲裁在现场值守，接下此项工作，保证整体顺利推进。

三是跑道较长，在远离看台一侧未安排工作人员值守，以预防运动员摔伤，现场调配武警、部分裁判前往服务。

问题主要都来源于组织这类活动经验不足，在策划时考虑不周到。

四是体育组教师的成长。

为了孩子们的成长，我们所有人都在努力着，通过活动的策划与实施，我们有了更深的感悟。

九、教师感悟

学校的任何活动都是整体提升学校办学水平的平台，只有敢于实践，才能将“一切为了学生的发展”落到实处。

学生的成长需要成长的平台，给学生多大空间，学生就能有多大发展。

对于运动会入场式上，各年级教师都上观众台检阅，我一直有担心。主要是怕低年级教师上观众台孩子会乱、会怕。邢校长却一直强调要相信孩子，一定没问题。

真正看到低年级学生排着整齐的队伍经过主席台，纹丝不动地站到运动场中间草坪，而且一直站得笔直直至入场式完毕，感觉很震撼，很受触动。反思之前的担忧、疑虑、惯性思维等，感到很多时候真的要“信任”，要“放手”，才能调动出学生的“新能量”，展现出他们的“真性情”。

运动会的后续文章怎么做？很多班级运动会后结合团队、集体、包容等主题开展了教育，但也出现了运动会后学生因竞赛成绩不理想而互相埋怨、运动会后上操走队有退步等现象，所以如何把运动会这种实践体验教育延伸，达到良好的“后运动会效应”，要再考虑。

这次田径运动会是我校发展史上的一个重要事件，取得了促进学生发展、教师发展、学校发展的综合效果。

对于学生发展来说，“健康第一”的观念已深入人心，学生积极参与体育锻炼已受到学生及家长的高度重视。田径会运动会的召开，进一步促进了学生积极投身体育锻炼的热情，强健了体魄，落实了健康第一的理念。运动会从筹备至召开延续时间长，活动内容多，使得多数学科借力运动会开展了学科教育教学活动。

对教师发展来说，教师全员参与到运动会的筹备、宣传、活动当中来，增长了才干，培养了全局观念，提高了协作能力。

对班主任来说，以运动会为契机，很好地促进了班集体建设。通过相关设计，达到了凝聚班级、融合年级的作用。并且，开展家长志愿者的相关工作，提高了与家长沟通的能力，增进了与家长的感情。

运动会对体育组全体教师是最大的挑战和锻炼，通过这次活动，凝聚了人心，增强了体育组的责任意识和自豪感，感受到大家的协作和支持，促进体育老师的成长。

对学校的发展来说，在学校不断发展壮大、社会声誉不断提高的当下，学校为学生的成长搭建更加全面的平台，是学校发展的根本。精心的活动设计和实施使教育效果加倍，同时达到良好的宣传效果。精彩的运动活动将学校工作的严谨有序、丰富多彩充分呈现，得到大家的广泛认同。

尝试开第一次相对规范的田径运动会，对我们来说是一个边干边学的过程，在实践探索中，我们体验着开拓之乐，也是我们多年来致力于创建学习型学校的延续。

二、多彩活动拓空间

丰富多彩的校内外活动是我校学校文化的一项重要内容。在校内，我们同样创新各种活动，并挖掘每一种活动对于学生成长的重要意义。

新学期的开学典礼简朴隆重，我们把开学的意义进一步深化，对全校最高年级六年级的学生及新入学的一年级的学生意义都会更加重大。每当这个时刻，一年级的新生都是由六年级的学生手牵着手送入教室，六年级的学生感受了成长的责任，一年级的小同学找到了校园中的伙伴，之后凡是学校大型的外出活动，都大手拉小手地进行着，当家长们看到这一情境，都会由衷地赞叹：这是一所有爱的学校。二年级的入队仪式与六年级的毕业典礼以“红领巾飘扬在胸前”的联合方式进行，二年级的孩子看到了自己未来的成长，六年级的学生回忆起自己当年的美好，相互激励的作用得以充分发挥。连续三年的新学年开学典礼，我们都结合中央电视台的开学“第一课”，做出我们的校本开发，使每一个新学期都是学生的一个新起点，连续几年的主题分别是：“我的幸福宣言”“发现身边的美”“带着理想的翅膀”“抗战胜利 70 周年”。

“XIANG 读书”“HUI 运动”“LE 劳作”“SHANG 电影”等是我校校内的系列活动，之所以第一个字均以汉语拼音书写，是为了体现这些活动的多重价值。

“XIANG 读书”活动是利用中午的时间，组织学生到我们的三个主题阅览室开展的读书活动。在低年级部是多彩阅览室，高年级部有海洋阅览室、丛林阅览室。主题阅览室是我们立足学校现有条件为孩子们设立的。

孩子们进入阅览室后的读书状态是那么令人欣喜。学生们人手一本读书手册，学习读书方法，记录读书体会。这就是我们通过这个活动要达到的想要读书、享受读书的乐趣、分享读书的喜悦的目的。“XIANG 读书”还包括经典诵读活动，全校每天五分钟的经典诵读时间，日积月累，使孩子们在经典中感受到传统文化的熏陶，学校也为孩子们提供展示诵读成果的平台。

“HUI 运动”是学校利用午间开展的学生户外活动，以增加孩子们室外活动的时间，既有利身体的健康，也有利于视力的保护。“HUI 活动”的“HUI”所表达的是“孩子会参与活动”，这是孩子们目前所缺乏的，再一个表达是“智慧的活动”，要做有意义的活动，而不是在户外追逐打闹。

在户外活动中，我们把学生有意义的活动录制下来，编辑小视频介绍给孩子们，低年级部还开展了一些相应小比赛。午间活动，孩子在操场上的欢愉是学校中快乐的音符。同时“HUI 运动”也表现在我们的体育活动中。学生每天有一节体育课，有春季田径运动会、学生仰卧起坐班级累分赛、学生秋季趣味运动会、跳绳班级累分赛、全校日跑一千五百米的冬季长跑活动、全校跳绳比赛、全校的广播操展演及各种分年级的小型体育赛事……在这些活动中，学生充分享受着运动带来的快乐。

“LE 劳作”蕴含着两层意思：一是在我校的低年级部专门开辟出“三小农艺园”，每个班的学生都有认领的一小块土地，从播种到收获，学生们积极参与其中，学习记录种植日记，体会耕作的快乐。二是我们把学生自我服务能力的培养作为一项重要内容，通过班级岗位的认领与服务，使孩子们感受到劳作的快乐美好。

每月一次的“SHANG电影”活动也深受学生喜爱。电影海报前常聚集着三五成群的学生，她们对即将放映的电影充满了期待。环保主题的《大气层消失》引发了孩子保护环境的意识；西部孩子的《上学路上》使孩子们感受同龄人的另一种生活，激发他们同在蓝天下，共同来成长的心愿；励志的《炫舞天鹅》使孩子们学会了坚强；红色影片《闪闪的红星》带领孩子们回到战争岁月。观看电影后，学生们会用稚嫩的笔触写下自己的观后感。

“长走伴成长”是我们旨在磨炼学生意志的长走活动。学生从出发到返回，除中间有大约10分钟的休息时间简单补给外，学生将经历历时两个多小时的长走。但学生经过自己的坚持终于返回学校的时候，他们所获得的精神愉悦是相当丰富的，也是非常难得的。每个学生都有一份长走纪念册，将记录行走的路程、心情，每个年级将获得不同的带有学校校徽的评价册。

第四节　相信教育的力量

做了很多年校长，我有时也曾怀疑过教育的力量到底有多大，能不能解决一切问题。为了坚定自己和老师们相信教育力量的信念，我曾以这样一段话鼓励自己和老师们：“也许今天我们的努力不一定能够见到成效，但只要我们努力了，为孩子们的成长付出了，在小学阶段开不了的花，在今后总有一天会开放。我们大家一直在努力，这种努力显然也已经变成了在我们身边开放的花朵。相信教育，必须坚定。”

一、不放弃任何一个孩子

当年看张艺谋导演的《一个都不能少》时，我被剧中女主人公的执着和责任心所感染。我觉得从事教育这就应该有这种“不抛弃，不放弃”的精神。每一个来到学校学习的孩子都充满了无限的发展可能，正如那一个个花蕾只等春风来将它唤醒，教师便是那春风。将教育比作春风化雨是再恰当不过的了。

学校中总是少不了一些表现异常的学生，对于他们，我往往是格外地关注。家长把孩子交到我们教师手中意味着什么？作为教师肩负的是怎样的重任？往小处说是一个家庭的幸福，往大处说是一个民族的命运。著名教育家陶行知说：你的教鞭下有瓦特，你的冷眼里有牛顿，你的讥笑中有爱迪生。是啊！我们不能放弃任何一个学生。作为教育工作者，我们应该具有“永不放弃”的精神。这不仅仅是体现在对自我工作的态度上，更体现在对学生的爱上，体现在对教育的永不放弃上，教师应用行动去帮助学生，去关心、鼓励学生，教育的爱其实就是一种任何条件下都永不放弃的执着。

学校中有各种各样的孩子，比如一个在楼道中大喊要杀了他爸爸的孩子，一名头上缠满卫生纸在操场上疯跑任谁也阻止不了的孩子，一个总是觉得老师的每一句话都是针对他的男孩……学校中这样的孩子总是存在的，不放弃他们，始终是我心中的信念。

现在那个大声喊叫着要杀了他爸爸的孩子已经六年级了。前两天他的数学老师跟我说：“现在这孩子不显眼了，像个正常的学生了。”我由衷地感慨：是啊，我们的努力，终于初见成效了。回想现在已是六年级学生的这个孩子的教育过程，其中真是有太多的曲折，有太多的耐心和等待。但正是从这个孩子的教育过程中，我们感受到了教育力量的真实存在。

现实生活中，确实有不少孩子不爱学习，不服管教；有些家长素质不高，不和老师搞好配合；有的学生太调皮，总是惹是生非……这些对教师都是严峻的考验和挑战。我常对教师说，教师是服务者。你服务得好不好，学生、家长说了算。有的教师对待学习困难的学生，特别是上课调皮捣蛋的学生，不是训斥责骂，就是体罚，没有一点耐心。其实，呵斥、责骂、体罚学生只是把自己的坏情绪发泄到学生的身上而已，对学生的成长转变没有一点好处，反而摧残和伤害很大。我们应该面对真实的世界、真实的学生，不管怎样的班级，总会有学生让你一筹莫展，应该多观察，多思考，多总结，多交流，多学习，多一点耐心，多坚持几次，总之不能放弃。教师的工作是平凡的，而对学生的那种耐心、那种超凡脱俗的爱却是无比伟大的。

作为教师，任何时候，我们都不能对任何一个学生武断地下结论：这个孩子就是这个样子，谁来都不行。一年、两年、三年……可能还没有结果，但只要你有足够的耐心、爱心、细心，永不放弃，总有一天，你盼望的奇迹就会出现。不放弃任何一个孩子，这就是对教育的信念。

一般来讲，表现异常的学生拥有不同于常人的思维，也许在某一方面具有超人的才能；但有的学生却是后天所致，也许是由于此前的成长经历或者被家庭环境的变化所影响。小学生具有很强的可塑性和发展性，我们有信心改变他们，引导他们走向积极乐观的人生道路。对于此类比较“异常”的孩子，我们会进行全程的记录，以此为依据寻找打开他们内心的钥匙。

学生 A 的个案记录

10 月 20 日

综合课拿同学东西，同学不让，他打人。校长找谈话回来，同学们都下楼活动了，他看到同学的笔袋儿没拿走，体育活动时摔同学笔袋儿，摔坏了两支笔(他自己说是为了报仇)。

11 月 1 日

两节作文课，他不停地大声说“屁什么”。

中午吃饭，他边吃边说“屁送餐公司”之类倒胃口的话。

美术课，他想跟正在和同学说话的 K 老师说话，老师说：“你等会儿。”他就顺手拿起老师的剪刀扔在刚进门的同学颈肩处。

下午第一节课间，两个同学在玩，他拿水壶打同学的头，同学扔他的书包，他把同学的书本都扔进水盆里。

11 月 7 日

今天升旗时，服务中心 B 老师找我说她上楼送资料时，在楼道遇见学生 A，孩子张嘴就骂老师，而且骂得很难听。我问过孩子，他承认了。问其原因，他归因于他爸爸。

孩子在课间、中午会不喊报告地进别的班。别的老师请他离开，他就骂人，吐人。

11 月 9 日

孩子改完数学错题离开 5 班时，把人家班贴的作息时间表给撕了。

11 月 10 日

今天语文课他随地吐痰，课间往女厕吐，排队上操往楼道吐，我很艰难地说服他把班里、楼道的痰迹擦掉了。回到班里，他又把吐过痰的纸随地扔在讲台前的地上。

12 月 1 日

体育活动时间学生 A 这几天一直主动到女生队去跳，今天他跳到快结束时到男生队跳了一个就发脾气，吐人，骂人，踢同学书包。站队时用衣服抡到了同学的左眼。

这就是前文中提到的大喊我要杀了爸爸的孩子。以上仅仅是列举了某两个月中，某些天的表现，这个孩子基本上每天都有故事，甚至可以说是有事故，真是令老师们头疼。通过记录发现，学生 A 的问题主要集中在“随意骂人”“随地吐痰”“打骂同学”等方面。总结起来主要是情绪和行为不受控制，不懂得尊重别人。在这种情况下，我们也并没有放弃对他的教育，而是采取特殊的措施：与家长沟通，找到他行为和情绪不受控制的根源，要求家长配合教育。与班主任和任课老师沟通，转变对他一味批评、斥责的教育方式，采取温和的手段，并在他有好的表现时及时给予奖赏。与他的同学沟通，请求同学协助老师改掉他的坏习惯。

鉴于学生 A 的行为是长期形成的，对他的教育也不可能急于求成。我们做好打持久战的准备，我们坚信，我们大家的共同努力一定可以使他向好的方向转变，取得进步！于是在接下来较长的一段时间里，我们开始了精心的细致的工作：

做好班级学生家长的工作。前后不到一个月，这个班的家长已经两次联名给我写信要求把这个孩子调到别的班级去。面对家长们焦虑的情绪，怎么办？置之不理，只能促使事情走向极端。满足家长的要求，也不是解决问题的根本办法。于是在班主任配合下，我亲自召开了家长座谈会，倾听家长们的心声，让家长们把自个儿孩子由于这个学生而造成的委屈讲出来。我边听边表示，情同此心，能够理解家长们的想法。在最后，我又深情地恳请家长能够理解这也是个孩子，可能是一棵没有长好的小树，但我们作为老师是不能放弃他的，这也需要班里的家长和孩子们给这个孩子一个相对包容的环境。家长们能不能给这个孩子一些时间，我们坚信他一定能够有变化。也许是我的话让家长们感受到学校的老师都没有放弃这个孩子，将心比心，做家长的也是能够理解老师的一片苦心的。于是家长们都支持我们后续的工作。

发挥行政干部团队协同的作用。在学校行政会上，我们专题研究这个孩子的问题，希望通过大家的智慧，科学有效地帮助这个孩子。在党员手拉手的活动中，我们的总务主任成了这个孩子手拉手的老师。新年元旦时，总务主任专门给这个孩子准备了一张贺卡，希望他快快进步。办公室主任的办公室紧邻这个孩子的教室，也时常关注他。同样在新年元旦的时候，办公室主任亲自教这个孩子专门在新年联欢会上感谢各位同学，同时也给他喜欢的老师送去祝福。就这样，让大家看到这个孩子也在努力地改变自己。

做好班级所有任课老师的工作。这个孩子在语、数老师课上似乎还有所收敛，但在其他课上就会表现得更加肆无忌惮。为此，我召开所有任课老师的会议，大家达成共识，对于这个孩子的底线要求做出了定位：不能打人，不能骂人，不能破坏他人的物品。这些底线的要求在任何课都不能放松，一有出现就必须给予提醒和教育。大家对他的要求一致，使得这个孩子在学校的大环境有了统一的规范，也使促使这孩子能够约束自己。

与家长沟通，促使家长高度认同学校、老师为这个孩子的成长所做的一切，密切配合学校、老师的工作。

一系列的举措真的迎来了花开的时刻。当有一天这个孩子在班里不再特殊了，当越来越少的同学反映这个孩子的臭毛病的时候，我和老师们由衷地笑了。后来这个孩子在我们学校顺利毕业，在毕业典礼上我和这个孩子还特意照了一张合影，作为纪念。这相片我一直保存着。

教育的幸福何尝不是这样呢？相信教育的力量，我们一路前行。有一种理想的教育叫力量。马丁·路德说："一个国家的前途，不取决于它的国库之殷实，不取决于它的城堡之坚固，也不取决于它的公共设施之华丽，而在于它的公民的文明素养，即在于人们所受的教育、人们的远见卓识和品格的高下。这才是利害攸关的力量所在。"这种利害攸关的力量来自于良好的教育。

我相信我们就在做良好的教育。这种教育引领学生用自己的眼睛去观察，用自己的心灵去感悟，用自己的头脑去判断，用自己的语言去表达。因此，良好的教育一定能够给无助的心灵带来希望，给稚嫩的双手带来力量，给迷茫的双眼带来清明，给孱弱的身躯带来强健，给弯曲的脊梁带来挺拔，给僵化的头脑带来智慧，给卑微的人们带来自信。

有这么一则寓言，相信大家都听说过。讲的是北风和南风比威力，看谁能把行人身上的大衣脱掉。北风大发威力，寒气逼人，结果行人把大衣裹得更紧；南风徐徐吹拂，春暖花开，行人脱下大衣。和风细雨、如沐春风，你会轻而易举地让学生"脱掉大衣"，达到你的教育目的，收到更好的教育效果。反之，你怒对学生，拍桌打椅，当众讽刺挖苦，甚至体罚，不仅不会起到好效果，反而会引起学生的不满和对立情绪，有时还会产生对抗心理，会使你的学生把"大衣裹得更紧"。

并不是所有的教育都能给人以积极和建设的力量。但我相信只要拥有了爱的教育，就能给人以无穷的力量。我们深知教育的力量来自于尊重和宽容、关怀和给予。作为一名小学教师，我们的形象应该是，温暖、明亮和灿烂的。

然而现实的情况却是，在我们具体的工作中，我们总是很累，感觉不如意的地方很多。面对学生，我们总是在否定自己，因为在学生的身上，我们很少能够找到自己付出努力之后的收获，不知道是自己对学生要求太高了，还是自己越来越找不到做教师的感觉了，总是成就感少于挫败感。每一节课结束，回到办公室，听到最多的是老师们埋怨的话语，而很少感受到上完一节课后的幸福与快乐。教育是一项细致而琐碎的工作，光有热情和爱心是远远不够的，想做好这个工作，还需要拥有教育的智慧。面对不同的学生，我们需要用智慧诊断他们各自不同的症结所在，然后针对不同的病症采用不同的教育教学方法，因人、因事、因时、因地地灵活解决好。我们针对个别的学生应该有慢节奏的想法，让孩子慢慢成长，给孩子一定的时间和空间。或许，这样会让孩子拥有更加幸福的童年。

对于学生，我们应该想到，他们是不同的个体，他们在各个方面都有所不同，我们对每一个学生都应该有接纳的心，接纳他们之间的不同，承认他们之间的差异，然后要学会包容他们。不但认识到他们之间拥有很多的差异，还要包容他们在成长过程中所犯的错误，怀着尊重的心。平等公正地对待每一个属于我们的学生，用我们的仁爱之心，宽容我们的学生在学习中出现的种种问题，理解孩子们的一举一动。让自己拥有一颗积极的心，乐观地对待自己工作中出现的诸多问题，带着问题，去培养自己进取的心。不断地学习与研究与教育有关的一些教育教学理论，并不断地运用到自己的教学当中。让自己的学生自己慢慢地在教育教学当中，一点一滴地进步，慢慢地成长。

很多老师都知道这样一句话，相信岁月，相信种子。是啊，十年树木，百年树人，教育是急不得的事。作为教师，我们要让自己的节奏慢下来，这样孩子的节奏也会慢下来，用自己的努力换取学生一点一滴的进步，一定要相信自己的付出总是会有回报的。相信总有一天，种子会发芽，然后慢慢长大成才。

对于每一个孩子不放弃，终将成就孩子的成长，下面是一篇孩子的随笔，从另一个侧面折射出我们对孩子的不放弃：

小小的我，大大的爱

三里河三小五年级(5)班　孔庆龙

六月的北京，是我圆梦的圣地。

我清楚地记得，当我把粉红色的“天安门首都万名青少年文体活动展示入选通知书”交到爷爷的手中时，他连连夸我好棒！其实，爷爷还不知道，我差一点就被淘汰了。

老师要求，参加6月2日在天安门表演广播体操的学生，身高要在145～160cm之间，体型不可过胖。几位老师一致认为我体型稍胖，不能参加此次体操表演。和我一起惨遭淘汰的还有其他几位同学，有的因为太高了，有的因为动作不规范。总之，入选的条件都是一样的，而被淘汰的原因却各有不同。就在我们失望的时候，郝校长像天使一般降临了！她替我们向几位老师求情，让我们继续参加训练，根据训练结果决定是否具备参加表演的资格。

我刚沾沾自喜没两天，体育穆老师又劈头给我浇了一盆冷水，说我做操动作不到位，平时又一贯不好好做操。如果两天后我还没有进步，就要把我淘汰。我知道，我不能放弃，我必须坚持，按照老师的要求去做。

第二天，指导老师杨主任把我变成了替补队员。虽然这些天的变化对我来说就像在坐过山车一样，但我认为自己还是幸运的，因为我还没有出局，我一定还有机会。可是我没有勇气让爷爷知道我是替补队员。我必须更加努力！我相信自己，更相信老师的话，只要好好努力，我一定会成为正式队员！

经过月坛体育场的一次彩排，当初郝校长求过情的几个同学中只剩下我一个了，难道这就是传说中的“剩”者为王？我看到了希望。

第二天清晨锻炼时，我听到了胡老师这两年教我体育课以来最动听的一句话：“孔庆龙，看你做操很认真，动作进步很大，老师们讨论了一下，决定把你编入主方阵。”

胡老师宽大的手掌轻轻放在我的后背上，无比亲切地领着我，穿过我远远观望了许久的方阵。我跟着胡老师走到了我的幸运地盘儿，编号14-19，第14列第19个！我嘴角微笑着，似乎看到了每一位老师和同学都在注视着我站到了新的位置。

接下来，在完成了市彩排以后，我终于如愿以偿地站到了梦寐以求的天安门广场上，和两万个少先队员随着美妙的音乐一起做操。一切是那么整齐，一切是那么有力量。在老师们的鞭策和鼓励下，我成为这整齐而又充满力量的集体中的一分子。我的心被幸福充满着，被快乐激荡着！

我还有一个小秘密埋藏在心底：六月二日是我十一岁的生日！在宏伟的天安门广场上，在广阔的天空下，能和老师们、同学们共同度过这不平凡的一天，是多么有意义啊！

在天安门鲜花汇集的海洋里，我是小小的水滴一颗，也能映射出七彩阳光。在老师们爱心凝聚的汪洋中，我是普通的学生一个，让我能深深地感受到：小小的我，大大的爱！

二、习惯养成筑根基

我在学校一向重视养成教育，因为我认为养成教育是教育的根基。我们的养成教育不是把学生管严管死，而是要培养学生自觉的意识与能力，把养成教育做细、做实、做持久。胡适先生曾经说过这样一段话：一个肮脏的国家，如果人人讲规则而不是谈道德，最终会变成一个有人味的正常国家，道德自然会逐渐回归；然而一个干净的国家，人人都不讲规则而谈道德，不出一段时间就会伪君子遍地而道德难寻了。

养成教育可谓是教育之中费力不讨好的方式，但是为了把孩子们培养成适应未来社会发展的人，我们必须坚定信心，从小做起，在小学阶段培养孩子良好的行为习惯。

（一）养成从一年级开始

孩子们刚入学，自我约束能力较差，良好的文明行为的养成，不易持久，很多孩子受长辈们的溺爱，养成了不良的习惯。所以培养良好的生活习惯、良好的学习习惯、良好的交往习惯，是十分必要的。生活从哪里开始，道德教育就应从哪里起步。我们的一年级工作尤其出色。

在开学初，一年级老师综合考虑一年级孩子年龄特点，心理特点，选择了“整洁、礼貌、服从、帮助、诚实、团结”这六个一年级孩子最容易理解和接受，也最需要的美德进行教育及训练。具体教育步骤如下：

一是教师讲美德故事，做行为示范；学生谈认识感受，背要点童谣，练规范行为。

每天一节 20 分钟“微班会”，含美德故事、话题讨论、行为体验。故事选取的有班级孩子身边真实的美德小故事，也有童话故事等。帮助学生形成正确的道德判断，从做有美德、幸福的三里三学生的高度认识行为习惯的重要性，并以班级日志的形式记录下来，供大家再三品读。

行为习惯都配有童谣(在《一年级新生手册》中)，很多学生在假期中已能背诵。在“微班会”中，指导学生边背童谣边练习去做，及时纠正问题。

二是定时进行评价(自评、组评、班评、年级评、学校评相结合)。

班内讲练的同时注意评价，每周的练习重点在各节课上老师均有评价。每周有学生与家长的自评活动，月底有全年级的好习惯大 PK 比赛。

三是训练每周有重点，螺旋上升注重巩固。在第一个月完成美德主要训练点的学习。

学校良好的氛围为学生体验、操练美德行为提供条件。在和谐氛围中体验与操练，学生收获融入的喜悦。如当学生没有做到“单人单行靠右行”时，所有看到的老师、二年级学生都会主动提醒。当学生没有做到“楼道轻声低语行”时，楼道的噪音显示屏就会频闪提示。入校时，不必担心忘记或羞于向老师问好，因为门口执勤的老师会主动先微笑问好，并用期待的眼神等待新生的文明回复。每周的升旗仪式都会以年级值周总结、校长讲话的形式将一周行为做总结。

孩子们在一年级进入学校之后用游戏、演练等方式，对行为的养成有了初步的体验。随着年龄的增长，为了使学生的养成教育成为学生的自觉行动，我们给学生更大的活动空间，一改十几年来学生必须整队上下楼的习惯，培养学生自主上下楼，但我们要求学生做到单行靠右行。

(二)“这里很干净，请你爱护它”

小学的校园环境不能太呆板，许多内容都应该以活泼的、可爱的方式呈现出来。标语也应当如此，标语要念起来朗朗上口，并且还要发挥规范的作用。我校有关校园环境的标语足以体现我校的创新之处，一条小小的标语就能看出我校师生的创造力。

“这里很干净，请你请你爱护它”是一条我校校园内的宣传语，大家会想这是什么位置的宣传语，是楼道、是教室？都不是，它是我校卫生间门帘上的一句话。我校的卫生间整洁、清爽、无异味。卫生间里的文明才是真正的文明，是我校对学生养成教育的最基本的要求。所以我校对学生的养成教育从共同维护卫生做起，要求学生做到及时冲水，冲水彻底。也许这是一件小得不能再小的事情，但是这样的小事正是学生养成教育的起点。只有将这样的小事做好，才能做好未来的大事。

"让每一面墙壁都说话"曾是校园文化中被人们尊崇的一句话，我也曾以这句话为指导打造过校园环境。但是，现在我重新审视这句话，每一面墙都说话是在每一面墙上都布满了在成人看来需要孩子理解与知道的内容吗？孩子们真的需要这样的说教吗？布满墙上的密密麻麻的教育文字，有几个孩子会有耐心去阅读呢？由此，我们的校园环境的打造坚持这样几点：一是不堆砌，二是不说教，三是要真实，四是动静结合。

我校将学生在楼道活动的规范融入广播中。每次下课都会响起"下课啦，请准备好下节课所需要的学习用具，开窗通风，并且去室外活动，通过楼道时请靠右走"的广播。久而久之，这样一则嗓音稚嫩的广播，使我校的楼道从以前的喧闹、嘈杂变得安静、井然有序了。

在我校，学生的良好行为已经初步养成，我们将不断努力使教育的影响在我们的孩子心中开花结果。一个合格的公民要对自己的内心和灵魂进行约束，独处时应让孩子学会约束自己，管理自己。

下面的案例，记录了对于孩子行为中出现的问题，我们的老师们是如何引导与帮助的：

小印章里的"SOS"

北京市西城区三里河第三小学　郝洁

一、事件的起因

新一年级入学的第二个月，5班出现了一个棘手的现象，老师们的小印章陆续丢失。开始时是班主任印在作业上的"大拇指"印章，之后是语文老师的，再后来是科任老师的……从一两枚，到整盒丢失，从存放在班里的印章丢失，到老师随身带进班里的文件袋里的印章也丢了。

这些现象，渐渐引起了老师们的注意。班主任张老师是个有心人，她不动声色地仔细观察，终于发现了蛛丝马迹。一天，她兴奋地来找我，告诉我她终于找到了这个拿印章的孩子。原来是班里的女生小A。张老师说，昨天她放在班里的奖品少了，当时全班在上室外课，出入教室的学生很少，她很快就聚焦到了这位同学。当张老师和这位同学单独交流时，这位同学很痛快就承认了，并把奖品(本子和铅笔)当即还给了老师。张老师试探着问她，是否知道张老师的小印章去哪了？老师因为没办法盖章很着急，她也一口承认了。张老师跟我说，已经和孩子妈妈沟通了，让家长既不要太过紧张，同时要引起注意，可能孩子是好奇或荣誉感强很想得到小印章的奖励。在交流的最后，张老师说："这孩子可镇定了。"我问："怎么讲?"她说："她特平静，毫无表情……"这最后一句话引起了我的注意。

第二天，品德朱老师和班主任张老师一起来找我，朱老师说，她今天也去问这位同学，有没有见过她的印章，这位同学一言不发，毫无表情。直到班主任出面，她才承认，并且直接从书包里拿出了一大堆印章，原来她已经都从家里拿来了。经过班主任和家长的联系，原来昨天班主任和家长联系后，孩子妈妈回家看了一下抽屉，发现里面有一堆老师的印章，就放在抽屉里，包装都没有动过。于是妈妈让孩子把它们都塞在书包里，让她自己还了。

两位老师都认为，作为主管领导的我得出面和妈妈谈谈，觉得孩子妈妈的做法比较随意，尤其是当发现了抽屉里有那么多印章后，都没有给老师打个电话沟通一下，而是让孩子自己带来。

第三天，从班主任张老师处得到消息，孩子当天又拿了同学的东西，虽然前一天晚上妈妈刚因为此事打了她……另外，孩子妈妈已经同意明天到校，班主任说："孩子妈妈这次算答应痛快的，以往与她沟通孩子的问题，可费劲了，总是感觉对孩子不上心。"

二、问题的提出

虽然低年级学生拿东西的现象不算什么极其特殊的问题，但这件事还是引起了我的注意，因为这件事有这样几个特点：

一是出现早。作为一年级新生，入学刚刚两个月，还处于入学适应期内，就出现这类问题，比较少见。

二是频率高。短期内，出现多次，而且在老师、家长都已发现并进行教育后，仍然马上有了下一次。

三是覆盖广。拿的东西品种有印章、有奖品，拿的对象有老师、有同学。

四是无兴趣。所有拿到的印章并没有被使用过，奖品也是没有拆过包装。显然孩子对这些东西本身并不真感兴趣。

把这几个特点总结出来后，我陷入了思考。这个案例显然不属于常见的小孩子因好奇心而拿东西玩的情况。也因为后期拿的东西从单纯的印章发展到了其他很多种东西，可以排除因为想获得荣誉而拿印章的原因。

从事件的高频率、不分时段场合、不关注物品本身的特点，我也在想，是否孩子已经形成了习惯，停不下来。

我带着这些疑问再次和班主任进行了沟通，想了解在班主任的眼中，这是怎样的孩子，又有怎样的家长。在班主任的眼中，这是个默默无闻的孩子，对事情提不起兴趣，学习一般，好像不是很在意老师的评价。同时，经过这件事情，张老师觉得她非常有自己的主见，遇到这类事情，一般孩子情绪都难免有起伏，可是她显得格外镇静，似乎一切都无所谓。“也可能是很小就开始有这种行为习惯了吧。”老师推测道。

至于她的家长，张老师觉得也有点特别，一般一年级新生家长，都会特别愿意与老师多互动，或打电话或发短信，非常关心孩子的在校表现，对老师的沟通更是会格外积极地回应。而她的家长，很少与老师主动联系。出了这样的事，也仅是让孩子自己把东西带回学校，真是太不重视学校工作了。“对了！这次妈妈倒是比较重视。”张老师说，“她也觉得孩子有问题，因为孩子好像到现在也不觉得自己有错，还跟她妈说‘反正你从来也不相信我！’好像她倒受了委屈似的。”

听到这一句，我顿时有了拨云见日的感觉。

三、问题的分析

我判断，这个案例的出现，是一次“求救事件”，是孩子对被家长不断忽视的一次集中的激烈表达。孩子通过一次次“拿”东西的行为，引起家长对自己的关注，因为“反正你从来也不相信我”，那我就“坏”给你看，看看你到底什么时候相信我，关注我。

如果的确是这个问题，那解铃还需系铃人，要真正杜绝孩子的行为，必须与家长好好沟通，让家长认清问题的原因，积极致力于自身问题的解决。家长的问题解决了，孩子的这种行为就一定会减退。

四、问题的解决过程

孩子的妈妈准时来到了我的办公室。这是一位穿着普通的素颜中年妇女，头发有些蓬乱。我请她坐下来，她看起来比较自在和放松。一坐下，她就主动说起来："不好意思啊，给学校添麻烦了。"表情平静，眼神略带歉意。

"您觉得我请您来是想和您聊点什么？"我微笑着注视着她。

"说孩子偷东西这事儿吧，您一定是提醒我得教育她，要不以后成惯偷了，学校没法工作了。再这样得让她转学走了吧？给学校添麻烦了，真是对不起！"她说着有些激动起来："我管了！自从我听说了这事，每天她一放学我就问她今天拿人东西了没有？那天听说刚说完她她就又犯了，我狠狠打了她的手，都打出血道子了！我也不知道再怎么管了！"她有些无奈又有些赌气地看着我。

我皱了皱眉头，看着这个一脸茫然的妈妈，深吸了一口气，用低沉地语调开口说："我要说的和您想的没关系。我想先问问您，孩子入学两个月了，她跟您是怎么聊上学这些事的？""没什么吧？她倒是老想说，我看也没什么要紧的，也没工夫听。但她应该还挺喜欢上学的，老师们都挺好的。张老师……"

"抱歉，我打断您一下，"我制止了她要夸老师的话头，"咱们还是说孩子。请您评价评价自己的孩子。""她呀！"妈妈好像从没想过这个问题，歪着头想了十秒钟，"她脾气不好，爱嚷嚷。""什么时候？嚷些什么？"我追问道。"还不是嫌我不满足她的要求，不理解她。可为了她不拿人家的东西，我带她去了批发市场，印章、各种老师发的奖品那都有，品种太多了，我说你想要妈妈给你买，拿老师的干什么？她看花了眼，最后也没挑出几个，倒是说妈妈下次你还带我来，我不拿别人的了。""对了！"妈妈好像又找到了新依据，"她就是爱慕虚荣！""怎么讲？"我又皱了皱眉。"她老想着住别墅呢！"妈妈边说边轻笑起来，"我说就咱们这条件，这辈子你别想了！""她为什么想住别墅？"我追问道。"为什么？嫌家里地儿小，太乱啊！其实我也不是不想收拾收拾，但一是没空，二是和爷爷奶奶一起住，老人都不愿意扔东西，他们的房间最乱。反正家里确实有点乱，下不去脚，但是没办法啊……"

"这样看来孩子并不是一定想住别墅，而是想待在干净整洁的房间里吧？"我轻声说。"嗯。"妈妈第一次没有接话。

"我听说孩子把从学校拿的东西都装在书包里带回家，而且就放在抽屉里动都没再动，您没注意到吗？很多家长在刚入学这个阶段都会帮助孩子收拾书包，一起准备学具的呀？"我进一步问。

"这个我没注意，但我发现了就马上让她给老师送回去。当然，我确实应该跟老师说一声已经让她背回去了的事。”这回她的语气中带着点自责。

“孩子对冒着风险拿回家去的东西一点都不感兴趣，但还是不断地冒着风险往家拿，一次又一次，您不感到奇怪吗？”妈妈没接话，脸上写着“从未想过这个问题”的困惑。

“您认为孩子这是在干什么呢？”我的心中情绪涌动，语气明显加重了。妈妈抬起头，继续迷茫地看着我，问：“干什么？”我注视着这位母亲的眼睛，用重重地语气说：“我认为孩子是在求救！”

在妈妈还没回过神来的表情中，我一连串说出以下的一番话：“您听听看我分析得有没有道理：如果我是您女儿，六岁的女孩子，刚进入小学，身份变了，要求高了，需要更多地得到爸爸妈妈的关心和帮助，希望你们帮我顺利度过入学适应期，我有很多小惊喜和快乐想说给你们听，也有很多苦恼和焦虑想向你们倾诉。但你们总是忙，不关注我，敷衍我。我很苦恼，我常感到莫名的愤怒，我冲你嚷‘反正你从不相信我’，可是你根本不听，你们一点也不理解我，我的愿望都没法得到满足，连家里都老是这么乱糟糟的难以改变。那我就破罐破摔吧，我看你们这次管不管我！”

我顿了一下，看到妈妈听得入神，就接着说：“您的孩子选择了一种最最自我伤害的方式，拿别人的东西。在公众视野中，这种行为后果最严重，远比打架、不写作业等行为严重，因为大家会因此给予自己低评价，而且影响持续时间最长。她想，这次看你管不管我，理不理我。一次、两次、三次……她什么时候会停下来？作为老师，我不知道，刹车在您这不在我这。”

这位妈妈的眼圈渐渐红了，我换了低沉的声音：“我今天请您来，想和您谈的是，请不要再忽视孩子的求救信号了！她已经破釜沉舟了。”

两行泪珠瞬时滚落脸颊，妈妈显然抑制不住自己的情绪了，她看着我哽咽地说：“我真没想到是这个问题，您找我是要说这个问题！”我递上一张纸巾，拍拍她的肩膀，不再说话。

一会儿，她平静了一些，边思索边语调温柔地说：“您说得对，是我的问题。她老说想让我多陪她玩，带她去泡温泉，我一直忙，没答应，还总是跟她提要求，这回因为她犯的这事，本来是想去的，我又跟她说没戏了。她平时情绪激动时也老哭着说‘你们老不陪我，根本不爱我！’可我之前真的没多想！”

“孩子是会把缺少交流和陪伴误会成爸爸妈妈不爱自己的。”我安慰道。“她不是误会，是我说的！我有时会说‘你再怎么怎么样我就不管你了，不爱你了'。这次打她，我就说你偷东西我再也不爱你了。我真是不应该这么说。"她后悔地皱起眉头，泪水又涌出眼眶。

"其实她挺单纯的，每次我们稍微多陪陪她，她就兴奋得不得了。"妈妈目光温柔的回忆到。

我看时机基本成熟，于是谈了我的几点建议：

第一，就在今天，约孩子爸爸出来，爸爸妈妈两个人好好长谈一次，回忆孩子的出生成长，回顾自己在陪伴孩子共同成长中的经验和问题，把这次孩子出现的问题好好分析分析，一定要对今后怎么好好陪伴孩子成长做出约定，形成共识。

第二，这个周末就一家人一起去温泉，没有附加条件，理由就是一家人欢度周末。在温泉中，最最和谐的状态中，爸爸妈妈要郑重向孩子道歉，对以前因工作繁忙等种种原因对孩子的忽视做道歉，同时要立下今后一定多陪伴她的保证。让孩子多聊、多表达，同时分享爸爸妈妈上小学时候的有趣的事情。

第三，家里要做打扫，至少给孩子准备一张干净整洁的新书桌，书桌前面是一面干净的墙，供孩子张贴课表、个人努力目标等，没有办法重新装修整个家，能不能买几个整理箱把散落各处的东西归类收纳起来。

第四，加强与学校，尤其是班主任的沟通。这次事件，班主任和相关任课教师处理得非常好，到现在班里都没有学生知道，老师是家长的朋友和伙伴，要信任，要多沟通，相信我们与您的愿望一致，那就是希望孩子幸福成长。

妈妈感激地看着我，频频点头，连声说："您说得对！这四条都记住了，都做得到！一定做好！"

在送她出门的时候，我握着她的手说："珍惜吧，孩子这么重视你们，此刻也最需要你们，好好享受亲子之乐吧。这个阶段随着她的成长会过去的，真等到那时候，就彼此只剩遗憾了！另外，可能孩子的这种行为还会出现，如果出现，一定别着急，这都是成长中的正常事件。一定让她时时都感受到被信任，被关爱，相信她能成长的很好！"

五、问题的解决及反思

事情过去了近一个月，这个孩子再未出现过类似行为。班主任说，孩子妈妈与学校主动沟通得还不是很多，但孩子看上去开朗了。

这件事过后，我也进行了反思。

当问题摆在面前时，最重要的是什么？我想是对事件的判定。定性不同，解决办法的方向、方式就会截然不同。要先辨析，要避免因相似的事件表象，而使头脑被以往常规想法、处理套路所麻痹，要能在复杂的事件关系中找到关键线索，尤其要关注在事件发展中孩子的种种表现。这个案例，如果当初简单归结于学生的道德品质问题，恐怕就不是这样的结果了。

在教育的实际工作中，最忌简单将行为“贴标签”处理，以杜绝不良行为出现为目的的控制主义常会造成对心灵的深深伤害。在积极心理学日益深入人心的当下，越来越多的教师学会了把问题看作“信号”，把功夫下在识别和培养学生的优秀品质上，把精力用到帮学生积累向上的力量上，而不再是全力以赴修正错误。的确，什么也不能替代对学生心灵的关注这一核心，而对问题背后学生实际需求的追问，对问题产生原因的分析，是使我们的工作沉得下去，打动人心的关键。

在这个案例中，我引导孩子妈妈关注孩子行为背后的需求，学会面对问题时不总想着管制而是先想想成人的教育有没有问题。给她提出的建议具体可操作，也是引导她学会以积极的心态和行动营造和谐家庭氛围，开展积极的亲子互动，使生活更灵动、幸福。

接下来，需要做的是持续关注这个孩子。孩子因家长的转变，感受到被重视，被认可，问题行为消退了。但是这种遇到问题就采取极端方式求得解决的思考和行动方式，是要引起关注的。从习得无助到习得乐观，是有一段路要走的。这也恰恰是高质量、间接性的学校教育可以发挥作用之处。我们要坚持在学校教育教学工作中致力于对学生积极心理品质的培养，在学习中培育智慧，在活动中锻炼勇气，在同伴交往中引导友善，在实践体验中锻炼正义和超越……相信，积极心理学可以帮助我们在“让学生过上美好生活”的教育中走得更远。

帮助每一个孩子的幸福成长是我们所有老师的共识，大家共同为之努力着。陪伴引领成长，帮助促进成长，影响启迪成长，这是我们的责任，我们将一直为之努力！

7 第七章　家长，我们一路同行

记得我在与上任校长交接工作时，即将退休的校长说过这样一句话：这所学校的家长是很厉害的。我对于这个地区家长的高素质也是早有耳闻的。我历来都把家长作为学校的同盟战友，为了孩子们的成长，我们双方共同合作。这是我在家校合作的工作上所坚持的理念。在学校各项工作顺利有序开展的过程中，我由衷地感到我校学生家长对学校各项工作的理解与支持。

在我校每个新学年的开学典礼上，都有一个一年级家长参与的“手手相递，心心相连”的家校互动活动。就是在开学典礼前，家长们手牵着自己的孩子，带到班主任老师跟前，亲自把孩子的小手交到老师的手上。家长交出的是一份信任，老师们收到的是一份责任。这样的入学方式也开启了家校间长达六年的合作。

第一节　沟通架心桥

随着时代的发展变化，现在学校教育越来越离不开家庭教育的配合。家校合作机制在近些年越来越受到社会和国家教育管理机构的重视，家校合作的方式也越来越多样。线上网络家长会和线下实体家长会相结合已经成为一种普遍的运作机制。在我校，我对线下实体家长会更为关注，因为在与家长面对面的交谈中，更能体会到教育的本真。

一、第一次真诚的沟通

家长会是学校每学期的常规工作，也是教师和家长平等交流的重要平台，同时也是家长和教师进行沟通，相互了解学生情况的好机会。苏霍姆林斯基说过：“如果没有整个社会首先是家庭的高度素养，那么不管老师付出多大的努力，都收不到完美的效果。学校里的一切问题都会在家庭里折射地反映出来，而学校复杂的教育过程中产生的一切困难的根源也都可以追溯到家长。”因此，对于学生的教育仅凭学校单方面的力量是不够的，必须把家庭、学校结合起来，形成相互协作的局面，从而共同寻找最佳教育方法，以达到育人的目的。

每次的家长会老师们都会精心准备。从家长进入班级的欢迎词，到适宜的桌椅摆放，反映学生生活的 PPT，每一位老师都会给予高度的重视。我坚持每次家长会必做主旨发言，我的发言对于宣传学校的办学理念，达成家长与教师的良好沟通都会起到重要作用。

我在每一次家长会上都会与家长们一起重温这样一段话：孩子是一只小舟，学校和家庭、教师与家长就是小舟的双桨，双桨配合得好，小舟势必乘风破浪，勇往直前。

是的，家庭与学校、家长与教师的良好合作，是孩子健康成长的保障。尤其是小学教育总是与家庭教育密不可分。孩子的成长既依赖于学校的教化，更离不开家庭的耳濡目染。因此，从小学一年级孩子入校开始，我就对家长提出了几点期望，期望家长与学校一起培养孩子健康快乐地成长。我的期待是这样的：

第一个期待是信任。家长们选择了三里河三小是对我校的信任，我们对家长们的信任深表感谢。家长选择了三里河三小，我相信大家的选择是正确的。在这里，有一群为了孩子们甘于奉献的老师，她们不但有丰富的专业知识，更有多年从事小学教育的经验，还有一颗爱孩子的心。家长们首先需要明确一点：老师和您一样，是孩子最亲近的人，和您一样是最希望孩子健康、快乐、向上的人。但是学校教育和家庭教育从方式方法上又有很多的不同。家庭教育是一种单独的教育模式，而学校教育是一种集体教育，孩子在集体教育中可以得到为人生奠基的重要东西。我希望作为家长，要最充分地信任老师，信任老师会公平、公正地对待每一个学生，处理好每一件事情。同时，家长们把孩子送到学校学习就是要孩子听从老师的教导，老师对孩子的教导是为了孩子的健康成长。小学生，尤其是低年级的孩子认知发展还不健全，还不能完全地、正确地明辨是非。因此，需要作为成年人的、拥有丰富的专业知识的教师的指导。因而，“听老师的话”的孩子更容易在常规方面表现突出。其实，在小学是否“听老师的话”能够明显地表现在孩子的品行、学业各个方面。“听老师的话”看似一句很老的话，但对于学生的成长来说始终是非常有价值的话。不但我们在这说，就在北京最好的中学——北京四中，老师也一直在强调“听老师的话”。

怎么才能让孩子做到听老师的话呢？

首先，要培养孩子尊敬老师的习惯，这要从家长做起。我们很多家长是各行各业的专业人才，但对于小学教育来说，却比不上我们的小学老师。例如，家长可能用一分钟来告诉孩子1+1=2，但是我们要用一节课的时间来引导孩子讨论1+1，由1+1的教学引发孩子对数学的兴趣，为以后的学习奠定基础，这些是家长做不到的。因此，家长要从孩子入学的第一天起就让她知道，老师的要求是对的，是不能打折扣的。其次，在碰到家长对老师处理问题的方式有异议时，不要在孩子面前有任何表露，绝不能说“老师怎么这样啊，咱们不听老师的”。有了一次可能是不经意的流露，那么就会有您的孩子下次对待老师要求的大打折扣。如果碰到这样的情况，家长对老师的做法有不同意见，请单独和老师交流。我们的老师也一定能够做到虚心听取家长的意见、建议，不断改进工作。只有有了家长对老师的信任，才能有孩子对老师的信任，才能使孩子能够做到“听老师的话”，才能为孩子的健康成长奠定基础。

进入学龄期对于每一个孩子来说都是一个成长飞跃的阶段。对于孩子父母来说，成为一名学生家长也是一个新的命题。孩子在小学阶段的六年是一个飞速发展的六年，从学龄前期到青春前期，孩子们心理、生理的各方面都会有很大的变化。也就是说，小学阶段的发展对孩子们未来的影响是巨大的。作为学校、教师来说，我们执行党的教育方针，落实课程计划与课程标准，开展德智体美教育，开展心理健康教育等，并且不断探索小学教育的规律。我们全体教职员工用高度的责任心，以视教育教学业务精进为己任的态度，努力做好我们的工作。对于家庭教育而言，学生进入学校学习，与学龄前不同的是孩子要学会在集体中生活。在集体中就要学会遵守纪律，遵守规则；进入学习期，孩子们要学会承担学习的责任，把认真学习作为自己的重要任务；在集体中还要学会如何和老师交往、和同学交往，还要学会在交往过程中遇到问题怎么去寻求解决问题的方法。这些要求对所有孩子都是一样的，是作为小学生应该做到的。

第二个期待是合作。我把孩子们比喻为一只只小舟，学校与教师、家庭与家长就是两支桨。两支桨合作得好，小舟定能乘风破浪；两支桨配合不好，结果可想而知。我认为教育孩子，不仅仅是学校的事情，有时候家长的责任更大。孩子在学校交给老师，但家长绝不能就此放手，不管对孩子的教育。只有把学校教育、家庭教育很好地结合起来，才能更好地促进孩子的全面发展。

首先，需要加强家长与老师的沟通和配合。应该说，家长与老师的沟通，对教育孩子起着重要作用。通过沟通，家长不但能及时了解孩子在学校的动态，发现问题马上对症下药，而且能把一些不良习惯抹杀在摇篮中，有利于孩子的健康成长。这既能很好地巩固孩子在学校的学习成果，也能更好地延伸教育的空间。

其次，家长要正确认识家庭教育的优势，通过家庭教育来更好地配合好学校教育。学校教育方式主要是一对多的教育，而家庭教育是多对一的教育，孩子在家里的时间也更长，所以家长就应该利用这种时间与情感上的优势，时时处处注意对孩子实施各方面的教育，特别是对孩子进行非智力因素方面的教育，如兴趣、情感、意志、行为习惯、性格等。这些方面的教育，当然也离不开老师的指导和帮助，所以家长和老师还需要保持良好的联系和沟通。

最后，回到我说的那句话，“孩子们是一只只小舟，学校、教师与家庭、家长就是小舟的两支桨，两支桨合作得好，小舟必将乘风破浪”。家庭与学校双方的相互合作，共同为孩子们的健康成长创造良好的环境是我们的任务。

第三个期待是正确看待差异。从孩童到小学生的过渡，是一个非常重要的转折期。是从以游戏为主转移到以学习为主，从简单生活转移到有责任意识地生活。我们相信每一个孩子都是出色的，在孩子们进入集体后会很快发现孩子之间差异性的存在。比如年龄的差距，有头一年9月生的孩子与下一年7、8月生的孩子；比如性别，有男生、女生之别；再比如孩子的个性特点差异等。这些都会影响到他能否较好较快地适应集体生活。

差异会在每一个孩子身上发生。我们的老师在教育教学工作中会正视这些差异，采取相对应的方式进行有针对性的教导。但是我们也特别提醒家长们要高度重视这些问题，要有一定的心理准备，尤其是对孩子进入小学生活后可能会碰到的一些困难。在这种时候，家长要有耐心，家长要对孩子充满期待，要通过切实的帮助，使孩子能不断进步。期待孩子的成长，相信孩子一定能不断进步对于孩子来说是一种非常强大的心理影响。当然，我们的期待不是空谈的愿望，而是通过家长与老师的不断沟通，形成合力，促进孩子天天向上。

当谈到对孩子的心理影响时，我要提醒各位家长注意的是，您希望孩子在学校是什么样的，您就去怎样引导他。举例而言，如果您希望孩子在学校的生活是愉快的，每天孩子回家的时候您就要多让他和您聊一聊，比如学校里高兴的事、得到老师表扬了、和同学玩得很高兴等；即使孩子跟您说了不愉快的事，比如和同学打架了，您也要引导他向积极的方向思考。家长期待孩子成为什么样的人，就需要用什么样的方法去引导他。

目前，我们学生在各方面的差异是比较大的。学校、教师也在不断地分析其中的原因。应该说各方面成长较好的孩子，背后不仅有孩子和老师的努力，还有家长与学校、教师的配合。

作为集体教育我们强调差异性，但差异性不意味着不提要求。遇到学校、教师的要求与家长的想法不一致时，家长们大致会有这样几种处理方式：一是教导孩子按学校、老师的要求做，坚信学校、老师和家长的目标是一致的。二是当对学校、教师的要求有不同意见时，不在孩子面前评说。一方面要求孩子按要求做，另一方面家长与教师再单独了解情况，沟通有关问题。三是对学校、教师有不同意见，当着孩子的面发牢骚。我认为这种处理方式只能导致孩子在学校更加学不会正确对待教师与学习生活。前两种做法，显而易见我们都赞成，它们是对孩子的成长有利的。而最后一种方法只能是导致孩子对学校、对老师的不信任，不尊重，更加无法听从老师的教导。

现在，教师的专业发展常被提及，并通过自学、继教学习和学科培养等方式让教师不断进步。专业就意味着它包含着教育的规律与特点，这不同于家庭教育。作为家庭教育中的主导者，家长也需要学习。一名合格的、优秀的家长，是最能感受到孩子健康成长带来的成就感与幸福感的家长，因为您将伴随孩子走更长的路。家长与学校的目标是一致的，让我们为孩子的健康成长而共同努力，相互合作，携手共进！

我的这些话是发自肺腑的，是真诚的，也融入了我对教育、对学校、对家长等方面的理解和认识，因此也赢得了家长对我们的初步信任。有了良好的第一步，我们就开始了共同划桨的默契。

二、沟通无障碍的校长信箱

第一次的家长会是第一次沟通。但是，作为合作教育，一次的沟通是远远不够的。于是，我开通了日常沟通无障碍的“我爱三里三”校长邮箱。

之所以起这个名字，为了时时向家长传递我们是一家人的信息，我们共同为了孩子的健康成长而努力。每天清晨，我到学校的第一件事就是打开邮箱，也许那里传递来的是家长对教师的感谢；也许是家长对一些问题的不明之处……不管是哪一类，我都会在第一时间给予回复。因为家长不了解学校的全部生活，他们所看到的，听到的，只是一些片段，学校就有责任与义务认真解答家长的疑惑。

一所偌大的学校总是会有这样或者那样的事情出现，与家长的沟通交流是必要的。当有些孩子的极端问题需要我出面解决时，我总是及时地站在第一线，帮助干部、教师解决困难。在与家长的沟通交流中我心中的底线：一是如果是学校的错、老师的错，无条件地道歉。二是永远不和家长形成对立，而是共同寻找解决办法。三是保护教师，不让教师受到伤害。有这样的底线在心里，学校中或大或小的事情都能够得以平稳解决，而且一些孩子的家长都与学校成了很好的合作者，最终我们看到了孩子们的进步。

我的“我爱三里三”邮箱的每一封邮件我都会亲自回复，保持沟通无障碍。下面就附几封家长来信及我的回复吧：

家长的来信一

尊敬的校长：

您好！

我有一个小小的建议，请您参考。听说这次要选拔孩子参加6月份的活动，被选中的孩子要操练。对于那些没有被选中的孩子来说，我不敢说有没有歧视，但是有一个做法我认为非常不妥当。那就是让这些没有参加的孩子下课后坐在操场上陪着他们操练，既然他们没有被选中，为何还要参与陪练(运动员陪练还有替补，这里根本没有替补一说，这两种做法完全是两码事，不知道是哪位老师安排的，这可能会对那些没有被选中的孩子的内心有一点点伤害，孩子们已经大了，没有被选中就已经很丧气，还要看着别人，自己百无聊赖站在旁边晒着太阳）。

我觉得一个比较好的做法是，操练的去操练，不参加操练的要么回教室写作业，看书，要么去操场自己锻炼身体，这些都是很好的安排。可能老师疏忽没有想到这些，恳请您考虑我们家长的建议！

祝好！

孩子家长

我的回复

家长同志：

您好！

由于人数、身高等各个方面的限制，只能是部分孩子参加训练，请理解。对于没有入选的孩子，学校的安排是每天下午三点到三点半的时间由班主任组织在操场锻炼身体。由于我校场地所限，只能与训练的同学在同一场地，如自由活动必将影响训练的同学，因此主要会安排孩子们跟着一起做操，时间只有不到半小时，之后就放学了。昨天由于是第一天，学生训练需要学生定位等工作，老师们做相应的工作，只能安排孩子们进行观摩。其实，有心的孩子通过观摩会学习他人之长，提高自己。感谢您对学校工作的支持与理解。

三里三邢晓琰

家长回复

谢谢校长的回复！但是我还是坚持认为孩子们可以自由选择，只有给予自由空间才能让孩子们幸福成长！所以我觉得您不妨让孩子们自己选择：一些爱看书的孩子可以在教室看书学习，一些爱运动的孩子可以到操场观摩练习，我们应该尊重孩子们自由选择的权利！

我的回复

理解家长的心情，但学校毕竟是以集体性教育教学活动为主，学校所承担的学生在集体中成长的责任是最大的，孩子在学校教育的自由空间中所得到的是在集体之中的幸福快乐。学生的自由选择在目前的学校教育中很难实现，进入学校就是在进行集体教育，而且目前孩子的年龄在学校生活中还需要在老师的监护之下，否则一旦出现一些问题……希望您在家庭教育中给予孩子更多的自由选择，这需要多方面的努力。希望您多理解学校、老师的工作，也祝您的孩子在大家的共同努力下各方面不断进步。

家长的来信二

邢校长：

您好！

我是三年级 1 班小天的妈妈，知道您特别忙，所以就长话短说。

我非常欣赏您的领导才能，看到您来到三里三后学校蒸蒸日上，非常高兴，衷心地感谢您！

2012 年学校搞了艺术节，每个有文艺特长的同学都录制了自己的小短片来展现自己的才能，我觉得这是个非常有意义的活动，但是有个小小的建议：能否扩大一些范围，不但有艺术特长的孩子可以自我展现，同时让有其他才能的孩子也可以展现一下。例如，体育项目有特长的也可以录制一段诸如游泳、篮球、足球、体操、羽毛球、乒乓球等项目的短片。既满足了孩子展现自己的愿望，又能促进孩子锻炼身体，同时也给予了没有艺术特长的孩子一个公平表现的机会。

呵呵，只是一个建议，希望能被采纳。

祝您周末愉快！

小天家长

我的回复

小天妈妈：

你好！感谢来信！您提了非常好的建议。我们会根据学校工作的实际情况，适时安排。我们希望给每一个孩子一个展示的舞台，希望三小的每一个孩子都能快乐、自信地成长。

祝安好！

三里三邢晓琰

就这样，“我爱三里三”的邮箱里不断往来着这样的邮件，它让我在第一时间了解家长的想法，并能给予及时地沟通处理。家校之间坦诚相见，及时化解矛盾，凝聚了家校合作之心，收到了非常好的效果。

三、用飞信架起一座温暖的桥

当前发达的信息技术为家校沟通提供了极大的便利。随着现代信息技术的发展，越来越多的老师与家长建立了飞信联系。

有了这一载体，老师与家长们的沟通更加及时、便利。但是随着运用的广泛，问题也逐渐显现出来。有些老师把飞信当作布置作业的工具，有些老师把飞信当作反映学生情况的平台，有些老师把飞信当作给家长布置任务的纽带。如果教师不管是对孩子进行表扬还是批评，作业完成得优秀还是较差，全部利用飞信发给家长，结果只能适得其反。

小学生是比较在乎教师和家长给予的评价的，一次小小的鼓励可能会点燃他学习的热情和自我认识的自信。那么，在实际工作中，怎样让飞信为家校沟通发挥出最大的作用呢？为此，我在学校提出“用飞信搭起一座温暖的桥”的倡议，并尝试了以下一些事情。

就要过元旦了，假期过后学生马上就要面临考试了。我统一向老师们发出倡议，在元旦假期的最后一天下午请给家长发一则飞信，提醒孩子们下午合理安排好时间，准备第二天的考试。在布置工作的表格中，我特地写明，您的飞信要使家长们感到很亲切。但是，节后回来，当我们陆续把教师们发给家长的飞信收集上来，却看到两种不同的情况。一是提醒孩子明天考试，要早点睡觉，带好学习用具，二是向家长说明复习的要求。整体看起来，老师们的短信严肃有余，情感不足。

我校举办了第一次全校健康长走活动，学生们、老师们的收获都很大，都很有感触。我在想，这样一个活动，老师们与家长们会沟通吗？我询问了班主任老师们，健康长走活动后是否与家长进行了沟通。我校共有 38 位班主任，但只有 4 位老师与家长进行了沟通，其中一位是调入学校仅两个月的老师，有一位是工作不满一年的大学毕业生，另外两位是年过 45 岁的班主任。这一结果令我汗颜，这一次没有提醒，班主任老师们就没有意识到这是一个令师生、家校共情的好时机。这促使我不断思考增进教师与家长沟通的方法与措施。

我校召开了第二届学生田径运动会，这是个盛大的活动，也是一个极好的教育时机。会后我给班主任老师们留言：希望能把大家发给家长的飞信发给我，以便互相欣赏和学习。这一次终于有了进步，大约三分之一的班主任主动给家长发了飞信。二年级组基本上以年级组统一的格式给家长们发了飞信。其他年级的老师中，一年级一位、三年级一位、四年级两位、五年级一位给家长发了信息。看着老师们充满感情的飞信，我好像又一次回到了运动场上。

飞信这样一个便利的沟通方式，怎样才能用好呢？于是，我给老师们提出以下几点建议：

沟通很重要。在学校、班级的重要事件前后，一定要发飞信给家长们，获得家长的支持，赢得家长的理解。

简明得体。家长在阅读飞信的时候，为了让他们能够尽快捕捉到重要的信息，飞信的内容尽可能一条完成。

感情情谊浓。站在家长的立场，为了我们的孩子，把自己的爱生之情表达出来，让家长感受到。

个体要关注。孩子每天在我们的身边，一定会有各种各样的事情发生。对于孩子个体的优秀表现与进步，要用飞信及时向家长转达您所观察到的情况。家长如果接到这样的短信，会非常高兴，也会感受到他的孩子得到了老师的关注。这样的信息，希望一个孩子的家长一个学期能多接到几条。

在我的建议下，飞信真的开始在老师和家长之间飞起来。以下是教师与家长飞信交流内容的选录：

鄂老师：

丹妈：近日，孩子在自己吃午饭、收拾书包这两方面进步很大。一是不掉饭，不洒汤了，二是自己的东西也能及时放到书包里，整齐地摆放在书包柜里了。看，她能行的！特告知您，与您分享！

丹妈：

非常感谢您！孩子刚上学时什么都做不好，我心疼孩子，总是掉眼泪，没想到我比孩子还脆弱，让您见笑了。教育孩子真是要有方式方法，苦恼啊！我记得小时候也没有这么费劲啊。我还要慢慢修炼啊！我们多沟通，还得多请教您！

二年级(2)班董老师：

婧瑶妈妈：下周我们班国旗下讲话，婧瑶当升旗仪式的主持，今天发言的稿子已经给了孩子，请帮助指导练习，期待着她的精彩发言。

董老师

今天孩子在国旗下的主持很精彩呀！声音洪亮，有语气，受到了老师们的一致好评，真为她高兴。我看到您还为孩子发言稿贴上了硬纸板，真是有心人，赞！

婧瑶妈妈：

刚看到，真的替她开心！我一直认为她在很多人面前会比较腼腆，不够自信。今天得到一次锻炼，真的很感谢老师的信任！谢谢！婧瑶妈。

杨欣老师：

孩子的毛笔字写得很好！能够看出您在家对他的指导也是费了一番心思。刚才练了几次，每次都很认真，带的纸都用完了。最后，小米的作品很多孩子都抢着要，小米很高兴地把作品送给他的好朋友。真有趣！

米妈妈：

谢谢您对他的鼓励，还让他整理班级书架，他昨天写了篇日记，其中说："我带着青春的微笑走向杨老师……"他和我解释说："妈你一嚷，我就如同泼了一盆冷水般寒冷，从头凉到脚。杨老师从没有这么跟我们大声说话，对待我们如同春风般的温暖。"

二年级(5)班李老师：

小梁这两天有进步，上课听讲专心，能主动读书发言，和同学相处也不那么急躁了。

梁妈妈：

谢谢李老师，您费心了，有进步就好^_^，还得麻烦您多关注他，我们在家有时候给他说的道理，他一到学校就全抛脑后了。

李老师：

其实孩子一直挺不错的，也有能力。我告诉他，组长应该怎么收作业，他现在就做得很好，特别认真负责。有时候孩子遇到事不知道该怎么处理，缺少方法，所以还是要把道理讲通，让他真正接受。

梁妈妈：

听您一说我放心多了。我们以后在家也会像您说的去做，事事对他多关心，让他有进步就得保持，不能松懈。谢谢您李老师！^_^

三年级(2)班陈莉老师：

佳凝最近的学习状态还不错，学习比较踏实认真，课堂发言也比较积极。多鼓励表扬孩子，保持住这良好的学习热情，争取期末有更好的表现。

佳凝妈妈：

多谢老师对佳凝的关注，孩子取得的每一点进步都离不开老师您的辛苦付出。请放心，我们会全力配合，希望孩子能充分发挥她的潜力，在期末取得好成绩！

三年级(4)班丁老师：

孩子最近一段时间学习比较踏实，课上发言有很大进步，作业书写速度也有所提高。提出表扬！

韩妈妈：

好的，谢谢老师鼓励，我会密切配合您，谢谢丁老师！

三年级(5)班张老师：

孩子最近在与同学交往上特别好，很少与同学产生小矛盾，也没有到老师这来告同学的状，说明越来越会和同学相处了，好好表扬孩子吧！

文博妈妈：

太好了，您费心了！谢谢您！

张老师：

不客气，您发现孩子的点滴进步也与我及时联系，共同促进孩子更好进步！

文博妈妈：

好的，一定把孩子的进步与您交流，谢谢您的关注和教导。

三年级(6)班米老师：

孩子今天表现得特别好！在我印象中，孩子今天几乎都没有出现随便说话或者出怪声的现象。真的很棒！我答应他，明天还这么好就给孩子印一朵小花，如果能坚持到周五就奖励他一个奖品。

家长回复：

我父母都是教师，我知道孩子在小学阶段遇到一个好老师，他会一辈子受益的，孩子遇到您是他的福气，太感谢您了！

三年级(7)班耿老师：

张妈妈，您好。小张是个很懂事、很听话的孩子。从开学初的上课不怎么举手回答问题，到现在敢于举手回答问题，有了进步，让我们一起和孩子努力！加油！

张妈妈：

非常感谢您对孩子的关注和付出。从孩子回家的言谈中我们感觉到他很喜欢老师。尤其崇拜您在课堂上生动地讲课。他愿意听老师的话，性格也开朗了许多。收到此信息我也很受鼓舞，我们会继续努力！真的特别感谢您对孩子的教育。

三年级(8)班李老师：

小廖今天在合唱的时候表现很不错，穿上衬衫打上领结非常精神，表情也很到位，特别的好。

廖妈妈：

谢谢老师的表扬，等他放学我把短信读给他听，他肯定会特别高兴的。

现代信息技术的发展突飞猛进，如何为我们的工作所用，为学生的发展所用，是摆在我们面前的问题。班主任工作永远面临着班级的整体建设与学生个性成长的协调统一，善于利用好各种教育时间、教育手段的班主任才是聪慧的，才能更加感受到班主任工作的魅力与价值。在全体会上，我又建议“利用飞信给每个孩子发一条表扬的短信”，五年级的五位班主任先后做了这项工作，取得了预期的效果。

五位班主任根据自己班的情况，有选择地先后发出表扬的短信。有写给班级中个别学生的，告之家长其点滴的进步；有写给为班级服务，任劳任怨的孩子的；有写给近一段学习成绩提高的孩子的；有鼓励学生积极锻炼的；有写给最容易被忽视的中间生的；等等。

无论家长回复与不回复，回复的内容怎样，班主任们坚持做着这件事情。因为大家都知道，孩子健康、快乐地成长是我们的一种责任。家长与老师的相互配合，步调一致，是我们更好工作的保障。因为我们懂得用我们的细心发现孩子的闪光点，用我们的诚心感动身边的人，我们聪慧地工作，一定会有喜悦的收获。我们也将继续做好这项工作，用我们辛勤的汗水，把爱传递下去，温暖每个人的心田。

第二节　我们是伙伴

一、三里三家长讲堂

家长是学校教育的重要资源。为了利用好这项资源，每个班我们都会下发调查表，向家长表述学校教育需要你们的力量，并请家长自愿申报可以为孩子们举行开阔眼界、增长知识、锻炼能力、体验成长的讲座或者活动。

"三里三家长讲堂"的开启是从"年级家长讲堂"开始的。先后开启了《核电的知识》《西餐的礼仪》《人民币常识》《科学小实验》等讲座。当取得了良好的效果后，我们在各班全面推开"班级家长讲堂"，让家长走进班级，宣讲自己的职业，开展丰富多彩的讲座，使孩子们受益匪浅。

以下是一个学期中各班级家长讲堂的内容：

表 7-1　三里河第三小学 2015—2016 学年度第一学期班级家长讲堂

班级	主题	领域
一(1)	生活中的财务	经济
一(2)	火箭与太空	科技
一(3)	有趣的实验	科学
一(4)	货币的由来	历史
一(5)	你愿做这样的人吗？	人文
一(6)	制作寿司	家政
一(7)	极地世界	地理
一(8)	关于邮票的小知识	人文
二(1)	水资源	科技
二(2)	足球	体育
二(3)	光的魔术	物理

续表

班级	主题	领域
二(4)	钱	人文
二(5)	医学小常识	医学
二(6)	画画	艺术
二(7)	黄金讲堂	历史
二(8)	儿童理财	经济
三(1)	国学讲堂	国学
三(2)	节约水资源和污水处理	科学
三(3)	小学生身边的法律故事	法律
三(4)	北京名胜古迹	历史
三(5)	真假难辨的世界	科技
三(6)	运载火箭	科技
三(7)	健康用脑	健康
三(8)	整理房间	家政
四(1)	国防教育	国防
四(2)	中国传统民族音乐欣赏	艺术
四(3)	建筑的历史	建筑
四(4)	金融理财	经济
四(5)	我是小小航模制作家	科技
四(6)	校园安全	安全
四(7)	青少年理财	经济
四(8)	岩石、矿石、宝石	地理
五(1)	怎样当一名好记者	人文
五(2)	外面的世界	旅游
五(3)	生活中的物理	物理
五(4)	学做保健小医生	医学
五(5)	通信信息技术简述	信息
五(6)	生活中的美	艺术
五(7)	市政安全	安全

续表

班级	主题	领域
五(8)	资源的利用	人文
六(1)	雪山来者	探秘
六(2)	探“?”	探秘
六(3)	李白——令人惊奇的诗的世界	诗歌
六(4)	电信与生活	科技
六(5)	中外法庭差异	法律
六(6)	软件开发及故事	信息
六(7)	北斗卫星	科技
六(8)	北斗卫星	科技

48 次家长讲堂带给了孩子们如此丰富的世界，在小学六年中，每个孩子最起码要参与 12 次家长讲堂，家长们带领孩子开启了一扇扇新奇之窗，对学校教育是一个极大的补充。

二、敞开校园迎家长

学生的脸上洋溢着幸福的微笑，教师的目光充满温馨，家长的眼神中充满着好奇。在阳光明媚的春日中，三里河三小迎来了一年一度的“校园开放日”活动。

在安全有序地组织下，学生们一早就坐在教室内等着自己的爸爸妈妈来到身边，一同上课。家长们在校园外排着整齐的队伍等待入校。随着校门徐徐打开，家长凭邀请函快步走入校园，在行政领导的指引下来到自己孩子的身边。

课堂上，家长关注着自己孩子的表现，聆听着教师精彩的讲解。每当自己的孩子说错了，家长那会心的一笑，仿佛回忆起了自己的童年。

四年级马同学的家长说：“在课堂上，仿佛回到了自己小时候的生活，感谢学校给自己这样一个机会，能够重温小学生活。”

五年级王同学的家长说：“听着教师的讲解，看着学生们听讲，真是感到了老师的辛苦，课堂上要关注那么多的孩子。”

三年级李同学的家长说："今天的开放，让我了解了学生的在校生活，看着他们整齐划一地上操，老师们真不容易。"

四年级的一位不愿透露姓名的家长说："我终于知道老师为什么老找我了，孩子在课堂上还真坐不住，这样课堂听讲就不成，难怪成绩老上不去，回去后还真要想想办法，好好配合老师进行教育。"

一次开放活动，经过周密的组织安排，取得了圆满的成功，不但增进了学校与家庭之间在教育上的联系，更增加了学校教育的透明度，让家长更多地了解了学校，了解了日常的教育教学，也了解了自己的孩子。这不是增强家校联系的最有效途径吗？

我们的学校开放日已经成为我校的常规工作，但常规工作不能常规做，我们的学校开放日经历了从开放两节课到开放四节短课，再到开放两天的发展历程，开放形式上的变化也折射出家校合作路上的点点滴滴。

三、欢迎"幸福乐园"新成员

我们常说孩子走向幼儿园，开始集体生活，是他们的第一次"社会性断奶"。进入小学则走向了更加独立自主，更加丰富多彩，更加复杂多变的生活天地，这是孩子的第二次"社会性断奶"。对于孩子的成长是多么重要呀！为了孩子们"幼小"过渡的平稳，老师和家长必须携手共育。

三里河三小的办学愿景就是"使学校成为教师成长的心灵家园，学生健康成长的幸福乐园"。面对刚刚走进学校的一年级学生和他们身后的家长，我们的任务就是要让他们感受三里三乐园的美好，尽快使他们融入三里三的家园，成为幸福的新成员。

（一）"温馨提示"贴身

现在，有些家长工作繁忙，在接送学生时总是来去匆匆，难以抽出时间与教师经常交谈。在这种情况下，"温馨提示"诞生了。入校前、暑假中，家长即开始收到"温馨提示"——一通温馨电话、两个关爱飞信，畅通的沟通帮助学生、家长提前做好各项准备：

温馨电话：您好！您是（　　）的爸爸（妈妈）吗？欢迎（　　）来到我们三小，他（她）已分到一年级（　）班，我是班主任（　　），为使孩子能够在"幼小"衔接顺利过渡，还望您仔细阅读一年级家长信。为方便咱们联系，我会加您飞信(问清是否是移动号)，对您支持与配合我们的工作表示感谢！祝孩子们假期愉快！

飞信：您好！我是(　　)的班主任(　　)老师，暑期近半，相信您已按照家长信的提示帮助孩子做好了入学前的各项准备了吧！我们建立了班级公共邮箱，一些推荐给您的好文章、具体建议会定时投放其中，望您关注。另外，每次当您收到信息后，都请回复我，简短的“(　　)家长收到!”即可，这样我比较安心。谢谢配合！

飞信：您好！为使孩子们在8月29日顺利返校，在咱们班的公共邮箱里有温馨提示，望您仔细阅读(收到信息后，请您回复)，谢谢支持！

提示：孩子熟悉我们三里三的校园网站了吗？校歌会哼唱几句了吧，广播操觉得难吗？提前了解自己即将进入的美丽学校，熟悉校园生活，会增强孩子面对新环境的亲近感和安全感。还有几天时间，请您陪他上网再看看。注意保护视力，一次别看太久啊。

我们把家长称为“学生”家长，是想引导家长把对学校的关注重心放在培养学生良好的学习习惯和学校生活适应力上。

开学第一周是一年级孩子和家长的熟悉期，“温馨提示”指导家长完成从“儿童家长”向“学生家长”的角色转变。

第一周的每一天，我们的老师都会详细告知家长：学校今天教了什么知识，练了什么行为。把家长怎么询问学生学习，怎样与学生交流一天在校生活提示清楚。记事本提示家长要点：

家长看记事本时，请逐条勾画，记事要每日签字。

在家指导学生按照课表自己收拾、准备学习用具。

询问学生在校都练了什么，帮助学生复述、表演在校训练内容。

与学生一起做每日、一周的自我表现评价。

第一周公共邮箱的重点，也是提示家长阅读《适应小学生活，从培养小学生良好习惯开始》的文章，提示家长帮助孩子养成上课专心听讲的习惯、坚持课外阅读的习惯、生活自理的习惯等。培养方法包括：及时与老师联系，持之以恒地加以引导，注意言传身教，多与孩子沟通，及时矫正孩子的不良习惯。

开学第一个月，是“幼小”衔接的适应期，也是强化练习期。我们用“温馨提示”坚持巩固，帮助学生和家长尽快适应、养成习惯，加强表扬鼓励，指导与建议并举。具体做法是：

将每周培养重点提前告知，班主任每周表扬至少两位同学的具体表现（书面评语，发给家长），指导家长家庭教育工作。

结合九月份的学校、年级、班级活动，引导家长在活动前、中、后做好各项工作。

家长如何看待丰富的学校活动，把握在活动中家长的角色定位很重要。借由九月丰富的活动，我们的老师细致引导家长，使家长学会在学校活动中积极协助孩子做好活动准备，寓教育于活动全程。例如，九月份校级活动有开学典礼、趣味运动会、教师节庆典、电影日、迎国庆，年级活动有新生风采展、秋游、学校小菜园体验、好习惯大PK（整理书包、系鞋带、安静午餐、整理书包柜），班级活动有“目标大讨论”（班级、个人）、“教室是我家”教室美化活动、“提笔就是练字时”班级写字展、“数字长跑”（从1到10000）每日数字书写练习活动。

在九月底，班主任老师对开学第一个月本班学生表现、各项任务完成情况、家校配合情况做整体总结，表达感谢，明确提出意见建议，并下发征询意见信，征求家长的意见建议。

（二）“家园”沟通架桥梁

小学是一个孩童从家庭环境走进集体生活的一次重要体验，会面临很多的变化。孩子从万千宠爱集于一身的宝贝到人人机会均等的学生，从无理取闹的淘气鬼，到遵守纪律的少先队员，这一系列的转变将从这里起航。学校不能使学生求知的积极性受挫，也不能任由学生无限制的发展。我们的小学，特别是低年级学生阶段，实质上就是这样的一个过渡期。这需要家长和老师们携手并进，共同促进孩子的成长。

由于现在的孩子多数是独生子女，部分学生劳动能力较弱。例如，有的孩子不会扫地，连扫帚也不会握，有的孩子不会系鞋带。班主任一方面在校教孩子如何做，另一方面，把孩子在劳动中的表现以“温馨提示”的方式告知相关家长，并提出孩子在家劳动、练习的要求，指导家长重视孩子习惯的培养，有计划地培养孩子的自理能力。

班里总有特别调皮的孩子，班主任就坚持个别跟踪联系，每天都以“温馨提示”方式与他的家长联系。记录孩子的优点和每天的进步，并提出需要注意和改进的地方。联系中尽量做到多报喜，少报忧，先报喜，后报忧，让家长看到孩子点滴的进步，激起他们学规范的信心。

有时我也向家长提出教育的方法和建议，希望用更好的教育方法来引导孩子们。家长谈孩子在家里的情况、近来的变化与长进、存在的问题及对学校里的希望。经过这第一个月关键期的跟踪联系，孩子的行为习惯有了明显的改善，阳光而自信。以下是我们一个班级 9 月的家校沟通记录。

表 7-2　来自“家园”9 月的家校沟通记录

日期	内容(学生部分)	内容(家长部分)
9 月 4 日	练习按课表收拾书包。 眼操穴位找准了吗?	参加周一升旗仪式，学生需穿好校服。 现在每天早操都在学习“七彩阳光”，可在校园网下载这套操，帮助孩子纠正动作，您和孩子一起学到哪节练到哪节如何? 在垫板上标上班级、姓名，可避免拿混，其他用具也可参考此法。
9 月 5 日	每天自己把铅笔削尖，养成好习惯。	请家长帮助指导孩子们按准眼操穴位，见《健康教育》6～8 页，《保护大眼睛》。
9 月 6 日	跟着运动员进行曲练习踏步效果更好，注意口令 1 落在左脚上。	请家长关注公共邮箱。
9 月 7 日	本学期体育测试内容：25×2 往返跑，坐位体前屈。现在开始练习吧!	晚上早点睡觉，孩子一天都会比较有精神!
9 月 11 日	记得今天的美德故事吗? 讲给家长听吧。	在家练习踏步，您帮着喊口令如何? 口令 1 要重重地说啊!
9 月 12 日	我们的收拾书包“秘诀”请你展示给家长看。	请家长认真阅读选修报名表上的提示，根据孩子的兴趣填好意向，选修课是培养兴趣的好机会，一定好好商量啊!
9 月 13 日	第一次书写赛在明天，再练练!	明天下午的家长会，请每位家长带好入场券准时到班(提前安排好孩子的下午学习生活，想好需要当面沟通的内容，最好带笔和本做些记录)。

续表

日期	内容(学生部分)	内容(家长部分)
9 月 17 日	孩子，从今天开始，自己试着把记事读给家长听吧！	请每天督促孩子练习拼读老师发的音节表，日积月累，坚持下来！
9 月 18 日	孩子，学会完成口头作业的方法了吗？	家务活让孩子一起做吧，班级卫生打扫需要他一显身手呢！
9 月 19 日	29 日趣味运动会项目预告：钻山洞、托球跑、跳跳球、障碍赛。自己可以练习，争取第一！	如果您每天晚上看着孩子收拾书包，赞美他能对自己负责，就可以免去早晨匆忙往学校送用具的劳累了。
9 月 20 日	孩子们，咱们这两天课间有追跑现象，今天测量身高、体重时，有随便说话现象，希望大家注意改正。	吃好中午饭很重要，学校的营养餐能保证吃饱，营养也够，请您放心。要教育孩子不挑食，尽量吃得干净。
9 月 21 日	孩子们，今天是周末了，记得把这一周学到的知识复习复习啊！下周语文、数学都有小测试，还要发小奖状呢！	周末多陪陪孩子，肯定他付出的努力，一起聊聊学校的开心事吧！ 抽出一些时间巩固复习一周所学(一小时以内)，是非常好的学习习惯。
9 月 24 日	孩子们，你们今天的表现非常好，文明有礼守规则，校园因你而美丽！坚持下来就是好习惯！	周日晚上的学前准备也要做扎实啊！
9 月 25 日	提醒家长把回执填好交给你。	收到带回执的通知，都需要您填写好回执，撕下，由孩子在第二天带回学校。所有通知请拿个专门的文件夹收存好。
9 月 26 日	今天的早操，大家能做到：认真学，站姿漂亮，小动作少。真棒！	今天进行了视力检查，请您关注检查结果，提醒孩子在家注意保护眼睛。您的榜样示范作用也很重要啊！
9 月 27 日	孩子们，练习趣味运动会的项目了吗？比赛临近，加油哟！	为趣味运动会，孩子们做了很多准备，您近期为此鼓励他了吗？(寓教育于活动中，还记得吧)请一定为他准备合脚的运动鞋，啦啦队道具可以适当准备，要能让孩子参与制作和准备道具，意义非凡！为了新集体，加油！

续表

日期	内容(学生部分)	内容(家长部分)
9月28日	孩子们，明天趣味运动会，加油哟！老师想告诉你：文明、安全度八天小长假；寻找“身边的美丽”(画画、拍照都行)，节后与同学们分享；坚持锻炼身体，正常作息和饮食，保持健康哟！	明天穿合身的运动衣和运动鞋，有亲子障碍赛的家长也穿好运动装。家长自愿观赛。孩子多穿衣服，学生可以带个椅垫，可带简单啦啦队道具……照相，摄像不必费心，学校会将精彩瞬间，全程录像放到校园网上供大家下载。

千里之行，始于足下。小学生活是孩子们走入社会的起点，也是将来长达十几二十年学习之路的一个开端。我们就是这样以耐心和细心，与家长一起携手，陪伴孩子顺利走好他们学习生涯的第一步。

第三节　家长满意我就满意

一、不记名意见与建议

每学年我们基本上会分三次向家长不记名地征询意见。第一次是第一学期的期末，第二次是第二学期的全校校园开放日，第三次是“五一”前后“评选我心中的好老师”。每一次家长的意见与建议我都高度重视，并做充分的统计，我会亲自阅读每一条家长的意见与建议。

当回收上所有的问卷后，我们首先将所有调查问卷按年级、班级归类，接着由年级主管主任进行统计，实际人数、上交人数、满意率、意见与建议等都要逐项统计，然后在全体大会通报整体情况，并将所有的统计表下发到各位班主任的手里，由班主任组织科任课教师参阅调查问卷，并填写整改的方法。最后是对留有电话的家长逐个进行回访。

每年的调查问卷中，学生的中午午餐一直是个家长反映比较集中的问题，虽然我们已经尽力了，但是学生餐送盒饭，家长们的意见堆成山。怎么办，是置之不理听之任之，还是主动作为，破解难题？我们依然决定挖掘校园潜力开辟学生食堂。学生食堂建立后，学校自出菜谱，监管工作，促进了学生午餐水平的大幅度提升。最近的一次调查问卷，食堂问题的意见没有了，家长满意了。

记得有一次的家长调查问卷中一位家长反映说，家长会上听校长说重视学生的书写质量，但是没觉得有成效。我及时反思问题所在，“书写很重要”大家都有共识，可是落实起来，老师们因有各种各样的工作任务要完成，又常常被忽略掉。怎么办呢？经过行政会群策群力，大家一致决定每天拿出10分钟，设定清晨练字时间，全校共同促进“书写很重要”一事。功夫不负有心人。经过一段时间的努力，我校学生整体书写水平有了很大的提高。

二、金杯银杯不如口碑

由于我们重视家长的意见与建议，并以此不断促进与改进我们的工作，学校的各项工作持续得到了家长的认可和大力支持。在第三方“北京市小学规范化建设项目”的家长调查问卷中，我们可以很直观地看到家长们对学校工作的充分肯定。

以下是最新的北京市相关部门对学校发展水平调查问卷的部分统计内容汇总。从这些表中不难看出，家长对学校教育观念非常认同，对我们学校各方面工作有着高度的认可。

表 7-3　2014—2015 学年度各主体对北京市西城区三里河第三小学发展总体评价与区县和北京市平均分的比较

评价内容	我校得分	区县平均分	北京市平均分
学校发展规划	98.5	94.6	92.5
干部队伍	97.0	91.9	92.7
教师队伍	96.1	93.0	93.4
德育工作	97.6	92.2	92.6
教学工作	97.7	92.6	93.5
体育卫生工作	98.6	94.4	94.7
心理健康工作	96.5	89.7	88.9
资源管理	98.0	92.6	91.9
学校氛围	98.3	93.9	94.1
学生素质发展水平	96.7	90.8	90.6

表 7-4 2014—2015 学年度各主体对城区校
小学学校发展总体评价得分与区县和北京市平均分的比较

评价内容	我校得分	区县平均分	北京市平均分
学校发展规划	98.5	94.8	93.9
干部队伍	97.0	91.8	93.2
教师队伍	96.1	93.0	93.9
德育工作	97.6	92.2	93.2
教学工作	97.7	92.6	94.0
体育卫生工作	98.6	94.4	95.1
心理健康工作	96.5	89.8	89.8
资源管理	98.0	92.6	92.9
学校氛围	98.3	93.9	94.7
学生素质发展水平	96.7	90.9	91.5

表 7-5 2014—2015 学年度各主体对小学学制学校
发展总体评价得分与区县和北京市平均分的比较

评价内容	我校得分	区县平均分	北京市平均分
学校发展规划	98.5	94.8	92.6
干部队伍	97.0	92.0	92.8
教师队伍	96.1	93.1	93.4
德育工作	97.6	92.3	92.7
教学工作	97.7	92.7	93.5
体育卫生工作	98.6	94.5	94.7
心理健康工作	96.5	89.9	89.0
资源管理	98.0	92.6	92.0
学校氛围	98.3	93.9	94.2
学生素质发展水平	96.7	90.9	90.7

这样的评价，真切地反映出我校的各项工作在家长心目中的位置，也从一个侧面反映出家长对学校工作的高度认可。

三、精彩博文展示校园风采

有不少家长参与了我校的很多活动，他们把活动中的见闻感受写成文字，发表在博客上。以下几篇是我校的家长博文，可以从一个侧面反映出家长们在家校同心的路上共同收获着幸福。

2014 年年末，我校成功策划并举办了“首博迎新年”的活动，融“大手拉小手”“博物馆参观”“合唱队快闪”等活动为一体。付同学的爸爸写了博文，真实记录了这次活动的点点滴滴和自己的切身感受：

精彩、感动、自豪

——记三小参观首都博物馆之北京民俗展览活动

年末的一次活动——三小参观首都博物馆之北京民俗展览，全程亲身体验、亲力亲为的服务和观察，让我深入了解了三小该活动组织的缜密和拓展性实践教育的意义，也看到了三小学生的正能量正在一级一级地有效传递。

醉翁之意不在酒，在何？今日话题不在北京民俗参观的内容，而在我内心的感动之事。何以为此呢？因为吸引我且令我意外的是众多高年级学生承担了讲解员的角色！且职责不是仅此而已。那么他们工作的特色职责是怎样的呢？这次我也当一次解说员给各位进行具体介绍吧。

“随波逐流”进入首都博物馆，才知道班级的“小豆包”被分成“多份”给了六年级的大哥哥、大姐姐，或一对一，或一对二，或二对五。而如此组织让我预感到今天组织搭配似乎另有玄机，隐约感觉没有往常手拉手那么的简单。

果不其然！自信的直觉让我决定在不断奔波寻找班级不同组的小豆包的同时，间接性的固定跟踪了由几组大哥哥和大姐姐负责的参观小组。而这些讲解员就是众多参观学习的解说员代表，而接下来“亲身体会”和“亲眼所见”的现实征服了我！

安全自然不必多说，必然是活动组织的基础，也是众多学长的首要责任，从“潮涌”般短暂但有序地进入大厅开始，安全意识和有序组织始终是学长们的基本功，并贯彻始终。看得出，他们的“安全功夫”还是很有功底的。

明确自己小组的成员，令组员不能逃脱学长们的视线，似乎是长期的兄弟姐妹间的自然默契，相互尊重和责任心驱使着大哥哥、大姐姐做好缜密安全的工作。且在讲解之前，首先做到负责全员“整体挪移”到展览位置后才有解说的行动。

在前引领讲解，于后跟踪照顾。不管是人流潮涌，还是独享空间，各小组学长始终让小组成员排成队，或聚拢一起，有序行动，按组活动。组长或在前引领，或“断后”耐心细致照顾，在拥挤区域则两手“紧紧”地拽住豆包，用身躯照顾中间的豆包。责任心驱使着他们奋力维护弟弟妹妹的安全，实在是难为他们了。

集体活动的过程中，孩子们有序等候，谦虚礼让。在用滚动电梯上下楼时，我看到的是两位解说员让五人成一队，紧贴墙等候于电梯口的右侧位置，之后服从楼梯口老师的指挥再有序而下，旁观的我，被他们的行为感动。

对展览区的民俗进行讲解，这是讲解的核心内容。我未在意其内容，吸引我的是讲解员肢体语言的得体到位，声音洪亮清晰，丝毫不逊色于正规的成人解说员。而孩子们则每一次都非常认真地倾听，偶尔互动，看着大哥哥被问得无可奈何但又耐心解释的样子，真心也想帮一把啊！

胸有成竹，自信讲解。显然如老师授课前的备课一样，他们的“备课”功底和能力也是足足的，自信自然地认真解说，着实让我感慨了一把。很难相信这样自如的解说和他们的年龄相匹配。

言传身教不单单来自父母与老师，更来自孩子身边的大众，包括学校的大哥哥、大姐姐。而如何将“正能量”传给身边每一个人，我想这也是三小“手牵手”的深层含义所在，我认为这些学长起到了身先士卒、树立标杆的示范作用。

中途休息喝水，由于人多找不到纸杯，大哥哥亲自出马寻找到纸杯，并亲自打水给每一位弟弟妹妹。大姐姐负责看管小组成员，确保人员一个也不少，休息的同时不忘安全，分工合作，缜密周全。

连轴转地走动参观，对孩子来讲也是体力活，学长们注意服务对象的特点，随机调整休息，劳逸结合。参观过程中，在人员较少的地方学长则让弟弟妹妹依墙而息或坐阶而休，有的甚至钻入了学长姐姐的怀抱，这个亲热！显然是关心豆包们的精神和体力的恢复。

由于孩子们穿的衣服比较厚，身材较矮小，偶然一瞥，发现大哥哥半跪着为某一小豆包拉拉链，体贴入微的行为，亲力亲为的关心，真是照顾到家了。或验证了另一面，即三小的氛围已然是家庭氛围，学长和学弟、学妹业已是一家人了。

采取激励措施，兑现诺言，是有效管理团队的又一个小亮点。说实话这也让我有些意外，大哥哥、大姐姐鼓励豆包们谁表现得好，且持之以恒，谁就能在活动结束时获得铅笔之类的奖品。我想这也是该小组有序参观的一个小小“诱因”吧！而且最后大家都得到了奖励，不管怎么说，学长们对组织小团队还是花费了很大心思的。

尊敬师长，祝福问候；馈赠作品，新年问候。小豆包们把自己预先亲手制作的新年礼品送给老师、家长、甚至工作人员，尤其让我感动的是，有些孩子把自己的礼品送给参观的一对老爷爷和老奶奶，老两口获得的绝对是意外惊喜和新年祝福。

在参展过程中，一个豆包站在民俗展展台旁，正好有社会参观人士需要拍照，学长见状非常客气地将小豆包拉到旁边，并待他人拍完照后又重新让豆包归位，暗暗为此学长竖大拇指！懂得礼让，以礼为先！

老师是孩子们成功表现的强大后盾。从初始对“手拉手”的“窥见一斑”到如实的“不同凡响”，足以证明孩子们身后有着经验丰富的组织管理队伍。事前的活动组织准备和培训学长讲解，事中各位老师各司其职，各负其责，事后老师们坚持到底确保完美无缺。

孩子们成功的表现，对于高年级学生来说有着实践出真知的效应和责任意识加强的收获。对于小豆包来说，则从大哥哥、大姐姐那里获取了知识，学习了榜样，更获取了正能量，一代代、一级级传递。正如我在活动后听到一年级豆包们所言：“将来我也要和大哥哥、大姐姐一样带领小弟弟、小妹妹参观讲解，并照顾、关心他们。”

跟踪报道结束，整体过程都洋溢着春节的气息。大哥哥的自信，大姐姐的细致，学弟学妹们的学习进步，一切结合得那么完美。值此之际，作为活动介绍人的我代表家长最后对老师们说一声：老师，你们辛苦了！

下面博文记录的是我校学生登上国家大剧院舞台进行合唱演出，反映了我校艺术教育的一个侧面：

非凡的国家大剧院演出

转眼到了2014年年末，孩子们在温暖的三小家庭业已扎根，并在甘露的滋润下茁壮成长。在成长过程中，孩子们不但汲取了三小育人土壤的丰沛营养，同时在身心上得到了“多元素营养”的沐浴。

鸟瞰国家大剧院——壮观而美丽，静而雅的现代潮流气息，远远超越了家长心中未曾谋面的幻想，此行岂不是三小借此舞台为孩子们的人生镀上了一层艺术实践的金箔。

坐落于美丽长安街南侧的艺术殿堂，不但是艺术性的地标，也因孩子们能够在此演出而成为孩子们在三小生活教育中又一阶段性的地标，何况该舞台也是许多家长足迹罕至且又期待向往的舞台呢？

恢宏、磅礴的庄严殿堂，是众人的梦想之地，如今三小将孩子们送到了外部辉煌而磅礴、内部典雅而富有艺术内涵的“艺术殿堂”。

徜徉其中，虽然孩子们与苍穹般的音乐空间相比有些“渺小”，但这次“梦之旅行”给孩子们内心世界烙上了“高端”的艺术情操，并为他们的人生奏响了绚烂璀璨的一段乐章。

孩子们幼小的心灵得到的是现代、豪华、宏伟的气势的洗礼。活动给予了孩子们更广阔的视野和发展空间，寄托了三小老师对孩子们发展的期待和渴望。未来如此的宽广，前途如此的无限。

置身音乐厅，似外界的苍穹内置其中，穹顶如银河，不知孩子们置身其中的感触。无论是娇小身躯，还是幼小心灵，面对偌大的艺术世界，除了内心“好奇惊叹”外，是否也有成人般的“自豪和激动”就不得而知了。

孩子们的演出融合了剧院特有的“宁静、清新、高雅”的艺术元素。在三小老师的努力下，孩子们似乎已然成为殿堂的又一元素，舞姿虽显稚嫩，但却真实地展现于国家舞台。家长由衷地为孩子们自豪。

三小孩子们能在此演出，我想不单单是他们艺术心灵和行为的镀金，更是老师和孩子们共同成长的又一见证，映衬了三小老师对孩子教育的责任。

三小如同教育之舟，家长是波光粼粼之湖，那么的默契，彼此衬托，互相依靠，当然，教育的多样化自然体现其中。静思这次国家大剧院的演出，是三小家校默契合作的又一典范。

若把三小比拟为高雅的国家大剧院，那么孩子的家庭则汇聚成环绕于周围的湖水，两者浑然一体，恰如独树一帜且魅力无穷的剧院与微风吹拂而涟漪阵阵的湖水。

如此震撼的美景，如此自信的演出，笑容洋溢，老师高兴，孩子兴奋，相信孩子们会珍惜眼前的一刻。

《折纸的含义》是我校家长讲堂的一个缩影，进一步阐释了我们在家校协同上共同促进孩子成长的努力。

折纸的含义

都说孩子是一张白纸，孩子的成长过程就是老师和家长在白纸上进行艺术发挥的过程。当然艺术的发挥可以不拘一格，这其中就包括三小的一次艺术折纸的实践课。

一年级作为孩子成长的关键时期，行为与思维的并行锻炼尤为必要，也是孩子后期成长的基础。得益于三小家校合作的基础和家长对学校的深厚感情，我们共同打造了孩子们艺术人生的重要一课。

折纸虽然复杂，却挡不住孩子们对奇幻世界的探究，每一个孩子都渴望自己手中的纸张能够变幻为心中的渴望。

折纸艺术的精湛技巧，怎能不让孩子们热衷于折纸课堂呢。当然，孩子的目标是单一无邪的，他们有求知的欲望、探索的追求，期待梦想的实现。

言归正传，折纸艺术是孩子们成长过程中的“精雕细刻”。无论从心智的提升，还是意识空间的拓展，还是思维和行为的统一，都对孩子有益。

折纸，升华了孩子的“聪明智慧”。引用苏联教育家苏霍姆林斯基的一句话：儿童的智慧在他的手指尖上。显然折纸是对孩子聪明智慧的艺术体现。

折纸，为孩子精炼了“细心耐心”。孩子的心智也在逐渐借助学习生活的成长平台而逐渐成长，折纸艺术则对孩子细心耐心的培养有益。

折纸，为孩子拓展了“多维空间”的意识，孩子的观察和想象力急需拓展，而折纸无疑在视觉和行为上为孩子创造了这样的一个机遇。

折纸，为孩子发展了基础“创新思维”。静态平面的纸张能够折成千变万化的形态，从平面到多维的转换，除了在视觉上的感知外，更是对孩子思维空间的锻炼。

折纸，为孩子磨合了“思维行动”。折纸的复杂性和多样性给了孩子们相应肌肉群的运动机会。

折纸，更是三小老师和家长共同为孩子在成长的白纸上画下了浓墨重彩的一笔。人生本身就是一幅画，而我们的孩子在三小全体老师和热心家长的共同努力下，一起执笔为自己的人生画纸添上了精彩的一笔！

看到家长写的这些文章，我特别欣慰。我感觉学校老师们的一切付出都是值得的。虽说组织活动会花费很多精力，但孩子们得到了锻炼，能够茁壮成长，所有的付出都是值得的。应该说三里三的孩子们是幸福的。家长们看到自己孩子在幸福快乐地成长，自己何尝不是幸福的呢？而我们的老师，我相信也会以学生家长的满意作为自己职业取得成就的证明，而获得更大的职业幸福感。

再次回到那句话，“家庭与学校、家长与教师就是孩子这只小舟的两支桨，配合得好小舟乘风破浪，反之，不言而喻”。这段话在每次家长会上我都要向家长重申，我要让家长理解学校、老师和家长永远是同心的，是希望并愿意帮助孩子们健康顺利成长的。

第八章　美丽校园，风光无限

“青青校园”是我理想中的校园环境，是师生共同生活的地方。它纯真、简单、不匠气，是师生成长的温馨之地、舒适之地、自我之地。我们的校园不大，但进入这里的人都会留下深刻的印象。因为我们的校园是简朴整洁的，处处彰显着我们对于教育的思考；我们校园是鲜活的，到处有孩子们的印记，生动而真实。

学校充满着孩子们的欢声笑语，在这优美的环境里，幸福的师生共同造就了青青校园里的片片生机。

第一节　青青校园，我的家

学校是全体师生工作、学习的地方，在一定意义上，学生每天在校园的时间比在自己的家还多。因此，我想这个地方一定要成为一个让大家身心愉悦的场所。

现在各个学校越来越重视校园环境的建设。我们学校由于受到拆迁等因素的影响，校园环境真的是不敢恭维。为此，校园环境的打造我从不请设计公司，而是根据学校的实际情况因地制宜。每当我的一点创意被大家称赞时，心里还是很得意的。

一、美丽无声蕴教育

虽然有句俗话说“官不修衙”，但是，我在三所学校任职过程中，都把学校的环境建设当作一项重要的内容。在第一所学校，即便是一所资金非常短缺的学校，我们也亲眼看到一个个教室的变化。第二所学校是全寄宿制的学校，不招收片区内的学生，而是面向全市招生。所以，在很长一段时间内(区教委)装备中心很少向这所学校投入资金。但是因为我们有一定的费用收取，学校的资金跟第一所学校相比，还是有了很大的变化。我把每一分钱都放在学校的环境建设上，资金有限，就一点一滴地做，学校的每一处变化都有我们团队的心血。

在学校环境建设理念上，我坚持不使用设计公司。一来这是为了避免概念化，二来也是真正使每一处的变化更能体现为了“人”，为了师生共同发展的理念。虽然当时的学校是一所300人规模的普通学校，但它曾代表西城区迎接北京市的教育督导并获得好评。我校的环境建设虽不是教委基建处投入资金的，但学校清新、舒适的环境，被收入了教委基建处的成果画册。

第三所学校是就是三里河第三小学。三里河第三小学一校两址，分低部和高部两个校区。因为受到拆迁的影响，近十年没有大的投入，学校基本处于一种破败的状态。UDS团队调研时看到的学校，是为了迎接北京市学习型组织的检查，教委临时花了近20万做了最简单的建设后的校园。在我来到三里河三小半年之后，我校的低年级部实施了校园安全工程，借助这项工作，我校的低年级部有了翻天覆地的变化。在完成“校安”的基础建设之后，我们花大力气对整个低年级部进行了整体规划。之后建设了进入操场时能看到的“天天向上”假山喷泉、操场东侧的农艺院、操场西侧的学生画廊、进门处的小游戏区、新铺就的塑胶操场、面向大门的大屏幕等等。

针对教学楼内先天比较狭窄的情况，我们因地制宜，不在楼道内添加过多宣传，不造成学生视觉上的压迫感，而是在色彩上采用简单的颜色，尽可能简洁。

我校的校园环境变化是明显的。低年级部、高年部既有区别又有相通之处，我们努力为孩子们创设一个空间有变换但又不陌生的高、低年级部学校环境。

在我校的低年级部校区，一进校门是“天天向上”的假山，假山下有缓缓的流水、游动的小鱼，给校园带来了无限生机。学校的塑胶操场活跃着孩子们运动的身影，操场旁边的“幸福号”游戏区为“幼小”衔接做了一个过渡。操场的西侧是学生画廊，每一个年级孩子的作品都会列入其中；东侧是一个小农艺园，在那里学生能初识农作物。教学楼的门厅两侧是“葵花墙”，同时可以宣传、布置相关内容。教学楼内的滚动宣传栏，融“行为规范、民族教育、静的教育”为一体。教室内设施齐全，卫生间整洁干净。

在高年级部的南楼，我们布置了大量的展板，可以把孩子们鲜活的学校生活展示出来。我们对于学校文化的思考是，社会的发展已经给孩子们带来了太多的浮躁，目前的学生需要的是宁静的力量。我们期望未来三小的孩子是动静相宜的孩子。动是在运动场，动在活动中；静在行为上，静在学习中。

在学校全部完成整体的维修之后，我们还会在办公室的小环境建设上动动脑筋，把办公环境营造得更加美好！

“环境造就人”这句话在我校环境的改建过程中得到了进一步的验证。记得我刚到学校时，到教学楼里转一圈，会捡到许多丢弃物。环境变得整洁影响了孩子们的行为自觉性，现在，楼道内不再有丢弃物，孩子们的不良行为也得到了有效的改善。

我们坚持环境为孩子服务，比如我们的宣传版面应用的是四幅联动的画面，每一个画面简单、清晰，力求给孩子们一个明确的引导。我们的楼道虽狭窄，但简洁、通透，力求给孩子们一个舒畅的活动空间。我们在操场边设置画廊和农艺园，让孩子将美、健康与生活紧密联系。我们的校门口是假山、流水、游鱼，试图给孩子们营造灵动、活泼的第一感觉。

美好的环境无疑会为学生带来心情上的愉悦。为了使孩子们成长在一个适宜的环境中，我们努力因地制宜建设良好的校园环境。教室中有符合《健康促进标准》的桌椅、高标准的多媒体设备、整齐的书包柜、体现教室文化的宣传板。

我们校园中的“三小农艺园”成为孩子们体验劳动，体验收获的乐园。“快乐成长学生画廊”中，学生用彩笔描绘幸福的童年。“阳光灿烂”心理咨询室的建设，成为孩子们舒缓心灵的一个场所。宣传橱窗《小学生行为规范》与《三字经》的同步布展，昭示着现代与传统共存。楼道内的滚动展板将多元素的教育渗透其中，无声胜有声。各种展示墙上都将每一个孩子的精彩留住。“自然宁静”的学生阅览室，把学生带入了书与知识的海洋。“这里很干净，请你爱护它”是我校卫生间独特的标语，在这里学生将实践真正的道德。

我们校园中的动静分区是相对明显的，对孩子们生动活泼又安稳沉静的良好状态起到了积极的作用，我们坚信“动静相宜静生慧”。

第二节 课程服务变革多

日本学者佐藤学在《静悄悄的革命》中说，所谓课程，一言以蔽之，就是学习的经验。就我个人的理解，一个学校的课程就是在为这个学校的学生搭设起获取经验的平台，是为学生提供服务的教育产品。每个学校的课程应该是独一无二的，应充分反映这个学校的学校文化。当看到我们通过努力为学生提供了那么多锻炼能力的舞台时，这种感觉是多么的幸福啊。

在我们的校园中，课程可以说是无处不在的。它既有按照课表上课的文化课程(文化课程包括国家课程、地方课程、校本课程)，也有学校建设的年级活动课程与体现个性的炫彩课程(大型活动、兴趣小组等学生团体组织的自主活动、综合实践活动)，还有校园中对学生潜移默化产生影响的环境、资源、家校等隐性课程。

我们的课程建设是以"见识之道"为主题进行的。所谓"见识之道"是指明智地、正确地做出判断及进行认识的能力。见识产生于人的才智，也产生于人的天性与心地，能够使人广泛接触事物，扩大见闻。

我们围绕这个主题从拓展国家课程，开发活动课程和炫彩课程，以及重视隐性课程三个角度，努力开发出多样性的、可供学生选择的课程，扩大学生的视野，丰富学生的技能，以比较完善的三里三课程体系推动教师、学校同学生一起成长，一起发展。

从 2012 年开始，我们又逐步尝试进行课程变革，打造富有自己特色的课表，设置好每节课的教学亮点，让学生上好每节课。

一、设置新课程，创造新课表

我们以课程开发的视角审视学科教学，构建具有我校特点的、科学的课程体系和实施策略，促进教学质量进一步提升。通过调研并结合国内外已有经验，我们设置 35 分钟为一课时，既保证了课堂上的讲练时间，又有效地通过控制时间促进更加高效地使用时间。我校将调整出的时间分到各个环节中，进而增加学生活动的时间，让学生在校园里享受到更多课堂外的教育教学活动。每天清晨练字 10 分钟，每天中午经典诵读 5 分钟，为学生学习和继承中国传统文化做好时间上的保障，取得了很好的效果。

作为调整，我校在自主进行课程设置时，将体育活动、养成教育课、语文创意课、数学创意课、低中衔接课、图书馆阅读课都纳入课表。为配合课程学时的调整，增加了作业时间，给学生在校做作业的时间。我们还调整学校作息时间，增加了午间的游戏时间，给学生更多的在校活动时间，引导学生学会游戏，有效游戏，体验中国传统游戏文化。

在课表中，语数教师除了规定的学时外，我们还有诸如语文创意课、数学创意课、作业课等学时。为了鼓励老师们创造性地展开工作，在完成周任务的前提下，语数老师可以整合自己的学时，形成可调控的长短课的安排。科任学科保证了学生每天一节体育课，对美术课、科学课进行了两节连排，学生的实践活动时间得到了充分的保证。

二、课堂微调整，规划每节课

现在课堂上要给学生更多的动手操作、口语表达的时间，让学生参与到教学过程中。我们从课程开发的角度设计了数学学科的每节课 5 分钟口算练习，语文课的每节课动笔书写环节，体育课的每节课 5 分钟跳绳，英语课的每节课 2 分钟口语交际等针对性的学生实践体验活动。学科教师结合新的要求调整了自己的课程教学，改变了以往的授课模式，开发了适合新课程体系的教学环节，让学生在每个 35 分钟里都有收获。同时也潜移默化地影响了教师在课程教学中的不断发展。

三、上好两个“一”，设计整学期

我校坚持组织教师上好每个学期的“学科第一课”和“学科最后一节课”。教师们充分发挥新学期“学科第一课”的作用，通过第一课展现学科魅力，激发学生学科学习的兴趣，传递学科的核心价值，为新的学期奠定基础。“学科最后一课”也是我们近年来探索的。当一个学期结束之时，老师带领学生们通过学生作品展示、学科知识回顾、学生对课堂的评价、学生感悟等形式，全面回顾学期的学习历程，将一个学期的学习画上句号，同时为新学期的开始埋下伏笔。

在改变中，教师不断完善自己的知识体系，不断提高自己的学识，扩展自己的能力，从而能在学校课程建设中不断向前。

四、注重衔接，共同提高

学生开始步入学习的旅程后，要面临几个过渡。一是“幼小”过渡，二是小学阶段的低中过渡，三是小初衔接。这几个过渡学生均要面临知识、能力、环境的变化。学生在小学阶段顺利度过这几个阶段，对于学生的成长十分重要。我校从课程建设的角度来思考，开展了“幼小”衔接课程、低中衔接课程、小初衔接课程的开发与研究。

针对幼儿园升入小学，环境、习惯、要求及学习内容的重大变化，我校开发了《一年级新生手册》。从入学报道开始，学生在家长的陪同下共同阅读这本手册，就能了解小学入学阶段的基本要求。然后按照其中的步骤开始进行准备，能够帮助学生做好入学前的准备工作。教师开发了《幼小过渡校本课程手册》，新一年级教师利用这本手册，对新一年级学生的养成教育，学习习惯等进行培养，充分体现了游戏性、趣味性，让孩子们在愉悦中过渡到一年级的学习生活中。

我校是南北两址，低年级学生升入中年级后除了要面对文化课程知识、学习能力等方面更高的要求外，空间也发生了很大的变化，对于小学这个衔接过程也是至关重要的。教师开发了校园参观课程，分为两步：第一步在学长的带领下学生分小组参观校园，第二步学生自己带着爸爸妈妈进行参观与介绍。用参观记录单记录下学生的参观足迹及自己的感悟，了解自己的学习地点，拓展学生的实践能力，为在新环境中开始新的校园生活做好准备。

六年级毕业升入中学，小初的衔接为孩子在中学顺利的学习生活奠定基础。六年级教师以“最美毕业季”为依托开发了小初衔接课课程。从六年级的大手拉小手“我带弟弟妹妹进校园”增强责任感，到请来毕业生讲述中学的学习生活。为了让学生感知中学的生活，在学习中学习记笔记的习惯，我们设计了单元学习改错单、错题本、错字本等帮助学生梳理、记录学习过程的“小助手”，培养学生自觉主动学习的习惯。

五、活动课程选择多

每一个人都有自己的个性与特长、爱好与兴趣、需要与追求，因而也就需要有一种差别性的教育内容以满足不同学生的需求。在我们学校，每个学生都可以根据自己将来发展的需要，形成一个独特的个别化课程或者说是个性化菜单。因此，教师必须了解和研究每一个学生的需要及其发展的可能性，注意学生的差异性，并为其设计或提供个性化菜单，尽可能地满足不同学生的不同需要。因此，学校推出了富有选择味道的“炫彩课程”和“年级活动课程”。

炫彩课程是我们学校的选修课。经过不断调研，不断完善，已经开设了58门课程。在这些课程中，更多的课程是教师自主开发的、富有趣味的、不同于文化课的课程。在这些课程中，我们的英语老师带着学生骑起了独轮车；数学教师组织学生叠纸飞机，讲空气动力学；语文教师在古文吟诵中和学生一起品茶论道；体育老师带领学生走T台；非遗教师组织学生进行宫廷补绣、抖空竹、剪纸的学习。

这样的课程深受学生的欢迎，我们以“炫彩超市”的方式，提供学生选择自己心仪课程的机会。每到周一下午的时候，学生脸上总是洋溢着欢乐。教师在开发这样的课程过程中，也提升了自己相关素养，促进了自身向多样专业化的发展。

2015年8月，《北京市实施教育部〈义务教育课程设置实验方案〉的课程计划(修订)》(京教基二〔2015〕12号)中指出，要充分发挥课程的整体育人价值，推动贯通式培养模式，加强跨学科教学、跨学段衔接的实践研究，体现培养目标的整体性、一致性和协调性，加强综合实践活动课程的开发与实施，关注学生生命的意义和价值。

学校在推动综合课程研究的过程中，开始的跨学科整合研究，组织教师研究教材，研究跨学科整合内容，更多的是教师被动的参与，有一条主线来牵引，教师的研究目的性不强。针对这些问题，学校在上半年推出了年级活动课，下半年推出了节日课程。将年级组内的学科教师整合在一起，以主题研究形式开展年级活动课程建设工作。

表8-1　三里河三小年级课程一览表

年级	第一学期节日课程	第二学期活动课程
一	元旦课程	小豆包学传统传家风在行动
二	国庆节课程	入队季课程
三	中秋节课程	春天的脚步课程
四	重阳节课程	运动会课程
五	春节课程	探索课程(猎狐)
六	感恩节课程	毕业季课程

我校六年级开设的毕业季课程贯穿一个学期，根据六年级学生年龄特点和兴趣需要，开设活动课程，每学期共 15 学时。这门课程是在学校课程资源和地方资源的基础上，开发旨在发展学生个性特长的、多样化的、可供学生选择的、体验实践的课程。

表 8-2　三里河第三小学毕业季课程一览表

课时	课时内容	备注
第一学时	最美毕业季启动仪式。了解毕业季内容，明确毕业季意义。为毕业季做准备。	三月初
第二学时	复习位置与方向，学习比例尺的知识。	三月中旬
第三学时	设计参观路线，绘制校园平面图。准备中英文介绍校园。	
第四学时	大手拉小手介绍“我”心中的校园——带领三年级的学弟学妹游览校园并写导游词。	三月底
第五学时	热火篮球赛动员。	四月初
第六学时	记录下热火篮球赛体验过程。体验比赛的激烈，感受比赛的收获。	
第七学时	英文热火篮球赛广播。	四月中旬
第八学时	运动会入场式方阵训练。旗队、花队、综合方阵展现最佳精神面貌。	四月底
第九学时	我与学长面对面。	五月初
第十学时	走进城市规划馆，我的目标我规划。	五月底
第十一学时	结合六年级毕业季书写感恩卡这一活动，与书法学科进行整合。提示学生要想把字写好，须得全神贯注，凝神静气，仔细观察字的结构，要脑、眼、手并用，准确控制运笔的轻重缓急。这样久而久之能潜移默化地改变一个人的心理素质，养成沉着、镇静的气质。	五月底
第十二学时	用英文写感恩卡及寄语。	五月底
第十三学时	告别仪式互赠小礼物(亲手制作)。	五月底
第十四学时	毕业典礼上集体诵读《少年中国说》。	五月底
第十五学时	毕业告别。	六月初

“见识之道”的课程建设凝聚了我校干部、教师队伍的智慧与能力，促进了教师队伍的整体提升，促进了学校的全面发展。让我们的校园生活变得更加多姿多彩。

第三节　校园处处显生机

一、改变让我们更美好

2014 年 5 月，西城区教育督导室对我校教学进行了全面督导。这也算是对我这几年工作的一个检查。在此过程中，所有的准备工作丝毫没有影响我们各项正常工作的开展，我很欣慰。所有的准备工作我一开始就提出不需要加班，谁要是加班做准备，只能说明前期工作有问题，我们做到了，我很欣慰。督导认定我校具有学校文化特点的全面育人特色已经初步形成，我很欣慰。几年来，我校以高效规范的管理、丰富多彩的校园生活、习惯良好的学生群体、扎实深入的课堂教学赢得了社会、家长、学生的广泛赞誉，学校在各级各类表彰评比中获得诸多荣誉称号，我很欣慰。

督导检查的时间，正是我校各方面“成长迅猛，全面开花”之阶段。八个字的形容词，不是我们的自我评价，而是一份西城区小学网上排名中对学校的简单介绍。网上排名姑且不论其准确性，但我们认为这来自第三方的八个字评价是对我校发展真真切切的肯定。

在这五年中，我们规划了学校的发展路径，共同愿景的建立凝聚了教师、学生、家长各方面的力量。

“学校成为教师成长的心灵家园，学生成长的幸福乐园”成为我们的共同愿景。“小善汇集大善，做满怀感恩之心的人。小爱凝聚大爱，做具有大爱情怀的人。小事成就大事，做对社会有贡献的人”的“三三情”是我们的教育之情。

借助校安工程及校内综合维修等项目，我校在几年内完成了三座教学楼的修建工作，大小三个操场的塑胶操场的铺就。教委、学校等多方投入，粗略估算近 5000 万元。

随着资金的投入，设施设备也逐步完善。据不完全统计，连续四年我校固定资产净增值稳定增长。2010 年增加到 157679 元，2011 年增加了

3043315.50 元，2012 年增加了 2516590 元，2013 年增加了 1597679 元，累计达到近 900 万元。

学生、教师人数也在不断壮大。目前我校拥有 43 个教学班，学生数 1398 人。学生生源水平也在不断改善。教师队伍从 2010 年 70 余人，发展到目前的 100 余人。教师队伍的市、区、校级骨干教师队伍已经形成梯队。目前拥有市级骨干教师 2 人，区级骨干教师 6 人，校级骨干教师 19 人。

我校校园建设虽然先天不足(因受周边拆迁之累，学校的校园环境建设一度停顿)，但在教委及周边共建单位的大力支持下，我们不等不靠，积极规划现有条件下的校园环境建设，经过几年努力，学校的环境文化建设已经初具规模。我们的校园文化建设与学校办学价值观一脉相承——一切为孩子健康、快乐、向上地成长。

我们的校园面积虽然不大，但我们尽全力使每一处都能为学生的成长服务。校园中每一处都体现着我们对教育的解读。校园环境整洁、清新，校园中的每一个细节都是有利于孩子健康成长的。任何一个到过我校的人，无论外宾、还是内宾，对我校的整洁、清新、丰富都会啧啧赞叹。这既是校园环境的展现，更是学生良好行为的展现。

对于我们的改变，最能得到印证的是 2013 学期末，我们做的一项以“改变是为了更好——你眼中的学校变化”为主题的调研活动。令我欣喜的是，全体教职员工共提交“改变是为了更好”调查问卷共计 88 份，大家发现的学校改变之处共计 116 个。这完全是老师们眼中看到的改变。这些改变是所有师生共同的劳动结晶，也是共同的生活见证。

二、改变让我们共成长

在这几年的工作中，无论是从学校硬件的改善，还是软件的提升，无论是来自督导的高度评价，抑或是家长们的良好口碑，都成为我收获幸福的来源。其中更让我感到幸福的，是来自我校干部团队的和谐共进，以及为了学校的发展干部、教师做出的努力与进步。

在 UDS 项目的推动下，专家的指导下，我校干部队伍不断成长。从干部的活动策划方案、工作反思、工作总结及相关案例中，都能够看到我校干部队伍的不断进步与变化。下面我选取其中几个学校管理干部的案例与大家分享。

(一)在行动研究中共成长

UDS项目倡导学校建立反思性的学研文化，号召干部“在研究状态下工作”，助推干部学会以行动研究的方式开展的自己的工作，引导干部在反复研讨、不断反思中关注自身主管工作，发现问题，解决问题。为此，UDS项目组进行了两次行动研究培训。我校李彬主任以我校体育教师团队的发展为例，记录了他如何以行动研究促进教师发展的过程：

在行动研究中助推体育教师的发展

李　彬

在学生的成长过程中，体育的作用按过去的“德智体”之说，其功能占三分之一，按现在的“德智体美”之说，则占四分之一。体育要在学生成长中发挥这样重要的作用，关键在体育教师。新一轮的课程改革给体育教师带来了许多新的教育理念、教学内容、教学方式和方法，对体育教师提出了许多新的要求，给体育教师工作的创新提供了很大的空间，也为体育教师的专业成长注入了新的动力。

暑期UDS项目工作坊进行了行动研究的培训。在培训中，我反思和体育教师一起工作的经历，实际上就是在通过行动研究促进体育教师课堂教学的改变，从而带来我校体育工作发展的新局面。具体的过程如下。

一、形成研究团队

学校成立了以校长为组长的包含所有体育教师、教学干部、德育干部的体育发展研究小组。将体育工作摆上学校工作应有的位置，通过体育活动、体育研究、体育课堂、体育比赛多环节促进体育教师的成长。现就利用行动研究改变我校体育课堂教学的情况做简要的汇报。

二、聚焦研究问题

我校体育教师的课堂教学现状如何呢？通过师生访谈、课堂教学观察和参加固定的教研活动，我发现体育教师主要存在以下的三方面问题。

一是教师的教育观念陈旧落后，或者说旧的教育思想根深蒂固。体育老师认为自己原有的经验应付日常的体育教学应该够了，懒于学习，尤其是职称已经到位的教师，专业发展失去了动力，少数教师抱着舒舒服服“混”到退休的念头，在工作中没有主动的意识，只“等”学校布置工作，完成最低的要求即可。

二是教研组团队建设的滞后，体育师范专业教师匮乏。体育教研组教研活动内容多流于形式，内容单调，缺乏对具体问题的深入研究与探讨，实效性不高。体育教研组中83.33%体育教师是专业运动队下来的运动员，没有接受过系统的师范专业教育，运动项目是强项，但是怎样教导学生则成了弱项。唯一的一个师范专业毕业的体育教师还是电教教师兼职的。

三是缺乏反思意识。目前，大部分体育教师往往只考虑“教什么”，对于“怎么教”的问题，考虑不多。或者虽然考虑，大多也局限于教学的技巧和艺术之类，很少有意识地去反思自己的教学思想与行为，教研热情不高，主动性不强。

面对这样的问题，学校的研究团队对问题进行了梳理与分析。产生这些的原因是什么？一方面是教师的内因。工作中没有自信，面对变革或者是新的工作不敢尝试新的教学方法，不敢突破原有的条条框框；因为年龄、职称的关系，教师进取意识不强，满足于现状。另一方面是外因。教师个体因多年只教一个年级段没有进行“流通”，缺乏工作中的交流，导致教师之间在工作中不能形成“合力”。

三、开展行动探索

针对以上分析，学校从多角度进行了工作的引领与促进工作，为了改变我校体育教师的状况，我们从问题入手，沿着“树立自信—引导合作—推动改变—深化发展”的路径推进我校体育教师课堂教学的改变。

（一）在行动研究中树立自信

如上述分析的原因，我校体育教师的自觉进取意识不强。为了启发体育教师的自我认同感，学校引领体育教师开展从未进行过的全校田径运动会，从项目设置到秩序册的制定都做好前期计划，和体育教师一起进行各个环节的时间计算，运动会的每个环节人员的分工细化，让体育教师树立“自己是运动会的主人”的意识。进而丰富完善趣味运动会，让体育教师做好活动的计划案，做好活动的全校宣讲工作，使体育教师经历了一个由畏难到摸索实践，再到初步收获的过程。其中，更重要的是体育教师收获了自信心，这种充分的自信心是重树体育教师自我认同的重要一步，也是为进一步通过行动研究解决问题，奠定发展前景的基础。

（二）在行动研究中引导合作

俗话说，三个臭皮匠顶一个诸葛亮。教研组应当成为教师最基本的、现实的、主要的学习型组织。在这个组织里，每个教师秉持专业成长的意愿，围绕共同的目标营造出一种开拓进取、勤奋学习、民主开放、合作共享的教研环境和氛围，使之成为一个能不断从中汲取智慧和力量的集体。学校作为管理者，我们应首先认清我校体育教师的现状，不冒进，从大家共同的问题入手，在教研组团队建设中引导教师展开合作，以团队合作建设为突破口促教师发展。

1. 规范课堂教学常规，形成课堂教学年段衔接上的合作

2011 年 9 月—2012 年 1 月，在前期调研的基础上，我们从课堂教学的规范性上入手，规范体育课课堂教学。以教研组为单位进行相关理论的学习，在学习中让每位教师提出自己有效的教学手段，以教材的烂熟于心为目标，先后组织体育教师研读了全套人教版体育教材，根据教材内容制定了不同年级体育教学内容，在制定中强调了年级段的衔接。在这个过程中，我们让体育教师对自己的教材进行了重新梳理，做到对教学内容烂熟于心。借助市级基本功考核，我们明确提出了三里河第三小学体育课课堂教学要求，对教师的口令、动作和基本的教学流程做出制度上的要求，形成了全校的体育教学“合力”。

2. 引入实效性科研课题，形成教师研究上的合作

我们引进科研课题——课课练，借助课题研究带动体育组课堂教学效率的整体提升。要求在课堂教学中进行 5 分钟的跳短绳练习，提升学生的体质水平。教师在此研究过程中纷纷把自己研究取得的阶段性成果与组内教师分享，分别提供了 5 分钟练习的环节设置、高效利用 5 分钟、在 5 分钟内提高学生参与度的方法等有实效性的操作方法。

3. 在总结回顾反思中，形成教研组工作总结的合作

我校每个学期末都要进行教研组的例行交流汇报，这个工作往往由教研组组长一个人完成总结并进行交流，最多是把稿件发给组内教师浏览一遍，没有发挥这项工作的应有作用。

教导处根据科任学科期末工作的特性，在学期期末组织科任教师分组集中学习。其中一项要求就是，在个人完成总结反思的基础上全组完成教研组总结。根据体育学科的学科特点，教导处布置了相应的学习和研究任务，利

用期末考试的固定时间进行组内教师学习与研讨。从而达到一个学期内体育教师发展都是在以教研组为单位的“合作”中进行闭环操作。

(三)在合作的基础上推动改变

经过一个学期的研究，学校及时总结体育组教师的发展变化，在充分肯定已经取得的成绩基础上，在初步规范的基础上，提出了体育工作要有所变革，要让学校的体育工作在教师的变化中逐步推进。

2012年2月—7月，我重点抓了体育课课堂教学常规要求的落实情况，通过听课和学生访谈了解体育课现状。体育教师在落实常规过程中，也自发地进行了相应的研究：通过每月的基本功训练统一了体育教师课堂上的哨音。针对跳绳设计了不同的教学环节和跳绳的方法，不再是单一的教师发口令说“跳”，学生一直跳下去的单一教学环节，从学生的拿绳、放绳到跳绳的不同节奏进行了初步的设计，让这一环节更加生动有趣，吸引学生参与。针对课堂教学中游戏环节的枯燥和散漫现状，进行了每位体育教师设计一个体育游戏的活动，通过组内的交流让大家分享其中有价值的地方，引导教师转变自己固有的教学模式。

(四)行政专题调研深化发展

针对组内教师都是在学校工作多年的情况，一直没有人员的流动，已经形成了一些固定的工作思路和方法。学校本学期引入了三位经验丰富的体育教师，以“新”促“旧”进行改变，以引进的思想促原有思想的大幅度改变。针对教师从事工作多年的特点，我们进行了体育教师年级大循环的尝试，让老师动起来，加强组内的交流。在坚持落实常规的过程中，重点落实体质测试方式的改变，以及冬季锻炼的规范和统一。

课堂是课程改革的主阵地，也是教师成长的主阵地。课堂教学在促进学生发展的同时，也促进了教师的成长。在新课程教学中，我们感觉到教师最大的变化是要以研究者的眼光审视、分析和解决自己在教学实践中遇到的实际问题，以问题推动教学。因此，本学期以“向课堂要效率”为主题进行了全员参与的组内研究课(以前不是这样，排顺序，轮到谁谁做)。同时，学校行政也把这次组内研究课作为行政调研课的研究课，一起和体育教师进行课堂教学的研讨交流活动。

调研课前，体育教研组围绕主题进行了专题教研活动，就研究主题在课堂教学中的落实，每位教师都结合自己所教年段特点进行了发言。在研究课上，每个体育教师就自己是怎样提高体育课效率的这一点向全体体育教师和行政领导进行了现场教学展示。

课后，学校召开了专门的调研课集体交流会。在会上每位体育教师就自己所执教课程和听到的其他几节课与大家分享了自己的所感所悟。老师们谈到最多的就是新调入学校的马老师在一年级课堂教学中关注学生习惯的培养，从课堂开始的游戏导入到授课过程中的讲解都在关注学生听的能力，都在时刻检查学生能否做到教师要求，充分发挥教师的主导作用。谈到了马老师注重课堂教学中的细节处理，一个简单的拿包环节设计，让每位学生都参与其中，在比赛的氛围下，活跃了课堂气氛，引导了学生的注意力，让学生听清了教师的要求，从而提高课堂教学效率。这点让体育教师悟到——体育课上每一个环节的设置要注意细节，要能激发兴趣。老师们也谈到了刚到学校的蔡老师扎实的基本功、清晰的口令、明确的讲解让六年级学生在 40 分钟内“令行禁止”，这引起了体育教师的共鸣，课堂教学中的口令都应该这样。然后讨论了课堂上出现影响教学效率的问题——教师在教学环节设计中的思考不深入。每节课都有一个简短的跳绳环节，每位教师呈现的都不一样。赵老师的三步递进式比赛法调动了学生的参与积极性，李老师的花样跳绳形式新颖但效果不好。学校领导和体育老师一起分析原因：我们课堂教学的效率要体现在哪里？我们设置的每个环节目的是什么？我们让学生跳绳的目的是什么？解决了这三个问题是不是就能很好地将刚才关于跳绳的这一点问题解决好呢？我们要改变，形式上的改变固然重要，但目的是什么？还是要让学生在课堂教学中有所得。

一次教学活动，让每位体育教师都看到了身边同事的课堂教学情况，能够借助这次活动反思自己的教学，使体育教师的改变一直处在深化发展中。

四、行动研究效果

经过学校在四个阶段的持续跟进，体育教研组现有的 9 位教师无论是从工作的积极性、做事情的态度，还是课堂教学的主动研究，都有了长足的进步。

一是自我认识的提高。现在的体育教师一改以往的单一、简单的教学模式，从动作示范、丰富准确的口令到每次的内容设计都有了显著的改变。教师格外注重自己每次的展示，每位教师在规范的流程下都有自己鲜明的风格，让一操一活动变得那么充满生机。学校的跳绳队由原来一位教师负责，到现在5位高部教师主动申请组建队伍，分工合作(训练期间1位教师主动负责上操，1人负责男队长绳，1人负责女队，1人负责单项，1人协调各个队伍)，形成团队，这都是在研究之后发生的改变。

二是教学中敢于实践。实践是教师发展的基础和生命。同时，创新是发展的应有之义。经过行政调研、课后集体交流，体育教师对于课堂教学中的“效率”一词有了新的认识，不单再局限于“练”的量上，而注重了从同组教师身上汲取方式方法，在设计中突出贴近学生，吸引学生，让学生乐于参与到相关的课堂教学活动中来。例如，伊老师在课堂中设计有趣的游戏活动，让每节课的最后一个环节成为学生最期待的。而他设计的游戏又不简单地是为了趣味，往往注重与课堂教学内容的有机结合。课堂上他教授了实心球的投掷，游戏环节设置了以下肢为主的游戏活动——障碍接力跑，其中有学生钻，有学生跳，有学生跑，还有学生前滚翻。

三是教学中积极研究。体育教师现在结合课题研究，在课堂教学的规范性前提下，研究课堂教学的教法，研究学生体质锻炼的方式方法，做到在研究中不断提升自己的课堂教学。简单的跳绳环节，每学期都在研究，每次教研活动都要说到它。发挥教师自己的智慧，教师已经将花样跳法引入课堂中，并与学校的校级比赛结合在一起，这就在研究中丰富了校级比赛的内容。

四是学生的发展。教师的发展最终还要回到学生的发展上来。体育教师转变最大的受益者是学校的学生。课堂教学的改变让学生在每周体育课上获得的锻炼时间得到增加，掌握的锻炼技巧得到丰富，喜爱锻炼的热情得到发挥。每天早上自发参与到锻炼中的学生越来越多，每年的田径运动会总有校级记录被打破。每年的体质测试项目对于学生来讲不用再临阵磨枪了。教师在课堂教学中有意识地进行相关知识、技能的讲解，科学训练学生的耐力、技巧，锻炼学生的相关肌肉群，让学生的体质得到了飞速提高。

以上是对我校李斌主任以行动研究促进体育教师改变的一个简要汇报。改变在日常，改变在身边，改变已融入我们的工作之中。一切改变是为了更好！大的“改变”及“一刀切”式的“改变”只能是暂时的“改变”，见效快，时间短，但是不能持久。而我们的改变是从日常工作中的点滴“改起”，改变心智模式，改变工作方式，改变工作方法。

李斌主任带给我们的启示是，作为学校管理者，要以行动研究带动改变的发生，促进改变的持续，促进教师团队在行动研究中体味改变带来的好处。这样就可以逐步将原来的被动接受变为主动参与到改的过程中来，并且持续跟进，将已有的成效巩固住，这就是行动研究的最大成果。

(二)改变作业管理

在我们的教学管理工作中有一项常规工作就是作业管理。这项工作看似简单，但由于时下教学质量的激烈比拼与全面减负的双重环境，使得作业的问题变得十分敏感。若处理得当，就能既促进学生全面发展和身心的健康成长，又能促进教学质量的提高；若处理不及时或方法不妥当，则可能既影响学生的学习，又影响师生之间的关系。因此，几年来我们一直把加强作业管理作为一项非常重要和必要的工作来做。牟屹方主任以教学管理的末端环节即作业的问题为突破口，谈了学生作业管理的改变。

作业管理的改变

牟屹方

2011 年 8 月，我们修改了学校的教学常规，对作业量和作业批改提出了明确的要求，并坚持每学期一次全校作业检查和不定期的年级抽查，从学校的角度严格控制学生作业质量和作业数量。但是仍有个别家长或学生反应作业量大，尤其是临近期末考试时练习试卷较多。

2012 年 2 月，我们结合教育部的减负要求，再一次修改并完善了学校的教学常规，制定了学校的减负措施，组织教师们进行了专项制度学习。同时改变由教导处统一检查全校作业为教师自查、教研组互查和教导处检查三结合的形式，使教师们参与学校的作业管理工作，在自查、互查中进一步明确作业的常规要求。同时我们坚持每月一次的年级作业情况调查，既统一一天对某个年级的所有学生进行作业时间的统计，并复印学生记事本，了解学生当天作业的具体内容。发现问题，及时对学生进行访谈，了解作业超时的具体原因。

2012 年 9 月，学校还为学生设计并印刷了记事本，既培养了学生良好的学习习惯又方便学校了解学生每天完成作业的具体时间。通过大家的努力，一切都向好的方面发展，一连几个月各年级学生的作业时间都控制在国家规定的时间内。临近期末时学校五六年级竟然有约一半的同学能够在学校就完成作业，看来我们一系列的举措取得了非常好的效果，大家满心欢喜。

然而，2013 年 2 月，正值期末复习阶段，我们又接到了家长的电话，一位三年级的家长反应作业太多，影响了孩子的休息。接到电话的时候，我首先的反应是不可能！关注作业量和学生作业完成的时间不都是学校一直反复强调的吗？教师应该不会出现这样的问题了。虽然满怀疑问，我还是翻阅了所有三年级学生的记事本，了解孩子近一段时间的作业内容和完成时间。通过调查我发现，确实有两个班不到十个孩子的作业时间较长，最长的一个学生竟然用了一个多小时。而老师当天的作业内容是“回顾与整理 1～4 单元”，这个作业应该怎样完成呢？我不禁有些茫然，如果只是简单地想想学习的内容和自己的问题，只需不到 10 分钟就可完成；如果是把知识进行梳理并沟通联系形成网络就算是成人也至少需要 1～2 小时，这项作业对于一个八九岁的孩子来说完成起来确实存在困难。老师留作业的意义何在？是留给家长还是孩子？期末阶段老师们都会留哪些作业呢？接下来我进一步调查了其他年级的作业内容：语文老师留了听写 1～7 单元的字词，并将错字一字写三遍；数学老师留了整理目标测试的所有错题，或请家长出题帮助学生复习某单元；英语老师留了背诵……看来进入期末复习阶段，老师们的作业出现大量的重复性或机械性内容。我也了解到目前学生的作业问题和老师们的困惑有以下几个方面。

一是《学探诊》中每一课时的练习量较大，且个别题目较难，学生独立完成比较困难。

二是学生完成作业的时间存在差异，有的学生能够抓紧时间在学校完成，而有的学生做事拖拉，不仅需要大量的时间完成家庭作业，甚至需要回家后完成一些课堂作业。

三是学科之间不通气，有时语文的作文和数学的实践性作业，甚至英语、美术等科任作业遇到一起，造成某一天作业量加大。这种现象多发生在周五或节假日之前。

四是作业中存在着大量读、写、背这样的重复性和机械性内容。

作业是教师检查学生学习效果的必要手段，同时也是教师自我教学反思的良好途径。通过与老师们的交流，我了解到有的教师认为通过多做题可以弥补教学中的不足和缺陷，有的老师认为重复性的作业可以帮助学生牢固掌握知识点。而这些做法不仅达不到巩固提升学生学习效果的作用，反而还会削弱学生学习的兴趣和欲望。看来我们的作业管理工作必须由要求老师这样做，改变为帮助老师找到怎样做，才能达到“减负”与“提质”之间和谐统一。针对这些问题，我和其他行政干部、学科老师们一起交流，积极寻找解决问题的办法。

1. 整体规划，关注隐性作业

我们的作业可分为显性的和隐性的两种：显性作业包括做、写、算、画等，这些都是有纸质内容可查的。因此是统一的，教师布置了多少有案可查，隐性作业包括看、读、背、听等，这是软性的，布置了学生做不做、做多少是教师不好控制的，我们只能依靠家长的配合，许多孩子要等到家长回来有空后才能完成作业，无形中会拖延完成作业的时间，甚至影响一家人的休息。而我们的语文、英语有相当一部分作业就是这样的隐性任务，所以常常会出问题。平时抓得不紧的教师会在期末布置大量隐性的作业，看起来作业不多，但实际上是一把“软刀子”，占用学生时间不少。能不能从学期初就对这部分内容做一个整体规划呢？老师们做了下面的尝试。

英语组老师为每一位学生设计了作业统计表(见下)。学生根据学习进度完成作业后，家长确认签字。这样做既给了学生一个较自由的完成作业的时间，学生可以根据自己近几日的作业量来安排完成的具体时间，锻炼了学生的自我作业管理能力；也给了家长一个比较充裕的时间，家长可以在不忙的日子里关注孩子的学习；老师们也能通过这个表格及时了解学生的作业完成进度。

<table>
<tr><td></td><td></td><td>模仿原声，熟读课文</td><td>背诵课文</td><td>模仿原声，熟读故事</td></tr>
<tr><td rowspan="2">Module 1</td><td>Unit 1</td><td></td><td></td><td rowspan="4">《姜饼小人》</td></tr>
<tr><td>Unit 2</td><td></td><td></td></tr>
<tr><td rowspan="2">Module 2</td><td>Unit 1</td><td></td><td></td></tr>
<tr><td>Unit 2</td><td></td><td></td></tr>
</table>

数学老师给每个学生准备了错题本，让孩子记下自己的每一道错题。语文老师为学生设计了单元问题记录单，记下学生每一次单元测试中的具体问题。这些真实有效的资源既能帮助老师们了解自己教学中的问题，又能帮助

学生了解自己的学习漏洞，为期末复习工作做出了巨大的贡献。

2. 厘清关系，关注作业的同步性

从作业与课堂教学的关系来看，作业可分为同步性作业、拓展性作业和研究性作业，大部分的家庭作业均为同步性作业。学生通过操练与教学同步的练习，学以致用，可以掌握基本知识和基本技能，及时发现问题，及时解决问题。这里最重要的是作业的同步性。如果作业不能体现出同步性，学的是一套，练的是另一套，学生拿到作业就摸不着头脑，而且一旦不会做，学生就不得不找人求教讨论，还会影响其他各科作业的完成。怎样才能做到作业的同步呢？我们组织老师对教材和《学探诊》中的练习进行了整理与分类，教师根据自己的课堂教学内容、学生的学习状况及学习需求认真筛选练习内容，布置有针对性的作业，加强作业的同步性。

3. 聚焦课堂，关注课堂教学实效

向课堂教学要质量是“减负增效”的关键。我们努力把自主学习引入课堂，把学生的个性发展引入课堂，把反馈、矫正引入课堂。我们坚持互动反馈技术的使用，提高课堂评价与反馈的效率；坚持每节课的2～5分钟口算练习，将口算能力的培养与训练放在课上交给老师；坚持语文课上的学生书写指导；坚持每节课留出时间和学生一起研究《学探诊》和教材中的难题，帮助学生厘清思路找到解决问题的办法。

4. 责任落实，注重教师之间的沟通

学生的作业来自各个学科的教师，老师们在布置作业时却很少考虑其他学科留了什么，这样会造成作业量的不好控制。我们请每位班主任老师作为班级作业的第一责任人，坚持每天关注作业内容和学生作业完成时间。当作业量太大时班主任有权与其他教师沟通适当删减作业，如有学生连续几日完成作业时间过长，班主任也有了解情况的责任，并需及时帮助学生解决困难。

5. 依学定教，尝试分层指导。

我校一直坚持任课教师学期初的教学交接和班级学情分析工作，并将这项工作进一步细化，将学情分析由原来的班级整体分析改为逐层分析学情。因为我们深知每一个学校，每一个班级都是由各种个性差异、特点不同的学生构成的。而要使每一个学生在最适合自己学习的环境中求得最佳发展，这对我们每位教师都提出了更高的要求。开学初老师们依据学生上学期的学业表现将学生分为优秀、良好、需努力三个层次，并对每个层次的学生制定有针对性的管理措施，做到本学期的学生学习目标、课堂教学和辅导工作有一个整体的思路和设计。同时我们关注对不同层次学生的评价，努力做到以“促进发展”为价值取向的发展性学生评价。我们改进了学生的作业评价，将原来单一的知识评级改为知识与书写两个方面，每学期期末我们还设计了全优生、优异生和进步生三种奖项，以鼓励不同发展类型的学生。分层评价解决了学生差异所引起的单一评价局限，也是有效实施分层教学的前提和保证。实施有效的分层管理工作，因材施教，注重个性差异和个别教育，对我校的减负工作带来了很大的积极推动作用。

回顾学生作业管理工作的改变过程，我深刻地体会到学生作业管理既需要我们具有敏锐的观察力能及时发现问题，又需要我们具有较高的管理艺术。在提出要求的同时也一定要思考老师们会遇到哪些困难，会在哪些环节出现问题，可以为老师们提供哪些帮助和辅助。应该说对于大多数教师来讲，没有不愿意做到的。之所以没有做到是在完成的过程中遇到了这样或者那样的困难，这个时候正是他们需要“推动力”的时候，也正是我们教学干部发挥作用的关键时刻。在我们的教学管理中，一定要充分发挥老师的“主体”作用。让老师们都积极地参与进来是解决问题的“良方”，让我们大家共同经历思考、分析、寻找解决方法的整个过程，在感悟中思考、在思考中提升。

在工作中我们要做的不仅仅是提出要求，而是引领、启发、带动、促进……

我欣喜地看到青年干部们的快速成长，主动承担任务的多了，积极与教师沟通的多了。“我的工作是为了大家工作得更好”的理念已经深入人心，从青年干部们的案例中就可窥见一斑。

(三)装在心中的红地毯

由于学校保洁人员具有流动性大、文化程度低等普遍特点，加之工作量大、待遇不高，管理难度较大。各校主管此工作的领导多采用不断细化制度、强化要求、加强检查等方式管理，并身先士卒，事无巨细，反复叮嘱。

我校保洁人员自加入学校后勤服务团队以来，也经历了系统的培训学习过程。但随着学校的发展，对保洁工作要求不断提高，作为主管人员感觉压力较大，光靠“盯”，常顾此失彼且效果甚微。穷则思变，经过不断地实践探索，我们似乎找到了打破“玻璃天花板”的方法。

装在心中的红地毯

杨　娜

2011年第一场冬雪在深夜落下。作为后勤主任的我，下意识地拿起手机，想赶紧发短信叮嘱高低两部保洁班长，明早到校后铺设室外防滑垫和楼道防滑地毯。这种遇事先想到工作的作风，我已保持多年，安排完每个人的岗位我才会觉得安心。

我开始编辑短信。忽然，脑海中闪现出前一天召开"每周后勤班组长例会"的情景。记得在会上，我再次强调了全局意识、预警意识。因为在此之前，坐等我布置任务，"说一说，动一动"，已有误事先例。在会上我强调，要变"让我做什么就做什么"为"自己想想该怎么做"。对此，我特别举例说明，例子就是遇到特殊天气该想到什么、做好什么。我按下按键的手停住了，既然刚刚说过，何不验证一下效果？手机短信最终没有发出。

第二天一早，我很早到校，心想如果大家忘了，也来得及补救。令我惊讶又感动的是，当天保洁人员到岗格外早，鲜红的防滑地垫、地毯已铺设停当，大家都在按部就班地做着常规的打扫工作。

我没有多说什么，把高低部校园都巡视了一遍，发现每一处需打扫积雪的通道都清理了，该铺设地毯的位置都平整地铺好了，甚至有些地方的铺设方式比我先前布置的更为合理。

高低部领导、老师的好评也陆续反馈了回来，大家对这次后勤的雪天周到服务给予高度评价。我一边惊叹于工作的效果之好，一边开始反思我的管理工作。在新一周的"每周后勤班组长例会"上，我大力赞扬了保洁班长的责任心和服务能力。经了解，保洁班长在会后就及时传达了我提出的工作要求，并当时就细化了预警分工。雪开始下时，班长在没有接到我的手机短信的情况下，"替"我发了提示短信，并把我没有反复叮嘱视为对她们的信任和对工作反应能力的考验。

随后发生的事情如出一辙，没有提前的催促，各项工作有条不紊地开展，还时常小有创新。不久后，保洁班长又找到我，主动拿出整合工作的新方案。再后来，期末阶段，什么时段做哪些工作，拆窗帘、洗纱窗、整体消毒等等，一套套细致的工作方案摆在我的面前。不用一一去盯，已经分工到人，排好了时间，甚至有些都不是班长的安排，而是保洁人员自己的建议和设想。原来，班长也学会了“放权”，把如何去工作的思考留给了每位具体工作的保洁人员。

“红地毯”事件虽小，但它就像第一块被推倒的多米诺骨牌，从被动接受工作到主动思考并行动，在保洁身上，静悄悄的变革就这样发生了。这件事对我个人的触动很大，它令我认真反思后勤管理工作。

之前多年从事后勤管理，使我积累了比较丰富的经验。我注重科学化、制度化管理，加强团队学习，提高大家的思想素质、专业素质，经常统一认识，制定的措施也比较到位。我校的后勤管理是比较人性化的，大家在生活工作中的困难，我都记在心上，主动帮助协调解决。

但是，后勤工作具有时效性强、工作复杂性高的特点。它关系群众切身利益，因此也每天受到大家的监督与评判。随着时代发展，它涉及的知识越来越多样，专业技术性不断提高。光靠一位主管领导，能力再强也会力不从心，照顾不周。

以往和谐的团队为什么效率并不高，少发出了一条短信，又为何反激发出了大家工作的潜能？我反复思考着。光有“家的温暖感”却不是“自我实现之地”，是否能产生“真正的归属感”呢？在抱怨大家只知“公转”，不会“自转”时，作为管理者的我，欠缺对为什么不会“自转”的思考。现在想来，正是我没有给予大家足够的“自转”的机会和空间。“授权负责”，这是我从案例中收获的。信任每个人，让每个人都参与管理，尽量自我实现，我想这是后勤团队建设中提高效能的关键。

在今后的后勤管理中，我将通过自己更多的“改变”带动大家更好的工作。

首先，改变管理措施，将管理的重点放在人的因素上，尽量把工作安排得富有意义，具有挑战。使大家通过工作过程和工作业绩得到满足与发展。

其次，改变激励方式，既保留物质激励，又强调良好人际互动，还注重内在激励，即让大家在工作中获得知识，增长才干。

最后，改变管理制度和职能，下放管理权限，形成参与机制，为大家充分发挥自己的聪明才智创造适宜的条件。

作为后勤管理者，我自己的心中时刻装着学校的一草一木，但从此刻起，我认识到，要将“红地毯”装在大家的心中，装在每一位后勤服务人员心中。

以上是就我校管理干部的改变。可以说，我校青年干部的成长得益于我校进入 UDS 项目。依托项目的各项学习、培训、研究极大地促进了我校青年干部的成长，激发出每一个人的热情与才能，一个和谐充满活力的干部团队带领着学校在稳步发展。看到青年干部们的成长似乎看到了自己的过去，心里充满着甜蜜。

(四)我是教育

我校管理文化的变革促进了干部、教师的成长，促进了学生的成长，促进了学校文化的发展。在教师撰写的案例中，很多教师用自己生动的故事，诠释了“我是教育”的深刻内涵。

家校合力提高孩子学习效率

李　园

九月，我迎来了新接的一年级(7)班，班上有一个大眼睛的姑娘小蘅引起了我的注意。这个姑娘个子小小的，眼睛黑黑的，透着机灵。和其他新入学的孩子一样，在我的引导下她坐姿非常端正，上课时，她的眼睛一直看着老师，见到我她没有一点儿陌生感，说话很有条理，一点不胆怯。我对她的印象很好。

可过了几天我发现，她做事动作特别慢，整理用具能力差，桌子内外总是一团糟。提醒她时，她一副认真接受的样子，可却慢吞吞地收拾，一点不着急。她吃饭更慢，好像连餐具都用不好，饭粒撒得到处都是。等她开始动笔写作业，更让人起急，她慢吞吞地写着，怎么催都不慌不忙。对老师的指令反应慢，老是茫然地看着你，听不懂老师的要求。她的注意力特别容易分散，经常坐在那儿发愣。在开学不久的趣味运动会上，我发现她的运动协调能力也和其他孩子有很大差距，模仿能力、观察能力都明显不足，简直就像一个四五岁的孩子。

通过和家长多次联系我了解到，小蘅的父母文化水平都比较高，家庭经济状况也很好。小蘅父亲在机关上班，平时工作很忙，经常出差，陪孩子的时间少，对孩子就比较娇惯。母亲也在机关工作，她主要负责对孩子的教育工作，她总觉得孩子还小，对孩子要求不高，学前几乎没有什么准备。姥姥从小管理小蘅生活，完全包办，什么都不让孩子自己做。

从平时观察和与家长交流中都发现，小蘅时间观念特别差，造成了她做事精神涣散，拖拖拉拉，注意力集中时间短。写作业经常走神，很少的作业要写很长时间，甚至于发愣完不成作业。孩子的父母都是知识分子，对孩子的学习很重视。所以，妈妈表示一定在教育孩子方面下功夫，严格要求，配合老师提高孩子各方面的能力。

就这样，小蘅在妈妈的督促下，她干事情能比较抓紧时间了，但一离开妈妈的监督，在学校独立做事时还是边写边发愣，总要老师不断提醒。因为父母下班晚，姥姥只能管生活，小蘅每天放学总是钻空子玩，完成作业拖拖拉拉，等着妈妈回家，弄到很晚，保证不了质量，又困又累。这样久了，在妈妈面前也有抵触情绪。

面对小蘅和她妈妈的无奈，我陷入了沉思。小蘅的生活环境和大多数同龄孩子的生活环境相似，她身上的问题在同龄孩子身上都有不同程度的体现。我想小蘅做事精神涣散，完成作业拖拖拉拉，注意力集中时间短，这与她生活能力差，缺乏时间观念，学习有依赖性有关。但是她听话，对学习有热情，能不能想办法培养她自己管理自己，自己监督自己，使她在学习上坚持始终如一的良好学习习惯，不随环境的变化而改变。

接下来的我做了以下工作：

在学校学习生活中给小蘅创造机会，使她因抓紧时间而受益。我不强调时间长短，而要求小蘅收拾用具，写作业中间不间断。逐步缩短时间要求，让小蘅在规定时间收拾用具，完成作业。及时表扬小蘅在抓紧时间收拾用具、完成作业方面的进步。

加强与家长的沟通与联系，在家里给小蘅按时间制订计划，完成生活和学习上的目标，不因环境而改变。我设计表格(见下)，每日让小蘅自己填写各方面情况，老师和家长可以检查，对她的表现写几句话。周末，我让小蘅和妈妈对一周的表格进行总结，看到自己在学习上和生活上的进步，以及老师、妈妈对她的表扬与希望。

鼓励小蘅自己制订学习和生活计划，并自觉完成，不因环境而改变。引导小蘅观察周围的人和事，体会到抓紧时间的重要性。帮助小蘅发现周围抓紧时间的同学，鼓励她与这些同学交朋友，互相学习，共同进步。

	事项	标准	月　日
生活	收拾用具	用具放回各个文件袋	
	喝水	至少喝完一瓶	
	上学用品	放对位置，不缺，不丢	
学习	记事、通知	完整(日期、事项)	
	作业	放学回家自己完成	
	体育锻炼	每天30分钟	

通过一个学期的帮助与辅导，小蘅做事变得积极主动，时间观念也增强了。姥姥说：“现在小蘅一回家马上就预习课文，做口算。不用别人提醒，完成了记事表上的事才休息。”妈妈说：“小蘅在生活上也有转变，收拾东西利落多了。每天下班我就帮她复习一下，成绩提高了，还能抽出时间进行体育锻炼。”在学校，小蘅基本能在校完成作业，生活自理能力明显提升。

小蘅的转变让我感受到对于低年级而言，培养自信心是非常重要的，其中孩子自己找到成功的原因，产生自我约束力，是有持续效果的保证。对孩子的教育老师和家长要有一贯性、统一性，形成教育的合力，这样更有利于培养孩子良好的学习习惯和行为习惯。因为低年级孩子的年龄特点，注意力不集中、做事拖拉的情况容易反复，教育者要有足够的耐心来帮她再次解决问题，树立信心。不因此而责备，影响孩子的情绪。让我们期待小蘅渐渐长大，真正养成良好的学习习惯，快乐地度过每一天。

成长之美在于慢慢蜕变的过程

郑祺

每接一个一年级新班，总有一种“一届不如一届”的感觉。因为每接一个班，班级习惯养成会是自己教育教学的工作重点。所以，往往我要用上一到两个月的时间，对学生进行全面的学校行为的指导和学习习惯的培养。现在的这个班，是我接的第六个一年级新班，按理说，我对于带一年级的班是很有经验了，可依然觉得习惯养成非常难。回想自己所接的六个班级，仿佛真是应了自己的感觉：一届不如一届，孩子的习惯养成真的是一次比一次难，用时一次比一次久。每当此时，我都会在心底一次次地问自己，是孩子们出了问题，还是身为教师的我出了问题。

其实，细细想来，不是孩子们出了问题，是身为教师的我忽略了孩子所处的世界是在变化的，他们的家庭和以往的家庭是不同的，思考方式也是不同的，孩子们的需求也发生了翻天覆地的变化。只是，作为教师，我还在用一条标准衡量着一届又一届的孩子，评价着他们的行为是否符合我的行为准则，看来真正需要改变的是我。有了这样的认知，再去看孩子们，发现每一届都有不一样的特质，就如现在这一届的孩子，虽然好动，注意力容易分散，但是求知欲异常强烈；虽然动手能力很差，但是嘴巴的辩解能力超强；虽然观察、模仿能力比较弱，但是却有着满脑子的奇思妙想，让人惊叹不已；虽然有时表现出好吃懒做，但是遇到新奇的事情却特别勤快，并且热情高涨……

面对着这样一些孩子，我开始静静思考，如何才可以让他们的特质变成促其进步的动力源泉……

一、趣味吸引——借助课前小游戏，提升学生的注意力

一年级的孩子，往往注意力特别容易分散，而这个班的孩子注意力更难以集中。入学第一周，就不停有科任老师找到我，细数班级孩子的种种表现，但归根结底是不会听讲，注意力特别难集中。面对老师们的反馈，我细细分析了一下班级孩子的具体表现：

其一，走路总是左看右看不专心，时常是走着走着就停下了，被同学落下(俗话说就是总掉队)。

其二，听讲只听一半就开始有所行动，后一半重要内容听不全，造成听讲后回忆缺失(即大家所说的听前不听后的急性子，其实这也是尊重他人的习惯没有养成，因为听完他人讲话再行动是一个人有良好修养的体现)。

其三，上课和老师呼应很少，总是看同学干什么自己才开始行动(即家长们口中的没主见，其实孩子是因为注意力不集中发呆来着，或是没听懂)。

其四，广播操等复杂运动动作模仿不协调，总也不能做到位，动作懒散，总是跟不上拍节(就是所谓的懒惰，不用心，不努力)。

其五，记忆不准确，细致甄别的能力较弱，作业错误多，不是将字母、数字方向写反，就是抄写丢落笔画，丢字落字，抄错字，看错符号(这就是通常家长们所说的粗心)。

其六，学习用品今天缺这个，明天少那个，家长一问丢哪里了，自己也说不清(这就是大家所说的小迷糊)，这样的状态，时间久了，孩子就会对学

习表现出热情减低，得过且过。

其实，这些表现都是孩子集中注意力的能力不够造成的。而形成的原因是多方面的，或者是因为家长的过度呵护，或者是希望孩子“自由发展”对其缺乏目标性要求，或者是孩子后天缺乏指导和恰当训练造成的。

于是，我经常在上课前加入一些简单的小游戏，对孩子的注意力进行循序渐进地训练，期望能让孩子懂得：集中注意力做事情，不仅能让事情变得简单易操作，更能事半功倍。

活动一，听声音练习。上课前，我常常会利用一分钟，请同学闭上眼睛，听一听老师走到了哪个方位，并且立刻把靠近这侧的手举起。刚开始，我会稍稍有点声音地走路，走路的方法是固定的，孩子们总是在猜测或者凭借经验来确定老师走到了哪里，后来随着经验的增加，孩子们的小耳朵越来越灵，往往没有人听错。这时孩子们发现，关闭其他感官，将全部的注意力集中在自己的耳朵上，会很准确地完成任务。

随着训练时间的延续，孩子们任务完成得越来越快、越来越准，我的方法也变化了，走路时我会尽量不发出一点声音，加大听的难度。另外，我要求甄别的内容也会有所变化。例如，我经过了谁的身边？经过了哪几组？我的行走路线是什么样子的？在行走的过程中，我拍击了谁的肩膀？拍了几下？我在黑板边停留时写了几个字？我用什么东西发出了声音？当然，每次练习之后，我都会让孩子们说说自己怎样听出来的，如果将这样的方法运用到听讲上，终会有什么样的收获。

这样的小练习持续了将近一个学期，渐渐地，我发现孩子们的注意力情况有所好转，尤其是听讲的时候，集中的时间渐渐加长。边听边玩，听着听着就发呆，或者边听边左顾右盼的现象减少了，课后任课老师的评价“B”类课也有所减少。看来，这样的训练还是十分有效的，不仅让孩子们体会到了上课集中注意力听讲的乐趣，更提升了听讲的效率。

活动二，训练孩子的听觉宽度。我是教语文学科的，所以比较重视孩子的语言表达。但是，在教学中，却发现班级的孩子听他人讲话不够有耐心，往往听不完就抢着说话。可是自己的表达热情有余，言辞不足，总是想说的话自己表达不出来或者说不清。有时，重复别人说话又总是丢三落四，我想，这也是注意力不集中的表现，或者说孩子的听觉宽度不够。于是，我在课上适时加入了说句子练习。

由我来说句子，孩子跟着念，每一句比前一句添加一个词语，让句子一次比一次更复杂一点，提高孩子们的听觉宽度，使得他们能够逐渐集中注意力。例如：

我有一本书。

我有一本红色封皮的书。

我有一本红色封皮上带白色花瓣的书。

我有一本红色封皮上带白色花瓣的童话故事书。

我有一本红色封皮上带白色花瓣的童话故事书，它是妈妈给我买的。

我有一本红色封皮上带白色花瓣的童话故事书，它是妈妈给我买的我最喜欢的书。

这样的练习，班里的孩子刚开始跟着会比较困难，说到第三个句子就开始困难重重，总是不能将句子一字不落地跟下来。但是经过了近一个学期的练习，大部分孩子能跟着说到第五个句子，正确率也非常高，个别孩子能将第六个句子完整说完，一字不落。孩子们的记忆力和听觉广度有明显的增加，并且对学习语文也有很大的兴趣。有时在和孩子的聊天中，还能听到孩子将这种游戏带回家，自己做小老师，考验爸爸妈妈的听力，因为爸爸妈妈对自己甘拜下风而开心不已。

看来，听觉宽度的训练，有效地提升了班级孩子的听讲注意力和表达能力。

二、美由心生——借助各类文体活动，提升班级凝聚力

一个优秀的班级须具备强大的凝聚力。这就要求学生们有积极进取的态度，有强烈的集体荣誉感。但是，对于一年级的孩子们来说，“集体”在他们的心目中还没有概念，又如何让他们知道“集体荣誉”的重要性呢？为了让孩子们切身地感受到“集体”是什么，从而有集体荣誉感产生，提升班级的凝聚力，我借力于班级活动，让孩子们在一次次活动中，亲自去体验，去感受为集体付出的乐趣，为集体努力后的满足感。

记得组织孩子们参加的第一次体育活动是学校组织的趣味运动会，活动一共三个比赛项目，两个是全班人人参与的，一项是和爸爸妈妈共同参与的。为了能取得好成绩，我在班会中精心地根据孩子们的长处，为其选择项目。但是，一年级的孩子，凡事从兴趣出发，他们只会选择自己喜欢的项目，不会考虑到这些项目哪个更适合自己，哪项自己上了会影响集体成绩。

因此在班会上，往往是老师调整后，有的孩子不太乐意，有的孩子欣然接受，还有的干脆就不参加了，这是我没有预料到的，小小的一年级孩子居然有如此大的脾气。

面对这样的局面，我利用当天的自主课堂，将孩子们带到了小操场，向体育老师借来了跳跳球、球拍等比赛用具，将孩子们分成了两个小组进行模拟比赛。一组凭自己喜欢选择项目组成小组，一组是由老师根据优势调整后分的组。分好小组，我又请剩余的两名同学还有体育老师一同做裁判。比赛开始了，各小组的成员都十分卖力地完成各种规定动作，获胜的一方就如我预料的那样，是老师精心安排的一组。输了的小组不服气，于是，我们又进行了两轮比赛，结果依旧。回到班里，输了的同学围在我的身边，问这问那，就是搞不明白自己为什么会输，于是我给孩子们讲了《田忌赛马》的故事。通过这件事，孩子们终于明白了，自己一个人好，不代表全体好，要想大家都好，除了每个人都付出努力外，还得有一些利于集体的取舍，就如“田忌赛马”中马儿比赛顺序的巧妙安排是一个道理。

有了这样的认知后，班级比赛人选终于得到了全体同学的认可，再加上恰当的练习和方法指导，孩子们就更加如鱼得水，终于在运动会中取得跳跳球一等奖、“抢种抢收”二等奖的好成绩，孩子们开心得不得了。我想，经过这样的活动，孩子们一定体会到了，班级中“个体和整体”是紧密相关的，整体失败了，个体也不能幸免。每个个体都要有集体意识，懂得为了集体有取有舍，这样才能使这个集体更棒，更强。

我印象深刻的是班级跳绳累分赛。这项活动需要在测试时，将全班每个孩子一分钟内的跳绳数量相加，再求出平均数，由此来判断班级在年级中的排名，可以说是特别能看出一个班是否人人心向集体的一项测试性活动。因为要求班级全员参与，这就引得同学们的愤愤不平，原因是班级中有一名特殊的孩子小月，她有明显的自闭症倾向，感统严重失调，就算连续跳两下绳，都要经过一个月的练习。班级同学一想到小月只能跳两个，就会有“都怪她”“有了她我们再怎样努力也是白费”这样的怪话传出，甚至出现了有的孩子围着小月当面指责。面对这样的现象，我召开了班会，将小月练习的情况向大家如实说明。班会上，我对孩子们说：“小月是个非常爱集体的孩子，大家都觉得她跳绳个数少，影响了集体，但是，你们知道她每天放学后用近一小时的时间在街心花园练习吗？开始，她一个也不会跳，年迈的姥爷带着她一点一点学习，一次一次反复练习。一个月以来，除了刮风、下雪，他们从来没有间断过，就连体育赵老师也多次看见小月和姥爷练习的身影，大家能说小月不努力吗?”这时，有几个同学也随声附和，“对，我和妈妈曾经也看见过。”“我也见过。”这时，班里平常喜欢说怪话的几个同学低下了头。看到这里，我又说：“今天，赵老师说，小月能在一分钟内跳 8 个了，这是真的吗?”同学们异口同声地说：“真的。”说着，不知道是谁带头的，教师里响起了阵阵掌声，并伴随着“小月，你真棒!”的话语。小月笑了，低着头，但是，我想此时她一定感觉无比甜蜜，那是同学们对她的宽容，对她的认可啊！看到这样的场面，我的眼圈热了，多好的孩子啊！于是，我趁热打铁，问道：“那小月继续努力，她达不到的那部分怎么办？给我们班拉低成绩怎么办?”三十七张小嘴一齐喊：“我们来!”依然是那样齐，依然是那样令人感动，我一时失语，因为真的不知道该说什么。

后来的赛前练习，孩子们异常努力，有的爸爸妈妈在跳绳记录表中这样写道：“郑老师，孩子要求每天坚持练习跳绳 1000 下，他说这是为了集体，为了小月。我们做家长的为孩子有这份爱心而开心，一定帮助孩子实现诺言。谢谢!”看到这样的回复，我心中满满的都是无法诉说的谢意，感谢这些可爱的孩子，更感谢有这样的好家长。事情的结果很圆满，那次比赛，我们班是年级里累分最多的，小月也跳了 12 个。那天，孩子们都高兴坏了，在这个集体中，他们又一次尝到了胜利的滋味。大家都为自己，为班级感到骄傲，班级向心力初步形成。

这样的活动还有很多，但是，每次活动后，我都不会忘记给孩子们一些启示，或者借用班会，或者将孩子们的举动写下来发到班级邮箱，和爸爸妈妈共享。

“见多识广”与“社会大课堂”

陈丽智

今天的社会实践活动，可以说同学们收获颇丰。活动前，大家首先和著名作家杨鹏进行了精彩互动。“鹏哥”用风趣、幽默的方式打开了同学们想象的空间，让大家了解到我们的世界是多么丰富多彩，我们的心灵和思维却更加奇幻无比。要敢于想象，多阅读对大脑有益的书籍，这样我们的想象力才会无穷无尽。互动后，同学们兴奋地向“比如世界”进发了。在乘车途中，大家安静有礼，受到司机师傅的夸奖。“比如世界”中，同学们按照自己的分组，互相照顾着参加了各种职业体验，有的制作食品，有的参加警察集训，有的制作手工花，有的当了一回小医生，还有的走上T型台进行了生动的服装表演……

当然，收获的背后总有一些发人深省的地方。有的同学还没有开始体验活动，就将“比如币”遗失。有的同学在进入体验活动室时，忘记了老师的叮嘱，将“比如币”放在书包外就走人了，结果活动后，发现自己的比如币“不翼而飞”了(体验了一下小社会也有险恶的一面，有了教训必会长经验)。还有的同学左转右转，哪个项目都不满意，或者嫌人太多，结果在场中溜达了很久，才在老师的指导下找到一个项目，开始体验。

虽然本次活动同学们体验项目的数量有2～5个不等，但是无论怎样，大家多多少少都有收获。不过要注意吸取经验呀！

回看各项教育活动，其实，我借助的就是“激励理论”。激励是指激发人的动机，使人有一股动力，朝着所期望的目标前进的心理活动过程。本学期的教育目的就是要通过各种活动，激励学生不怕困难，迎难而上，将“集体力量=个人力量之和”的意识渗透给学生。并明确为集体服务，为集体争光不是一句空洞的口号。从一点一滴的小事做起，在一次次的“做”中让孩子明白我是集体的一员，集体需要我，伙伴需要我，让学生因为这种被需要感而激发出向上的内驱力。

孩子是一天天长大的，他们的知识在增长，能力在成长，经验在成长，习惯在成长，观察世界的眼光也在成长……所以说，孩子们的成长之美在于慢慢蜕变的过程。在这个变化的过程中，老师其实也在成长，我学会了从另一个角度看孩子们的世界，原来他们是这么棒！

经过五年努力，一所基于理性思考又充满灵性闪现，既基于传统又敢于创新，既重视质量又丰富多彩的“教师成长的心灵家园，学生成长的幸福乐园”的学校已经初步形成。我们必将继续努力，为每一名教师的成长，为每一名学生的成长而努力，为基础教育的发展贡献我们的力量。

三、未来风光无限好

在西城区督导完成之后，我校在2015年10月作为西城区小学的唯一代表接受了北京市对西城区全面实施素质教育督导的实地考察。

在我的校长生涯里，这已经是第三次我所在的学校代表西城区接受北京市的督导了。我们的学校从来不具备先进完备的硬件设施，但我们却是一所能被称为“教师心灵家园，学生幸福乐园”的学校。我一直为之努力着，为之辛苦着，也为之幸福着。

一个五年即将过去，未来呢？温暖、清澈是人们对我校师生的评价，我也希望我领导的学校永远是绿柳拂面，春风暖心的……

也许，我们的校舍翻建了，二十年的三里三人的期盼实现了。孩子们有了更大的操场，可以尽情地欢乐；孩子们有了宽敞的楼道，书籍可以摆上楼道，而不拥挤。

也许，北京的天不再有雾霾，每天的体育课都可以在室外锻炼了；也不必再把策划好的活动因天气的原因一再推迟了。

也许，我们的课堂更加鲜活了，翻转课堂、戏剧主题、慕课等多种形式在课堂上开花结果。

也许，也许还有很多，但它源自三里三人脚踏实地、日复一日地，以每一个学生的幸福为己任而付出的辛勤与努力！

《好人好事》编者的话

我校有每月一期的校园简报，收集、展现所有的好人好事，所有好人好事都注明提供者。现在，它已经是一份累计汇集了二十几万字的小报，它平常而不平凡。每一个人都有闪光点，学校的正能量通过这样一张小报持续传递着。可以说它是我们三里河第三小学发展的见证者，这里记录了学校每一天的欢乐和幸福。为此，我在每一期的简报开头总要亲自书写“编者的话”，既是对工作的部署，也是与教师人性化的交流。以下是我每期撰写的“编者的话”，权当是一种幸福而美好的絮语吧。

一

这是一个交流的平台，它属于三里河三小的每一个人！

这样一张朴素的小报和大家见面了，编辑的过程，对于我来说是一个欣赏的过程、感动的过程。看到各位干部、各位组长提供的好人好事，似乎看到了一张张熟悉的面孔。由于篇幅的关系，我只能精简内容，担心影响了各位所提供信息的情感部分的质量，还请大家谅解，但所有的原稿学校都将保留，作为珍贵的记忆。

这张小报所呈现的就是我们日常工作中的点点滴滴，“勿以善小而不为”，正是这样的“小善”铸就了大家的和谐共进，正是这样的小善铸就了我们心中的美好。学校是每一名教职工的心灵家园，愿大家在其中愉快工作，聪慧工作，幸福工作，使我们的人生更精彩。

二

“把学校的事当作自己的事，把别人的事当作自己的事。”

这是张利军主任在提供好人好事时写的一句话，我看后很有同感。如果我们要对四月份做月总结的话，这句话是最恰当不过的。四月份，教研室在我校的活动、几位老师的生病、全校的外出活动、五年级的质量检测、校安工程的进入日程、校园安全的工作，各项任务纷至沓来。正是大家对“把学校的事当作自己的事，把别人的事当作自己的事”的印证。多方协调，团结协作，使我们的各项工作得以顺利开展。在此，对为学校的事，为他人的事而付出的人们致敬！

三

转眼就到期末了，期末是大家最辛苦、最繁忙的时刻。负责的态度、平和的心态、有效的办法、整洁的环境都是我们圆满完成期末各项工作的基础。愿全体教职员工团结合作，加强沟通，细致周到，圆满完成期末一系列工作(市和区监测的各项考务、各科期末复习总结、学生身心状态的调整、学生成绩与评价手册的登记、期末的三好学生评定等等)。

四

期末、假期、开学，六个字涵盖了学校生活的几个重要的阶段。期末，我们收获了一个学期的工作果实；假期，有多少人在为新学期的到来做着准备；开学，大家共同为一个美好学期的到来迈出第一步。学校生活就是这样，各种不同的片段交织着，像火车一样经过一个又一个的站台，驶向未来。

五

天冷了，多穿衣；勤锻炼，多饮水；保健康，是第一！

此次简报的汇集特地将六年级组的好人好事放在了最前面。说句实在话，每一期的简报由于时间等各种原因，只是做了简单的文字整理。六年级组的好人好事插入了相应的照片，使简报的版面生动了。我想我们在日常点点滴滴的工作中，一个小小的创意，可能就会使工作更加多姿多彩。我们期待着教职员工们创造性的工作为我们带来的美丽与惊喜。

六

心态平和，计划周密，落实到位，收获满满！

这期的简报我想把一个孩子变化成长的故事与大家交流。小程是一年级所有老师都认识的学生。孩子虽然才一年级，但破坏力极大。对于这样的孩子，韩校长是这样做的：一是让孩子和老师多亲近(孩子只有与老师亲近了，才能认可老师，认可学校。对于他哪怕是一个小得不能再小的进步，也一定要及时给予鼓励)。二是解决一个问题，使作用最大化(不是简单地批评了事，问题的解决其实对班级所有的同学来说都是一个教育的机会，同时使孩子感到同学、老师还是喜欢我的)。三是持续跟踪(孩子的问题就要反复抓，抓反复)。结果是孩子变化了，由于篇幅的关系，可能不能叙述得很详尽。但是我想，对于存在问题的学生我们怎样做才能推动孩子的进步呢？这是我们每一个人都要考虑的，一味地批评真的不能起什么作用，这需要我们老师改变方法，找到办法。对于孩子的教育不能是“我说了多少次了，他也不改”，而是需要我们老师们调整办法。既然我们原有的办法不管用，为什么要一条路走到底呢？任何工作都是不断调整完善的过程，孩子的教育更是一个找对那把钥匙的过程。

七

又是一个新的学期，我们一路走来收获很多，谨以此期《好人好事》简报献给过去的一个学期，过去的每一天都是我们的美好回忆。祝我们新学期的工作一切顺利！

八

“勿以善小而不为，勿以恶小而为之”这句话我们耳熟能详。在学校日复一日的平凡工作中，如何积小善成大善，成就自我的职业价值，是我们每一个人面临的命题。我们平凡但不平庸，每一个人都是明星，站在我们的舞台上努力使自己绽放更多的精彩才是活出了生命的意义，这也是学习型组织的宗旨。

我们连续几期简报都有老师们提供的材料，感念于曾经帮助过自己的每一个人，我们的世界中天就会更蓝，花就会更艳。

九

四月份，为了我校多年没有召开过的田径运动会，全校上上下下很多人为之奔忙。田径运动会的顺利召开反映出我校全体教师真正做到了以学生的发展为本，以自己的辛勤努力换来孩子们幸福成长的宗旨。学校是孩子们成长的摇篮，孩子们的全面发展，得益于全体教职员工全面关注孩子们在成长过程中的需求，得益于在德、智、体、美等各个方面为孩子们所创设的成长环境。

十

又是一个学年结束了，孩子们都长大了一岁。作为教师，我们不想自己又长大一岁，因为那样我们会变老。但是我们期望自己更加成熟，期望自己对班级管理，对学科教学有新的体会与提高。作为教育工作者，身上的担子真的很重。我们的学生里可能有瓦特、爱迪生，我们在奠定孩子一生的基础。我们为之付出多少努力都不为过，我们只能不断激励自己：我们崇高，我们在做育人之功；我们伟大，我们在默默奉献；我们幸福，我们看到孩子们的成长。我们的努力与付出换来了三里河三小的声誉，三里河三小的声誉靠每一名教职员工的付出与努力！每一个人都是重要的，我们能为孩子们做什么？我们将为之全身心地投入，无怨无悔，我们也将收获快乐、幸福的人生！

十一

上个学年的期末已离我们远去，但渡过期末时，我们留下了一路芳香，岁月会记下每一个人的努力。新的学期开始了，我们又开始了看似周而复始的工作。但是，因为我们是教师，我们的工作永远充满着新奇与新意。由于我们的工作，孩子们热爱学习、学会成长；由于我们的工作，孩子们更加可爱、宽容与健康；由于我们的工作，孩子们对学校充满热爱与渴望…… 我们的工作是多么具有魅力，是多么值得我们为之付出、努力，我们也必将收获教师职业的幸福与快乐！每当看到从各方汇集的好人好事，老师们的身影就历历在目。从本期开始，我会有针对性地加一些点评，希望每一件好事带来更大的影响，每一个好人都要得到赞赏。

十二

工作对于每一个人到底意味着什么值得思考。工作是一成不变的，还是不断发展的；是墨守成规的，还是敢于创新的；是小富即安的，还是追求卓越的……

首先向六年级组表示深深的歉意，上期简报因疏忽，遗漏了六年级组组长付艳玲的稿件，此次特地补发在本期的首要位置。

天气渐冷了，我们的工作也已经过半，老师们能否找个时间回顾一下半个学期以来的工作——做了什么，获得的经验是什么，留下的是什么，还有什么需要在后半学期中弥补、改善的？一个人只有将工作与思考结合起来，才能使工作越来越美丽！

再有，工作重要，身体同样重要，请老师们利用学生上操时间和学生一起运动运动。利用下班后的时间积极在操场、体育馆进行锻炼(周二的锻炼要坚持啊)；利用晚上回家的时间，跑跑步，做做仰卧起坐；利用上下班的时间多走走；利用周六、日爬爬山，游游泳。坚持锻炼是一种生活的态度，没有好的身体怎能创造最佳的工作业绩，享受美好的生活呢？

十三

又是一份近万字的简报，也许有人会问：作为校长，你拿出时间编辑它有价值吗？我之所以一直坚持亲力亲为这件事，是因为这件事让我感到快乐，我能感受到它的价值。每一次编辑时，老师们的身影都会闪现在我的眼前，一位位都那样的鲜活、灵动。我们的简报不能全部反映出老师中的好人好事，但它是一个承载着我们老师美好情怀的平台。每一个人都是向善、向上的，这是我所坚信的。感念别人的帮助，领悟他人的言行，使自己的一切更趋美好，何乐而不为呢。在此，我想与大家分享一件小事：某个周五的下午，市教研员张立军要到我校做课，同时还有来自市区骨干班的老师，由于有些老师离的非常远，所以 12 点就有人到了。准备开水的任务已通知了白老师，但白老师当天看饭班到低年级部去了(按区里活动的情况，看完饭班后再打水也来得及)，大家想赶紧安排别人吧，但拿到暖壶的时候，暖壶是满的！白老师已经提前打好了水。我在想，这是一件小事，但是白老师把小事做得很周全，自己可能有其他的事情会影响到这件事情的完成，白老师没有摆困难，而是主动协调，圆满完成了两件有可能冲突的事情。在场的行政干部纷纷赞赏，这就是工作的态度与责任！我们每个人的工作岗位不同，如果每个人都尽自己的所能完成好自己的工作，尽自己之力帮助他人，一切都会更美好！

十四

这是一期很长很长的学校《好人好事》简报（因此把它分为了上、下两期），它跨越了2011—2012年度。这种跨年度既是无心之举又是有意为之，生活中如此多的美好常留在我们的心田，我们也就变得更加美好。学校工作繁杂、繁忙、繁重，这是我们必须面对的，但我们努力改变，因为我们希望改变，希望一切更加美好。只要留意工作，我们会时时发现感动我们的事与人，只要有爱我们也会洒落点点滴滴的美好，成就自己职业生涯的辉煌。“勿以善小而不为”，我们的工作更精彩！

十五

用一首林徽因的小诗中的一段，权作本期的引语吧：“你是人间的四月天，笑音点亮了四面风，轻灵在春的光艳中交舞着变。”四月是很长的一个月，一个月中经历了很多，家长开放日、语文视导、六位老师参加区级评优课、六位老师开始参与“名师录课”、应聘老师的试讲、迎接新闻媒体的集体采访、六年级毕业工作的开始、月头月尾的电影日、月中的“阅读与写作”读书活动、迎接运动会的各种准备等。当月末来临时，您是什么样的感受？当我敲下这段话时，心里充满了感激。感谢我们全体教职员工为孩子们的健康成长而做出的一切！我们的价值在孩子们的成长中得到了最好的诠释！

十六

又回到校园当了一个月的学生，真的很累，但也真的很幸福。学习是辛苦的，收获却是自己的。这一个月中，在广大干部、教师的大力支持下，学校各方面的工作圆满完成。谢谢大家！这一个月中虽然身在大学校园，心却在小学校园，和大家在一起。我很高兴学校决定降低白板在课堂上的使用时间后，刘路老师第一个实践；我亲身感受到了张宏老师课上关闭白板，为视神经带来的舒适感；我了解到“星光杯”做课的老师都在积极贯彻这一决定。一切为了孩子真好！我感动于五月份老师生病较多的情况下，很多老师“挺身而出”。郝校长一直在分担着一(5)班的饭班，李彬兼任着五(6)班的班主任，肖老师为五(6)班的工作付出大量心血，程芳、曹立军分别承担了一个班的语文课，杨娜给四年级学生上起了体育课，蒋艳杰随时给相关班级带班，大学生李明荃担任起一(5)班的班主任，还负担起两个班的语文课，后勤人员随叫随到担任代课任务，二年级的陈莉老师临时看起了一年级的班。我感动于5月18日的春游，天气热，很辛苦，班主任及配班老师始终在跟班活动。四年级的老师们尤为辛苦，学生活动的空间大，老师跟着学生们跑动。五、六年级参加活动的地方偏小，但我从五(1)班"留下成长足迹"的图集看到的是学生的收获与成长。三年级的老师通过飞信与家长共享了孩子们春游中的所得所获。我知道低年级部周围的居民由于嫌学校的广播噪声大而给学校工作带来了困扰，郝校长、郗主任、杨主任等果断报警处理，制止了事态的恶性发展；赵亚丽老师及时教育学生，使学生知道附近居民的这种行为是不对的。我还知道很多很多大家在各自岗位上的事迹，与大家一同分享。

十七

又是一个新的学期，我们共同迎来了一批新的同事。我们的队伍在不断壮大，在岗的老师101人，学生1298人。假期中我们有很多人在忙碌，为了学校，为了学生，为了更加美好的明天。假期中我们还以"改变是为了更好"为主题进行了暑期研讨。"改变"促进成长，"改变"促成提高，"改变"促成出色，一切皆有可能。有人说，"心有多大，舞台就有多大"。我们的心中有教师，有学生，这是我们共同的家园，让我们每一个人以"小善汇集大善"之心度过我们工作中的每一天吧。

十八

因为是编者，得天独厚地把自己的感悟写在最前面吧。十月一日值班时编辑的这份简报，校园非常安静，但我的眼前却热闹异常：

男同胞们的身影。我校的男教师不多，但在这一期的简报中出现了很多他们的身影。在开学搬家、搬运学生用书等场合，我们的男老师们个个冲在前面，贡献了很大的力量。

可爱的体育组。本学年的体育组已成为学校最大的科任教研组了，在年轻的组长胡一宁的带领下，新老教师团结协作，完成了大量的工作：开学、升旗仪式的整队、迎接市督导。全体人员整理器材至晚上八点，当天督导检查了体育课课堂教学，下午的体育活动课也是必看的一项内容。高部的几位老师相互协作，圆满完成任务。为了开好趣味运动会，大家群策群力。

生病的老师们。随着开学后各项工作的开展，逐渐有老师身体状况出现了问题。每当有老师生病时我都会感到很心疼，我们的工作真是很辛苦。同时，又被老师们的团结协作所感动。人吃五谷杂粮，谁能不生病，生病的老师一定要放心休息。谁都会碰到有困难的时候，大家伸把手，“办法总比困难多”。

辛勤的一年级。一年级老师们平日说的话大概是我们的两倍多吧，孩子们小，事无巨细，非常辛苦。为了孩子们尽快适应小学生活，老师们付出了大量的心血。为了孩子们不因小长假而抵消掉一个月的成绩，老师们积极采取相关措施促使孩子们平稳度过小长假。再有，今年因为电脑问题，一年级的电子学籍录入工作延迟了，为了保证此项数据的上传，一年级的老师连续几天一直工作到很晚。

勤奋的组长们。无论是年级组长还是教研组长，他们都承担着学校最基层的管理工作，很多学校工作的落实要靠组长们的辛苦付出。开学以来，年级组的工作和教研组的工作在各位组长用心、有心、真心、诚心地带领与推动下生机勃勃地开展起来。从各位年级组长提交的各组好人好事中就能看到组长们工作中耐心、细致，独具匠心。

年轻的老师们。这一两年学校陆续有大学毕业生进入，他们年轻，充满活力，但他们毕竟还年轻，没有工作经验，一下子要面对这么多学生与家长，有些困难。但从他们身上我看到了虚心学习、认真求教的态度，看到了他们一点点在进步。谷丽入职已一年，课堂上的教学和学生的组织都有了长足的进步，令人欣喜。李明荃、李媛、李欣虽然工作仅仅一个月，但他们工作的努力与付出，受到了老教师们的肯定。李媛班上更有家长来电对小老师进行表扬。相信这些可爱的年经老师们一定会不断进步，成为优秀的教师。也请我们的老教师们给予他们更多的关心与帮助。

成长的干部们。“榜样、示范、桥梁”是一直以来我们对干部工作的要求。我们的干部也是这样去努力实践的。新学年崭新的南楼是杨娜之前无数的心血与付出，计算机的正常使用是刘利埋头进行了长时间的修理，一年级入校、开学典礼、“校园因你而美丽——榜样班级的启动”等活动的完善得益于郝校和小蒋先期的大量工作，如火如荼开展起来的教学活动是基于牟屹芳、张利军、李彬三位教学干部在上学期期末教学反思会上提出的问题。区里出现安全问题之后，郗主任第一时间发出家长通知，苦口婆心地向家长说明校门安全的重要性。干部的工作就是为了大家工作得更好。新学年伊始，人员的调入及各种绩效的补发等工作非常烦琐，任莹细心领会文件，耐心测算，保证了各项工作的准确性。

十九

打开一年级的来稿，秋天的气息扑面而来，秋天在充满激情的人眼中不是萧瑟的，而是充满着跳动的音符。随着天气渐冷，老师们的身体或多或少地出现了一些问题。但老师为了孩子们，克服了这一切。真的，每个人都是明星。已经退休的白老师，干到了最后一天；腰部不适的司源坚持着为学生上课；一直恢复得不是很好的刘玉如也努力不落下学生一节课。真是有老师坚持不住时，组内的老师、干部也都纷纷伸出帮助之手，排忧解难。请老师们多多保重身体！

二十

天寒地冻，但人不冷。在这寒冷的季节中，又有多少人温暖着彼此的情怀。体育组的老师们是每时每刻与寒风做伴的人，不但要上好每节体育课，课间操、体育活动课、跳绳队的训练，总是能看到体育教师们的身影。体育带给人美与力量，体育教师们正是美与力量的象征。辛苦啦，各位体育老师！因为你们，我们的校园更加美丽，更加充满生机。处在寒冷中的人们不仅有体育老师，各位班主任每天陪伴着学生，还有很多老师的身影出现在长跑的队伍中，带动了学生，强健了自己。音乐老师们利用各种时间进班辅导学生的合唱比赛，科学老师们忙碌地带领着孩子们参加各类比赛。

二十一

又一期《好人好事》如约和大家见面了，这期的主编是张利军主任。温暖的主色调始终洋溢在我们的身边，亦如我们的校园中有如此多的温暖围绕着我们每一个人。四月是忙碌的、充实的、收获的。细细品味这期的稿件，一是运动会中发生事情是大家着笔最多的，虽然辛苦，但我们看到孩子的成长、班级的进步，所有的付出都是值得的。二是对张利军主任写的李淑平、刘路老师给孩子补课的画面印象深刻，我的眼前似乎有很多幅这样的画面，肖冬梅老师对六年级学生的课后辅导，赢得了学生学业的进步及家长、学生的敬重。刘玉如老师对每一个孩子都不放弃的精神，促使孩子们有了飞跃性的进步。这样的画面在我们的校园中还有很多很多，对学生的一分付出，也许换不来一分的收获，但是收获总是有的，或多或少，或快或慢，路上的风景是值得赞赏。因为我们是老师，引领、帮助孩子们的成长与进步是我们的责任，我们说三里三的老师要成为“有爱心，有责任，有办法”的三有教师，就要立足于大情小事，为孩子搭建舞台，给孩子具体的帮助。在这期的最后，于燕老师推荐了一篇文章《欣赏》，值得大家认真读一读。欣赏的三种层次，一是被别人欣赏，二是欣赏别人，三是自我欣赏。以自己开朗健康、积极进取的形象赢得别人的欣赏；欣赏别人，你的同事和你的学生们，因为他们在你的身边使你的工作更加有意义；欣赏你自己，每一个人都是独一无二的，欣赏自己是励志，做最好的自己是每个人一生的功课。林林总总，想到哪儿写到哪儿，与大家共勉！

二十二

“大家珍惜这份情感，相互间深深地道一声‘谢谢’，三里三因你们而美丽，感谢一路上的同行！”我喜欢二年级组上报好人好事结尾时这段话。有感谢、有爱、有感动就要深情地表达，正是这份款款深情，这份感念之情铸成了三里三的美好！

二十三

又是寒冷的季节，又是雾霾的天气，冬天很是不好过，但是有暖暖的温情流淌在我们的中间。“团队是什么：团队就是大家高高兴兴在一起做实实在在的事儿”。“怎样是热爱本职：做了我就要做好，做得尽量漂亮”。“什么叫任劳任怨：您做了，您没说，但我们大家都看到了”。这是杨娜主任在提供的好人好事后面自己的点评，不一定完全准确，但我还是很赞成这样的自我认识。无论如何，每天我们都做着大量的工作，以怎样的心态去做，以怎样的标准去做，是成就我们自身的关键。过几天会下发给大家一本《扫除力》，是上学期期末准备的，没有来得及发给大家。创立正面磁场是书中的观念，其实正面的磁场就在你我的心中、你我的行动中，有了大家的共同努力，才能体会到工作中的幸福。感谢老师们所有的付出与努力，因为有了大家的付出与努力，我们的校园才是生动的、充满生机的，寒冷又算什么？雾霾又算什么？

二十四

打开李彬编辑的《好人好事》简报，体会春暖花开。春暖花开是每个人心中的期盼。借用《春暖花开》的歌词作这期的卷首语吧：

如果你渴求一滴水/我愿意倾其一片海/如果你要摘一片红叶/我给你整个枫林和云彩/如果你要一个微笑/我敞开火热的胸怀/如果你需要有人同行/我陪你走到未来/春暖花开/这是我的世界/每次怒放/都是心中喷发的爱/风儿吹来/是我和天空的对白/其实幸福/一直与我们同在

如果你要一个微笑/我敞开火热的胸怀/如果你需要有人同行/我陪你走到未来/春暖花开/这是我的世界/每次怒放/都是心中喷发的爱/风儿吹来/是我和天空的对白/其实幸福/一直与我们同在/春暖花开/这是我的世界/生命如水/有时平静有时澎湃/穿越阴霾/阳光洒满你窗台/其实幸福/一直与我们同在/我的世界/春暖花开

二十五

足球带着风来了，我们的《好人好事》简报载着“三三情”而来，“以小爱凝聚大爱，做有大爱情怀的人；以小善汇集大善，做满怀感恩之心的人；以小事成就大事，做对社会有贡献的人”。四、五月份紧张而忙碌，收获也颇丰，五年后又重新来到学校视察的督导们感受到了学校的发展与变化，感受到教师们的热情与敬业，感受到了孩子的快乐成长。心中有情，心中有爱，我们每一天繁忙的工作都会变成美妙的乐章。当我们下发这份简报时，六年级的孩子已经完成毕业考试了，当六年级有的班级在 6 月 11 日 10 点在离开学校时喊出“叔叔、阿姨再见，同学再见，我爱你们”时。我们全体行政人员都在二楼的会议室，我没敢下楼，怕目睹孩子的离开而泪奔。看到孩子们的进步与成长，做教师的我们啊，谁能体会不到这份幸福呢。

二十六

这份好人好事的秋季版拖至今日，责任全在我。开学到现在，我们一直在忙碌中，各种工作纷至沓来，所以就耽搁了。借 APEC 值班之际，将编辑工作交由李彬主任来完成，在漆黑的夜里想必李主任是在被温暖包围着，这温暖就是三里三这个集体中每一个人的热忱、真情。十月、十一月将合刊编辑，期待着这份感动的流淌。开学至今，我看到了好几篇来自家长微博的文章，对于我校给予了赞美，包括开学后陆陆续续到校的，无论是北京市教委的领导，还是来自其他区县的教委领导，抑或北师大课程组的专家，到我校也都会提到：进入我校感到舒服，环境是整洁的，老师们的目光是温暖的，孩子的表情是快乐的。每当此时，幸福溢满我的心中。这一切源于我们共同的努力与奋斗，源于我们共同无怨无悔的付出。我们的工作还会一如既往地忙碌着、辛苦着，让三里三成为教师的心灵家园，学生成长的幸福乐园，是我们的共同愿景。就让我们共同营造着，共享着……

二十七

《好人好事》简报的冬季版和大家见面了，这是蒋艳杰主任发着高烧进行的排版，排出了春意盎然。

一个学期又一个学期，飞快地度过，转眼就到期末了。12 月 31 日的首博迎新年活动又一次印证了我们是一支优秀的团队。从前期的方案制定、学科整合工作的布置、各教研组方案的制定、当天活动的有序开展直至最后活动的圆满结束。每一个环节，都是流畅自如的。在这里，不得不提音乐刘艳婷老师、刘倩老师，当行政会上动议“我们来个快闪如何?”，一经安排，两位老师就带领学生开始了紧张的排练，在首博“快闪”带动了整个博物馆的气氛，孩子们的精彩表演表现出三里三孩子良好的精神面貌。在这里，不得不提书法陈诜、司源、欧阳三位老师，送祝福的任务给了书法小组，当天外面热闹非凡，而书法小组的孩子们在老师的带领下静心书写着美好祝福。在这里，不得不提科任老师们，我们绝大多数的科任老师当天都无缘看到孩子们的“快闪”表演，因为大家都在默默坚守自己的岗位，疏导着学生。还有很多的不得不提，但篇幅有限，不一一赘述。感谢老师们，为了孩子们的幸福童年做出的一切努力!

其实每一次编辑我心中都是忐忑的，总是怕有遗漏，挂一漏万，敬请谅解！心有美好才能美好，心有善念才能善行，让我们祝福自己！

2015 年安康顺意！幸福美满！

驻校研究者手记

教育，始于对幸福的觉察

首都师范大学　苏尚锋

一

教育，始于对幸福的觉察。

这是我曾经想为邢晓琰校长这本书所建议的书名。我还专门为此简要地书写了理由：对于她来说，首先是因为人生的际遇，从事教育工作完全偶然地始于她亲近儿童时所邂逅的巨大幸福。其次是因为事业的传承，她的基本教育素养与专业能力完全来自成长过程中所获得的热情支持与无私帮助。再次是因为她对教育价值的认可，她始终坚信教育本身源于对人类幸福的追求。最后是因为她对教育工作特质的发现，她发现教育工作时时处处都处在相互给予的幸福之中。另外是因为她所努力经营的校园生活的美好，教育实践的过程和所处的环境充满幸福。

作为一名常来三小的老师，我们逐渐习惯了孩子们按序上下楼梯，也习惯了校园的整洁、雅致与生机。同时我们会不断清晰地看见了那些一开始也许看不到的东西，一种校园里不断增加的和谐和幸福感，那是由一帧帧师生们变得越来越轻松的表情、神态、动作的画面所叠合在一起所形成的图像。这也许是一般的偶尔闯进的观察者所无法看到的，看不到的东西永远会比看得到的东西来得更加真实，更加深刻，也更加动人。三里河三小不断地在我面前展现着她真实、深刻、动人的魅力。

三里河三小一直都没有轰轰烈烈的改革运动，没有宣言、主张及各种各样的课堂模式或教育理念，但它却把这些完全转化为教育教学各个环节中的无数个细节：每个学期都有专题的课程讨论，学校洗手池换装了温水，孩子们完成了值得自豪的徒步旅行，每个孩子在玉渊潭公园里都领养了一棵共同成长的树苗。这些不动声色的行动，它们鲜活生动、充满质感，它们没有高调的宣传与口号，却一直在释放着一个强烈的思想信号：三里河三小将孩子的全面发展视为教育的最高目的。课改本来也不是自上而下的雷厉风行的运动，更不是挂在学校墙上或领导口头上的标语，它原本便是这样的精致化的行为，一种将养育人的精神、生命的教育责任高高举起的行为。

正如学校倡导的“改变在日常”的基本理念所昭示的，学校的无数变化都在悄无声息之中发生。邢校长处事恬淡，不急不躁，常常愿意以接受的态度来替代在学校管理中可能出现的争论与利益纠纷。似乎 UDS 项目组提出任何一项建议，她总是先盯着建议人的眼睛看一小会儿，然后便轻松地乐于笑纳。但她胸中却自有丘壑，她有着完整的理想学校的愿景，她非常明白一所学校的发展方向为何，她知道她所有希望展现出来的学校行为，无非是一种坚定地追求人的尊严与幸福的教育价值追求。

二

这种幸福感也许是这所校园与生俱来的。

三里河三小，隐藏于月坛街道一片老社区里面。走进校门，学校建筑虽不算古老，却总有一种岁月流痕的温婉。印象最深的是南面灰色教学楼拉出一的个敞廊，敞廊上方是透明的玻璃，遮风避雨又能透见蓝天，四周是《小学生手册》与《三字经》的文字装饰，别有一番韵味。敞廊右侧是学校体育馆，赫然一片高大的花岗岩立面，人字形屋顶，看不到铺盖的瓦片。二层墙面开了一个圆拱形窗台，底层有挡雨的门台。体育馆与教学楼都特意抬高了几十厘米，下设数级长台阶，从而将庭院式的活动区域分隔开来，又使校舍显得错落有致。

也是岁月蕴蓄的文化积淀吧，三里河三小的教师身上常会流露出一种看似恬适无争，行事却谨慎精致，同时又具有较高自我认同感和幸福感的气息。说起学校来，教师们会由衷地感到骄傲，“咱们学校什么样的孩子都接得住”，“×小待不住，只有我们能接得住”，“我们学校从不宣传，可我们从来不担心生源”。这些话语既可以反映出三小教师自信的一面，可另外一方面也可以看出他们作为老师的小幸福。多数教师信奉温和、耐心的力量，他们喜欢使用艺术化的教育手段，而不是直截了当的教育办法行事，也很知道适度而为与中道而行，喜欢四两拨千斤的策略与办法。他们会不无得意地告诉你："什么炸弹到这里，也捂湿了。"

同样与这片能让人静下心来读书，潜下心教书的校园建筑风格格外吻合的，是邢校长处事稳健，不愠不火，从容淡定，却自有一种追求完美的精神理想。她喜欢在校园里四处走走，去不同的班级和教师办公室串门，到学生群体中看看，这也许正应和着这些建筑之间的内在节律。她告诉我，她喜欢宅在学校里面，如果能够减少外出会议或其他活动就尽量减少。在她看来，校长就应该多待在学校里，就应该与学校的教师们、学生们多在一起。有一次为了全程参加学校的师徒交流会，她甚至推掉了一个重要的宴会。

"我怎么可以离开我的学生？"

"我怎么可以离开我的学校？"

在她的内心深处，总有一股强大的情感驱动，使她每天都会凌晨六点便到学校。她只要看到教师，看到孩子们，她就格外的充实与富足。

三

对于教职员工来讲，校长待人诚恳，言语直率，没有什么心机，一心想着学校好，这本身便是一件幸福的事情。而对于校长来讲，能一直看到学生们的进步、教师们的发展，以及大家心中的奉献精神，无疑更是一件幸福的事情。

邢校长始终记得当年老校长的嘱咐："可以老师负你，但你不能负老师。不要在公众场合批评老师。"她经常通过飞信联系每位教师，与老师们及时交流思想。她便常常对我念起，某个学生现在变化挺大，某个老师刚刚在区里拿了奖。有一天，她还兴奋地给我介绍某位老师的职业观："美美地教书，美美地育人，美美地生活。"她还讲起另一位老师的幸福班集体，一个学生的午饭撒了，大家就每人分他一勺饭、一勺菜，他还可以与老师交换饭菜。学校中的幸福总是相互传递的，它也在师生交往、干群交往过程中不断累积。

一位老师频频迟到，学校用扣钱的办法也没法改变她。一次次问她迟到的原因，她总是有理由，"表坏了""车坏了""身体不好了"。后来她都懒得编理由了，直接就说："晚了，晚了，晚了。"于是，邢校长就每天都在校门口候着迎她，每次迟到了，邢校长都找她谈心。从关心她个人生活角度入手，推心置腹地交流。说到学校为她不断迟到的事情的烦忧，也为她个人职业发展的前景多方着想，说得她都觉得再迟到都不好意思了。经过一个引导改变的过程，她工作投入，已经变得很来劲儿。

事业的发展总要追求精益求精，可学校日常生活中却一直都有满足现状、自视甚高、维持传统的惯性思维。这不是一种会扎痛人的矛盾，因为它不涉及任何人与人之间的矛盾，而只是人们对事物的观点差异，而且这种差异会表现得非常温和，甚至还会笼罩上一层祥和的光晕。但邢校长却认识到，这个矛盾会在很深的层面上阻挡学校的发展。于是，她开诚布公地亮出自己的观点，既然不会涉及任何人与人之间的矛盾，那么它也恰好是大家一起为学校未来发展着想，进行讨论的最佳切入点。

最初大家都很不习惯。当邢校长在学校行政会上要求大家打破传统，在各项教育活动的策划、设计上要有更多的开拓与创新时，有些干部在交流时脱口回应说："我如果这么想，我不是校长了吗?"邢校长知道，这个话语没有任何挑衅、顶撞的味道，正好与之相反，这个话语直接反映出三小干部、教师质朴、诚挚的率真人格。他们在内心深处的真实声音，会直接呈现在行政会上。

邢校长毫不含糊地直接表达了看法，"我不同意你这样的看法。校长与干部、教师只是行政职务上的差别，在教育教学的专业上是一致的。现在我们都是面对相同的教育情境和教育问题，我们每个人都应该以专业知识与能力来共同寻求突破的办法"。

这个说法慢慢地影响着干部、教师。因为一直以来，干部、教师更多的是扮演任务执行者的角色，他们不用多想，多想也不一定有用武之地。作为专业人员的幸福感必然会大大的强于安于现状、知足常乐的幸福感吧。

后来，众所周知，三里河三小的行政会发生了彻底改变，甚至会议还可以随时对外开放，引来同行专家、领导的围观，被我戏称为中国教育史上绝无仅有的学校行政会展示。人们围观、点赞的似乎只是这种积极、民主的会议文化，似乎只是干部、教师们群策群力的智慧风暴，但实际上更加打动人的是他们作为一支专业队伍的集体幸福。

四

春江水暖鸭先知。一所幸福的学校必将构建幸福的教育生活，塑造幸福的学生。这种幸福感可以让人直接用眼睛真真切切地看到，用耳朵明明白白地听到，用心灵绵绵密密地感知到。

曾几何时，对学生安全责任问题的担忧让北京许多学校采取了一种封闭政策，就是尽量让学生在教师眼皮底下活动，以免出什么差错。三里河三小曾经也是如此，强调班主任要做好学生在课间的活动管理。如果到操场活动，则必须排列成队，由班主任带到操场。所以，看起来似乎学校管理有序了，但实际上，学生被以各种名义禁锢在教室里了。

可儿童的天性是自由呀，受到禁锢的孩子哪有幸福可言。邢校长率先提出并组织大家改变原来的学生课间活动管理方式。在她看来，让学生自由活动不能等同于就有安全风险，看似看护到位的课间管理也许会对儿童造成看不见的伤害。一方面，她强调操场自律，给学生以自由的空间，倡导大家放心让学生在课间自由随意地去操场；另一方面，她自己带头组织干部、教师多加观察，确保安全。

要知道，刚开始时，还是有许多班主任不放心让孩子随意下操场呢，她们总觉得学生在自己视线里才放心。邢校长总在追问，怎么没有下去活动呀？你们想不想下去呀？下去走走，甩甩胳膊多好！她总是鼓励班主任，要敢于放手，要相信孩子照顾自己的能力。

同时，学校还在楼梯的台阶中间画出黄色线条，鼓励孩子们上下楼时自觉靠右行走，分道而行，确保文明安全。

现在你看，下课铃响后，学校操场便成为一片自由欢乐的海洋。

有一次，学校曾在一些班级文明竞赛中奖励给各个班级一些篮球，但随即就带来了学生课间乱扔篮球的现象。有一种看法认为，应该没收篮球。但负责学校安全的主任却提出不同看法，应该转劣为优，学校可以开展篮球比赛，引导学生更好地利用篮球，这正是教育的契机。现在每年六年级的毕业季“热火篮球赛”已经成为学生校园生活的精彩一幕。

邢校长讲起这些事情，非常开心。

她看到了不同方面的观点碰撞，也给各方以一次学生观方面的深刻的教育，她看到了学校管理行为已经彻底地转变成服务于儿童成长的行为。

这让我想起卢梭那句非常经典的话：“大自然希望儿童在成人以前就像儿童的样子。”儿童的发展应当顺应天性，童年是人生幸福的根基。如果我们的教育能够呵护儿童的天性，始终保留一份童真，拥有一颗童心，服务于儿童的成长，这便是幸福的教育。

五

一所幸福的学校不等于就不会遭遇教育上的难题，关键是幸福的教育从不回避难题，而是对难题的解决永远保持足够的信心。

四年级有个姓于(音)的学生，情绪与行为自制能力极差，有一次还用教室里的板擦打了任课教师。家长和教师都多次来找校长商量，如何确保他的学习机会不受影响，既要接受学校的惩戒处理，又要有助于孩子认识到自身的行为错误。虽然学校坚持不抛弃这个孩子，坚持以鼓励和矫正同步进行，坚持通过建立学习兴趣来转移孩子过于分散的注意力，但在最后，家长还是决定送他去河南一家武术学校上学去了。

尤其值得一提的是，不知是出于家长嘱咐，还是他完全自主的行为，于同学在河南还专门给学校写来一封信，表达了离开学校之后他在认识和行为上的变化，新年的时候还到他原来的班级中参加新年联欢会。这一方面说明，在今天多元化的时代，家长与学生已经在寻找适合自己成长的道路；另一方面说明，三小依然是孩子曾经生活与成长的地方，即使他在这儿跌倒过，他依然认可这儿是他重新站起来的地方。

曾经还有一件发生在低年级的事情。一位学生中午没吃饭，可老师并没有发现，孩子也没讲，但回家以后孩子跟家长说了这事。家长非常心疼孩子，认为午餐供应是学校外包给校外餐饮公司做的，班级里缺少一份居然没有人发现？后来经过向餐饮公司工作人员了解才知道，原来给这个班级分发营养午餐时，工作人员就已经注意到少发了一份，只是短时之内也没有人提出缺少一份，以为班里有学生请假没到校，便离开教室了。

学校为此专门向家长做了解释，请求谅解，家长没有意见了。但在教师大会上邢校长强调了我们大家的责任，强调虽然家长对我们没有意见，可是我们对自己有意见，因为在我们的工作中有一位孩子的身心健康可能受到一丝一毫的影响，我们良心都会受到强烈地自责，因为这与我们的办学宗旨和教育理想已经背离。

为了坚持服务于儿童健康成长的理想，邢校长的每天都是校长接待日，校长办公室的门一直敞开着。每次家长开放日收集到的家长反馈，所有材料校长都亲自过目，她会将这些反馈表放在办公桌头，用红笔圈画出家长的各种看法，正面的她引以为豪，负面的她研究改进。她还与许多家长建立联系，倾听来自各个方面对于学校、教师与学生的各种声音。

学校第一次组织学生和家长一起到玉渊潭公园远足之后，邢校长给38个班的班主任发短信，询问有哪些班主任在事后主动与家长进行了沟通，以此来了解班主任对家校沟通合作的意识。她的家校沟通合作意识已经深刻影响到所有班主任。以前家长会时，一个年级所有班级的黑板上都只有“欢迎”两字。可现在的家长会，班班都不同，力求展示班级最佳的面貌、最鲜活的故事、最真切的情感，许多家长也积极参与到班级建设之中。

前一学期有一位家长在家长会后有感而发：“希望咱们永远保持这样的教育激情!”

是呀，教育的幸福就表现于这种教育激情的传递之中，是教师们昂扬着教育理想的激情，并让其他人也感受到这份激情，愿意参与到这份激情之中。

六

我的学生杨慧撰文称，教育的目的便在于构建社会之善与个人之善。实际上，社会之善应当是指社会的文明、繁荣、和谐、民主与进步，个人之善应当是指个人在德、智、体、美、劳诸方面的整体、协调、有机、可持续的发展。教育的幸福，从远处看，将有助于社会福祉的提升，从近处看，则注目于一个个儿童点点滴滴的收获与进步。

具体到一所学校，一所学校的学生与教师，教育的幸福便在于切实地提升学校教育教学质量，让每一个学生在感受到自身的价值与进步的过程中，体会到自我完善与自我实现的最大幸福。同时，教育教学工作一直是学校工作的核心，也是学校日常生活的主体部分，因此，教师的职业幸福在最大程度上也来源于教师专业水平的提升及自己在教育教学工作中成绩的回馈。

严抓教育教学质量，热情地关注每一位教师的进步与每一位学生的成长，三里三小学目前建立起一套较为完备的教育教学质量监控机制和教研机制。除了各种常规的集体备课及各种主题教研活动之外，还有行政调研课、学科带头人公开课等制度。邢校长力求开好每次教学质量分析会、各种教育教学工作的讨论会，她本人每次都要拟稿做正式发言。目前，在每次全区各类测试与评比的学生成绩、每次教学比赛的教师成绩、每次反馈回来的家长意见中都可以看出，学校教育教学成绩可喜，质量令人满意。

关注学业成就和教学策略的学校领导者是最有效的领导者，这是康奈尔(Connell，1996)和亨契(Henchey，2001)等人论证过的教育命题。邢校长是优秀青年教师出身，一步步从辅导员、教导主任等岗位上干过来，深知教育教学与学校整体发展的关键性价值，也善于激励大家脚踏实地地抓好教育教学各个环节的工作。教育，始于对幸福的觉察，那么，蕴藏于教育幸福中最核心的部分，一定是教学与学习活动给师生带来的满足与幸福。

因此，一位坚持教学领导的校长会重点关注创造不受干扰的学习氛围，建立清晰的教学目标体系，对教师和学生都抱有较高的期望。邢校长常常利用各种机会，拿着听课本，走进每个班教室。她力图通过常规的课堂观察和为教师提供形成性和总结性反馈，来直接参与支持和评价课堂教学，促进和参与教师的学习和发展，并对规划、调整和评价学校课程建设做好调研准备。

作为校长，邢校长从来没有表现出丝毫强势的样子，她不会刻意地去影响他人，也不会喋喋不休地宣扬自己对学校教育的理解与信念，但她每天都会主动创造各种机会，与每一位教师交流对话。她知道怎么样给教师和学校干部分享有关学生进步和教学有效性方面的信息。她知道怎么样才能将自身的影响、自身的学习与教师的关系集中到教学和学习的核心事业上来。她也知道怎么样通过减少外部压力和干扰来保障教学和学习时间，在课堂内外创设有序的和支持性的环境。她总是尽可能地走进老师内心，也希望老师们能尽可能地走进学生内心。

要知道，教育的奇妙就在这里，幸福的花儿总是要通过浇灌幸福才能收获更大的幸福。教育幸福的核心在于教学和学习活动之中，也在于学校课程、教学和评价的实践中，更在于学校师生所获得的个人成就的认可与激励中，而且还在于适应教育教学实践的各种需求所建立起来的高品质的沟通和互动中。

七

三里河三小为何一直洋溢着一种家一般的感觉的幸福氛围？

这与邢校长曾经在一所出色的寄宿制小学担任过好多年校长的经历有着极大的关联。

当她来到走读制的三里河三小时，她完全不能适应，走读制学校的生活气息怎么如此贫乏？要知道对于寄宿制学校来讲，学校完全就是儿童成长的幸福家园。孩子们待在学校的时间将会远远超出他们待在家里的时间，他们参加学校安排的活动的次数将会远远超出他们参加家长安排的活动的次数，他们与老师、同学之间相互的交流及亲密程度常常一点都不逊色于他们的家人。

寄宿制学校的工作经验在邢校长的内心深处，埋下了一个根深蒂固的理念：学校就是一个理想的家，这个家里的文化生活要比平常的家庭更丰富，这个家里的活动安排要比平常的家庭更合理，这个家里的情感互动始终以儿童的发展为中心，给予孩子最大的幸福。学校教育的一切工作，都应该始于对儿童幸福的觉察，为了幸福，走向幸福。

即使在走读制学校做不到与寄宿制学校有一样多的活动设计与亲密互动，可是在学校环境、饮食条件、校园活动、师生情感、家校关系、行为习惯等方方面面也不该给人隔着两重天的感觉吧？每一所学校不都应该成为儿童的幸福家园吗？每一个孩子不都应该拥有最美好的学校生活与情感记忆吗？

儿童的腿脚应该跑得更快，蹦得更高，于是三里河三小有了第一次全校田径运动会，有了冬季锻炼；儿童的小手应该受到呵护，得到锻炼，于是三里河三小有了热水洗手，洗手液、卫生纸的提供，有了学生爱乐乐团，有了科技社团；儿童的眼睛应该见识更广，感受更多，于是三里河三小有了第一次的全校新年电影联欢会，有了“见识之道——走进博物馆”的活动，有了图书阅览计划；儿童的鼻子应该最先呼吸到春天的气息，于是三里河三小有了迎接春天的健走活动；儿童的嘴巴应该有好的食物吃，有好歌唱，于是学校建立了学生食堂，学校有了红五月歌咏比赛、课本剧比赛；儿童的耳朵应该听到最悦耳的声音，听到最让他们受到鼓励的话语，于是学校的铃声变了，老师的表扬多了。

这一切的一切，如同变戏法一样，展现在三里河三小这质朴而又精致的校园里。

大家心里都乐滋滋地憋着一句话：这幸福来得也有些太快了吧。

当然，走读制的学校毕竟与寄宿制学校有区别。在邢校长的眼里，这种区别只有一点，那就是孩子们每天都回家了。邢校长想知道孩子们在学校里的表现与他们回家以后的表现有哪些区别，想知道孩子回家以后的表现会让他们的家长对学校提出哪些建议。邢校长终于发现，走读制学校与寄宿制比起来，其实还有一个更大的优点：孩子们可以每天回家，学校也可以常让家长参与到学校生活中来。

为此，在开学典礼上，学校便邀请家长们正装参加，让一年级新生的家长牵着孩子的手依次走进会场，把孩子一个一个亲手交到班主任老师手中，这是一份责任的托付，也是一份情感的交接。

为此，三里河三小每学年都会有家长开放日。这天会有学生集会，会有自编操，学生在集会上的讲话中感恩父母的教育，主持人专门安排了让同学们向家长行礼，也不忘记提醒家长们为学生鼓掌。为了满足家长全方位了解学校生活的需求，三里河三小的开放日在不断变化着，从 20 分钟的短课到分年级两天开放，到现在除了每学年的开放外，凡是学校的公开课等活动，都会邀请家长参与其中。

为此，三里河三小还举办了“我和爸爸妈妈参观校园”活动。四年级的学生一边拿着学习记录单，一边当起了小导游，带领着爸爸妈妈参观自己学习、生活的校园。那时的校园，随处都能看到孩子和家长的身影，孩子们在认真地讲解着，家长们在仔细地倾听着。

这是校园还是家园？相信你也醉了。

八

三里河三小的变化完全是悄悄地的，如同春天渐渐到来，没有人知道到底是哪一天开始的，迎面吹来的风也许便是第一缕春风。

作为校长的邢校长自然应该对学校工作提些看法，然而到校之初，她很少谈她的看法。最初她似乎只是热衷于每天记录发生在学校里的各类好人好事，她为之点赞、评论，并传发给全体教师，这项工作她持之以恒，直到今天。后来，她似乎只是说想开个运动会，或者只是说要组织孩子们去长走，抑或是她只是去各班串门听课，寒暄交流，以前没开过运动会，大家虽然有些迟疑，但毕竟还有些许兴奋，可没想到居然开得如此成功。说是要让全校的孩子徒步行走 12 公里，可以想象有多少人开始都觉得这是一件过于困难的事情，但可以尝试呀。第一次让高年级同学长走了五六公里，学生用意志换来的成功，让家长、老师都感受到了孩子们的自豪感和信心。第二年的长走便显得顺理成章，只有全校上下更加细心的策划准备，再也没有任何的质疑声。

无论多么强大的传统与惯性，当人们已经不再从心理层面去畏惧改变，质疑改变时，一切就可以重新建构起来。而且，当成功的喜悦从学生那儿、从家长那儿传来时，教师也从内心深处体验到了作为组织者的成就感和荣耀。正是这份职业的幸福感，激励着学校完成了一个又一个学校生活细节上的变化，而这些细节的变化反过来又进一步促使广大教师加强了自我反思的意识和改进的决心。春天就这样满满地绿了校园。

例如，因为学校操场场地影响，学生做操时一直都是排成横队。班主任老师巡视时很不方便，大家从后面观赏时整体感也弱，但从未有人提出过改进意见。有了问题就要改进，行政会对此做了讨论并加以改进。这促使许多教师都反省自身，为什么这么明显的问题平时都没关注到并给予及时变革呢？因此，在“组文化建设”创意中，在博物馆日活动设计中，大家开始积极开动脑筋，策划意识和反思意识成为每个人参与创造幸福校园的利器。

2010 年 10 月，小学规范化建设调查数据返回之后，全体行政干部结合自己主管的工作进行细致的数据分析，查找潜在的问题，通过看到什么、想到什么、改进什么的方式以数据为依据进行说明与论述。邢校长的初衷有这样几点：一是发挥每一项工作最大的效益，学校的每一项工作的功能都不是单一的；二是提高发现问题、引发思考的敏锐性；在工作中只有善于发现问题，才是工作不断进步的基础；三是提高解决问题的能力，发现问题后后续工作怎样去落实，怎样去解决，这都是行政干部的工作职责，相信办法总比困难多。正是这样有意识地引导，促使学校行政干部不断加强自身修养，在工作中努力做到定位准确，思维活跃，言之有物，行之有效。

学校行政会也成为一个自我反思的平台，学校计划每周的推进，都有反思的记录与总结。这使学校干部的整体形象更加积极活泼，富有活力。邢校长带领下的行政会对外开放活动，就是学校强调学习型团队建设，强调干部反思意识的生动体现。副校长写的学生体育锻炼的自我反思，既有功能与价值上的全面考量，又有操作细节上的精到分析，是个极有意义的案例研究。强调反思，有利于学校干部不断反省自身的责任，学校工作中有任何需要，都会及时被大家发现，自觉承担。如有需要，每个干部都会主动提出“行，我来！”广大教师则反映“真好！”

同时，学校每年都组织开展“我爱我家——金点子征集活动”，邀请全校教职员工参与学校建设，为学校发展提出各种可行的建议。每一届都会进行最佳金点子的评选工作，当第一届金点子颁奖活动开展时，上一届的金点子已经得到全部实现。这大大激发了教师们反思学校现状，主动提出创造性想法的积极性。有一次，对学生记事本改进的意见，一位老师与郝洁副校长同时都提了建议，经过评议，采纳了那位老师的意见。学校领导求真务实，一切以发展为重的作风，进一步赢得了教师、家长的信赖。一所好学校要求每个有机部分都能关注到整体的需求，要求每个人都能灵活地面对学校教育管理实际，积极自主地参与改进工作。教育环境的不断变化，敏感地把握各种教育因子变迁，需要整个学校所有人员的积极参与。金点子的不断提出与逐步落实成为学校进一步发展、变革的操作要点和催化媒介。

幸福就这样创造出来，变革就这样产生。变革型的领导不一定非得要豪言壮语，雷厉风行；她也可以走一步，再走一步，在行动当中影响大家，与大家一起研究行动。然后，行动所带来的各种体验便会成为一股强大的力量，它会激励教师鼓足干劲，提高责任感和道德追求，互助合作，战胜挑战，并实现远大目标。

九

去三里河三小没多久，有一天，我洗手时忽然发现水龙头流出来的居然是温水。大冬天的，这是一股怎样的暖意呀。当时我心里就想，一所真正的好学校，它应该无时无处不流露出它的温暖来，它应该无时无处不流露出对人的关切来，哪怕是洗手池上的一个金属水龙头。

后来，我对朋友说，我对三里河三小的感知就始于温暖的水流在我手指间穿过的一刻，那一刻，我想到了幸福二字。教育，始于对幸福的觉察。这句话不仅仅对邢校长而言是如此，对来到三里河三小的每个人而言也是如此。

在有限的时间里，我是一名三里河三小的追随者、关注者、欣赏者和见证者。我的视线曾经停留于它的建筑布局、教室配置、课程方案、教学模式，停留于学校中的人事动向、教师状态、学生活动，也曾经流连于课堂上的某一片段、操场上的某一瞬间、案头上的某一段文字，美好的校园总是让人流连忘返，目不暇接。人们愿意倾听校园柿树上果实成熟时枝叶的婆娑声，愿意谛听课堂上的孩童稚嫩而又聪慧的问答声，愿意聆听每一位教育者面对自己和儿童时内心深处的鸣响声。一切的现象背后总是升腾并缠绕着无数的思绪、情感与逻辑。我就将自己置身于三里河三小的无数景象、声音、思绪、情感与逻辑之中，去感受并追寻教育幸福的真谛。

2010 年 5 月 27 日，我首次来到三里河三小，开始了为期三年，每周一天的固定行程。我会参加学校行政会，从中收集干部、教师的信息，了解学校一周动态，通过倾听大家的发言，去感受并理解学校领导层的思想、观念与情感。我会走进课堂，参与教学研讨，与教师及前来研修的外地校长交流。我会主动与干部、教师交谈，倾听发生在学校里的各种故事、他们对这些故事的看法，以及他们在这些故事中的创造性行动。我会参加学校组织的一些大型活动，有时会被安排做一些即兴发言。有一些很重要的内容，我会与邢校长交流，讨论学校工作中的具体问题，交流学校发展的宏观构想，也会就实践中遇到的任何情况进行延展性的讨论。

这些具体的工作使我非常受益。我从中可以直接感知一所学校内部复杂的运行机制与协调机制，可以清晰地面对教育实践中的观念对峙与转化，可以更加迅速地理解许多教育现象背后的潜在影响因素，可以透过略嫌琐碎的事务细节去把握教育行动的价值方向，也可以在一些有组织的大型叙事背后去窥见无数个师生的真实的日常生活情形。我可以与许多优秀的教育管理者及教师交朋友，可以为他们的激情、智慧、精神与创造力所感动，也可以在与他们的交流过程中体会到各种新思想的萌动。

记得曾经参加过一次“改变是为了更好”的学校主题研修活动，邢校长先是用一个视频，以惊人的数据与视听效果呈现了一个正在急剧变化的世界，然后列举了发生在三里河三小的种种感人的变化。虽然这些变化就发生在我们身边，可当将它们一一采集并同时呈现时，还是在瞬间将我们震撼了。我们都知道学校在变化，可没有想过变化会如此之大，就如同我们知道这个世界一直在变化，却不知它的变化迅如惊雷一样。

第二个让人感慨的是，当学校生活中点点滴滴的变化汇聚在一起时，我们不仅仅看到了学校的变化，还有在这个学校里的我们自身的变化。这个变化让人既惊又喜，它的背后是时间的流逝，变动不停的世界，还有我们自己的追求、努力与行动。这个变化刻画出来的是三里河三小的教师职业生涯的发展，也是一条生命涌动的河流。

第三个让人感慨的是，视频展现了一个宏大的时代背景，变革中的世界就这样呼啸而来，将我们席卷进去，三里河三小的变化只是这个变化的世界的一所小学的变化，或者说，是这所学校在面对这个变化的世界时做出应对的自觉变化。在这个时代，改变不成问题，如何改变、如何应对改变、如何参与改变、如何控制改变、如何改变改变都成为致命的问题。我们的学校和我们的教师们必然、已经、正在改变世界。

当然，这段时间内，我一直在观察并思考校长办学行为背后的风格特征和理念内涵，感受并试图勾勒学校在追求幸福特质方面的运行轨迹及校长在校园文化缔造中的领导力。她所透露出的热情、爱心、细致、大气、执着及视野高、感受力强等个人品质，与她积极务实、精致人文、追求创意、关注细节的行事风格和谐统一，既时刻保持着对教育幸福的觉察，又处处致力于对教育幸福的探寻和创造。作为一名践行自己教育理想的校长，邢校长毫不掩饰她内心的幸福，因为对她而言，教育既始于对校园生活幸福的觉察，也始于对心灵生活幸福的觉察。

这一切构成了我在三里河三小的幸福体验。

后　记

写一本书，说出来容易，做起来难啊！我对教育有着丰富的实践经验，但要把它写成文字时，又着实不知如何书写了。还好有杨朝晖教授、苏尚峰博士无私地帮助与鼓励，今天这本书才能以这样的面貌呈现出来。

我自己走入教育，主动为之，可能就是我源源不断的动力所在吧。我只想做一名好的老师，从未想过当校长，因此也毫无功利之心，只是随心而为，为我热爱的教育付出我能够做到的努力，一路走来，一路感恩！

本书主要是记叙我在三里河第三小学，在首都师范大学大 UDS 项目组的指导和帮助下的学校工作实践，书中引用了我很多的校园伙伴们的文章，也摘录了家长的博文，在此一并表示感谢！

教育对于我而言，感觉始终是美妙的、美好的，我在校园中最喜欢的是孩子们在操场上游戏时的欢笑声，那种生命的释放常常令我心动。我总是在想：中国的孩子怎么了？为什么一说起来就是没有外国孩子素质高呢？我们能做什么？我们必须要做什么？我和我的老师一直在为此努力。我们制定的学生培养目标是："外显有规，内涵有德，热爱学习，积极进取。"这一目标应该说基本涵盖了小学生成长所需注意的各方面。我们一直在努力，也卓有成效。我始终相信我们的努力一定会是孩子身上最艳丽的底色。

以前有老领导评价我说："你特别适合做领导。"今天想来，特别适合的是什么呢？平等，我从来就认为我和大家只是分工不同，我的工作就是为了大家工作得更好；包容，我从来相信人都是向上、向善的，相信每一个人能成为最适合的自己；喜爱，我以自己的努力让每一个孩子享受到幸福的学校生活，让老师感受教育的快乐；坚持，教育有太多的纷扰，以我们的共同愿景为目标，且行且思，且思且行，终有收获。

这本书的初稿基本完成是在暑假中，我间或做着一件事，为开学后即将到来的教师节做准备，我把评选心中好老师时家长、学生的推荐语亲手抄录给每一位老师。正在做这件事时，朋友来电话问我在做什么。我说了我在做的事情，朋友笑道，你不嫌麻烦吗？校长还亲自做这事！我打趣道，子非鱼，安知鱼之乐？

是为后记。

邢晓琰

2016年10月24日

图书在版编目(CIP)数据

回归美善的教育初心：用爱成就一所幸福的学校/邢晓琰著. —北京：北京师范大学出版社，2016.12(2017.4重印)
(学校改进叙事丛书 / 杨朝晖主编)
ISBN 978-7-303-21562-1

Ⅰ.①回… Ⅱ.①邢… Ⅲ.①小学—校长—学校管理—北京 Ⅳ.①G627.1

中国版本图书馆 CIP 数据核字(2016)第 278239 号

营 销 中 心 电 话 010-58805072 58807651
北师大出版社学术著作与大众读物分社 http://xueda.bnup.com

HUIGUI MEISHAN DE JIAOYU CHUXIN
出版发行：北京师范大学出版社 www.bnup.com
北京市海淀区新街口外大街 19 号
邮政编码：100875
印 刷：北京京师印务有限公司
经 销：全国新华书店
开 本：787 mm×1092 mm 1/16
印 张：18.25
字 数：310 千字
版 次：2016 年 12 月第 1 版
印 次：2017 年 4 月第 2 次印刷
定 价：60.00 元

策划编辑：周益群 责任编辑：齐 琳 焦鹏航
美术编辑：王齐云 装帧设计：宋 涛 金敏峰
责任校对：陈 民 责任印制：马 洁